Truth In Fantasy 81

ヒーリング
癒しの伝説と神秘の技法

草野巧 著

新紀元社

はじめに

　この本ではヒーリングをめぐるさまざまな伝説や古くから伝わる伝統的な医学について紹介している。
　ヒーリングとは何かを、明確に定義するのは難しいけれど、それはもともとは医学だったが、現在では正統な医学とはみなされていないものといっていいと思う。
　医学というのは慰めと癒しの技であり、人類が誕生した時にはすでに存在していたといわれている。医学のもとをたどると、動物たちの毛づくろいにまでさかのぼるので、医学の歴史はある意味で人類の歴史よりも古いのである。たとえば、チンパンジーには毛づくろいをする相手に傷のようなものがあれば、それを舐めてきれいにするという行動があるという。
　そうした自然の行動が人類にも受け継がれたのである。
　そして、人類にとっての原始的な医学が生まれたが、それは経験・宗教・呪術が混ざり合ったものだった。つまり、原始時代の医学は現在の医学と比べ、内容的にははるかに幅広いものだったのだ。
　やがて、文明が高度になるに従い、もともと幅広かった医学から呪術が排除され、宗教が排除された。その結果として最後に残ったのが、現代の先進諸国においては、近代科学を前提とした西洋医学であり、それが主流となり、正統なものとされたのである。
　このように、医学の歴史を簡単に振り返るだけで、過去から現在までの間に、もともとは医学だったもののうち、あまりにも多くが排除され、医学ではないとみなされてきたことがわかるだろう。そして、このときに医学ではないといわれたものが、いまヒーリングと呼ばれているものなのである。ヒーリングの分野にも近代になって生まれた新しいものもあるが、基本は同じといっていい。
　本書がテーマとしているのはこういう意味でのヒーリングである。だから、そこにはいかにも神秘的、魔術的で、現代の考え方とは相容れないものがたくさんある。また、うさんくさいものもある。
　しかし、そこには人類が最初から持っていた、「病んだ人を癒したい」あるいは「癒されたい」という本能的な気持がふんだんに詰まっているはずである。
　それがヒーリングの魅力である。そして、それを伝えることが本書の目的なのだと思う。

草野　巧

目次

第1章　ヒーリングの伝説

奇跡のヒーラーだったイエス ──────────────── 8
国王が手を触れて癒すロイヤル・タッチの幻想 ─────── 18
夢の中で治療する医神アスクレピオス ──────────── 26
カトリック教会公認の奇跡　ルルドの泉 ─────────── 34

第2章　ヒーリングの神々

アシュヴィン双神　鷺の戦車で駆けつける医神 ─────── 46
イシス　古代エジプトの母なる女神 ───────────── 49
イムホテプ　トト神の知恵を受け継いだ医神 ──────── 52
ディアン・ケト　ケルトの医術神 ────────────── 55
神農　医薬を発明した神 ────────────────── 59
大国主神と少彦名神　日本の神農様 ──────────── 61
保生大帝　道教の医療神 ────────────────── 64
薬師如来　衆生の病気を癒す医王 ────────────── 66
セラピス　アレキサンドリアの治癒神 ─────────── 70

第3章　伝説のヒーラー

ジーヴァカ「命あるもの」という名の名医 ──────── 74
華佗　養生術を極めた名医 ───────────────── 77
扁鵲　古代中国随一の名医 ───────────────── 81
ビンゲンのヒルデガルト　ドイツ薬草学の祖 ──────── 85
エドガー・ケイシー　米国で活躍したリーディング療法家 ── 90
メスマー　動物磁気説の天才ヒーラー ─────────── 94
サイババ　インドで人気の「神の化身」──────────── 99

第4章　世界のパワー・スポット

神秘の宇宙エネルギー「マナ」が集まるハワイ ──── 106
聖なるセドナのヴォルテックス ──── 115
いまもシャーマンの伝統が息づくペルーの聖地 ──── 122
謎の直線聖マイケル・レイライン ──── 129

第5章　伝統医療

ホメオパシー　「西洋の漢方」の不思議な効力 ──── 138
フナ　ハワイに伝わる癒しの教え ──── 144
アーユル・ヴェーダ　インド古来の「生命の科学」 ──── 155
中国医学　全宇宙と人間を貫く「気」の理論 ──── 170
ヨーガ　心身の調和を達成する伝統科学 ──── 189
シャーマニズム　ネオ・シャーマニズムに見る人類最古の癒しの技 ──── 201
エクソシズム　「悪魔つき」を癒す悪魔祓い ──── 213
心霊治療（スピリチュアル・ヒーリング）　霊の存在を前提とした神秘の癒し ──── 223

あとがき ──── 232
索引 ──── 233
参考文献 ──── 237

第1章
ヒーリングの伝説

奇跡のヒーラーだったイエス

☪★ 無数の病人を癒したヒーリング活動

　キリスト教の祖、イエスをめぐる伝説である。
　イエスはもちろん実在した人物だが、確実にわかっていることはきわめて少ない。
　歴史的には、イエスは紀元前4年ころに生まれ、30歳ころから伝道活動を始めた。そして、紀元後30年くらいに十字架刑に処されたとされている。
　これくらいのことが、歴史上のイエスについていえるほとんどすべてといっていい。
　イエスの行動については、新約聖書の冒頭にある、マタイ、マルコ、ルカ、ヨハネの名が冠された四つの福音書がかなり詳しく書き記している。しかし、これらの福音書はどれもイエスの死後数十年たってから書かれたものである。だから、すべてが嘘だというわけではない。その中にはもちろんいくつかの事実と見られることがらが含まれているに違いない。とはいえ、基本的にはそこにあるのは後世の人々が頭で考えたイエスである。つまり、「イエスはこういう人だったに違いない」とか「イエスはこういう人であってほしい」といった、後世の人々の想像や希望が書かれているということだ。
　そんなわけで、ここで語ろうとしているのもあくまでもイエスをめぐる伝説だということは断っておかなければならない。
　さて、そこであらためてイエスの伝説に注目してみると、イエスの伝説の中には、奇跡的なヒーリング・パワーによって病人を癒したという話が驚くほど数多く存在しているのだ。
　たとえ伝説上の人物であっても、これほど多くのヒーリング活動を行ったのは、イエスをおいて他にいないだろう。それほど数多くの病人がイエスによって癒されているのである。

☪★ ヒーラーとして人気を博したイエス

　イエスがどれほど多くの病人を癒したかは、四つの福音書を見ることではっきりする。
　まずはじめに、「マタイによる福音書（以下、マタイ伝と表記）」（4章23－25節）にある次の場面を見てみよう。

(聖書からの引用は、日本聖書協会の『聖書　新共同訳−旧約聖書続編つき』による)

　イエスはガリラヤ中を回って、諸会堂で教え、御国の福音を宣べ伝え、また、民衆のありとあらゆる病気や患いをいやされた。そこで、イエスの評判がシリア中に広まった。人々がイエスのところへ、いろいろな病気や苦しみに悩む者、悪霊に取りつかれた者、てんかんの者、中風の者など、あらゆる病人を連れて来たので、これらの人々をいやされた。こうして、ガリラヤ、デカポリス、エルサレム、ユダヤ、ヨルダン川の向こう側から、大勢の群衆が来てイエスに従った。

　この場面は「マタイ伝」の中では、イエスが伝道活動を始めたばかりのころの出来事とされている。つまり、イエスはその公式な伝道活動の始めから、病人を癒すことを、その活動の中心においていたということだ。

　もちろん、この場面だけでは、イエスのヒーリングがどのようなものだったか、その具体的な姿は浮かんでこない。

　とはいえ、この短い一場面だけからも、イエスが各地を巡り歩きながら相当数の病人を癒したこと、および彼の人気がまさにヒーラーとしての人気だったことなどがうかがえるはずだ。なにしろ、癒されたいと思う人々が各地から訪れ、群衆となってイエスの後に従っているのである。よっぽどの人気がなければ、こんなことが起こるはずはない。

☾★〈主（神）の力〉によるヒーリング

　このようにヒーラーとしてのイエスに人気があったのは、もちろん、イエスのヒーリング・パワーが絶大だったからである。

　そもそも、福音書を見る限り、イエスは病気を治すのに、薬を用いたり、外科手術を行ったりしてはいない。イエスによるヒーリングはそのパワーが絶大だっただけでなく、その方法も奇跡的なものだった。

　結論からいってしまうと、イエスのヒーリングは〈主（神）の力〉によるものだったのである。福音書では同じ力を指すのに、〈霊の力〉といったり、ただ〈力〉といったりすることもある。〈霊〉は〈聖霊〉といいかえてもよい。

　つまり、イエスはこのような特殊な〈力〉を操れる特別な能力を持っていたのだ。

　イエスがこの〈力〉を手に入れたのは、彼が伝道活動を始める直前のことと考えられる。そのころ、洗礼者ヨハネと呼ばれる人物がユダヤの荒野で、ユダヤ教を改革するような新しい教えを広めていた。そして、ヨハネは新しい信仰に入るために、人々にヨルダン川で水による〈洗礼〉の儀式を受けるように勧めていた。このため、

ヨハネは〈洗礼者ヨハネ〉と呼ばれたのである。ここで、イエスもまたヨハネによって洗礼を受けた。このとき、天から〈霊〉が降ってきてイエスの体を満たしたのである。この場面は四つの福音書のすべてに描かれているが、「マルコによる福音書(以下、マルコ伝)」(1章9－11節)では次のようになっている。

> そのころ、イエスはガリラヤのナザレから来て、ヨルダン川でヨハネから洗礼(バプテスマ)を受けられた。水の中から上がるとすぐ、天が裂けて"霊"が鳩のように御自分に降って来るのを、御覧になった。すると、「あなたはわたしの愛する子、わたしの心に適う者」という声が、天から聞こえた。

　もちろん、福音書には、この出来事によってイエスが特別なヒーリング・パワーを身につけた、とはっきりと書かれているわけではない。だが、イエスによる伝道およびヒーリング活動が始まるのはこの直後からなので、このときの出来事によってイエスが特別なヒーリング・パワーを身につけたと考えてかまわないはずだ。

☾ 〈触れる〉ことによるヒーリング

　それでは、具体的にはイエスはどのようにして〈神の力〉〈霊の力〉を発揮して、ヒーリングを行ったのだろうか？
　福音書を調べてみると、イエスのヒーリングには大きく分けて二つの方法があったと見られる。
　そのうちの一つがここで取り上げる〈触れる〉ことによるヒーリングである。
　実は〈触れる〉にもいろいろあるのだが、この言葉から誰もが想像するのは、とにかくまず第一に、イエス自身がその手で患者に〈触れる〉ということだろう。
　「マタイ伝」(8章1－4節)の場面を見てみよう。

> イエスが山を下りられると、大勢の群衆が従った。すると、一人のらい病を患っている人がイエスに近寄り、ひれ伏して、「主よ、御心ならば、わたしを清くすることがおできになります」と言った。イエスが手を差し伸べてその人に触れ、「よろしい。清くなれ」と言われると、たちまち、らい病は清くなった。イエスはその人に言われた。「だれにも話さないように気をつけなさい。ただ、行って祭司に体を見せ、モーセが定めた供え物を献げて、人々に証明しなさい。」

　ここで「らい病」といっている病は現在そう呼ばれている病と一致するものではなく、らい病だけでなく重い皮膚病を含むものだと見られている。だが、それにし

ても、イエスが手を差し伸べて患者に触れただけで、その病が治ってしまったと語られていることは確かだ。患者の方も、「主よ、御心ならば、わたしを清くすることができます」といっていたように、イエスならば治すことができると完全に信じきっていることがわかる。

また、この中でイエスが「行って祭司に体を見せ……、人々に証明しなさい。」といっていることから、イエスによるヒーリングがたんなる気休めではなく、第三者の目で見てもはっきりわかる、客観的なものだったことがうかがえる。ちなみに、なぜ祭司に見せるかというと、当時のユダヤ社会では人が病気であるかどうかの判断はユダヤ教の祭司によって行われていたからである。

☪ ★ イエスの服から〈力〉が伝わる

このように、伝説が語るイエスはしばしば手で触れるだけで、当時は不治とされていたような病を数多く治している。それだけでも十分に奇跡といえるが、〈触れる〉ことによるヒーリングには、イエス自身がその〈手で触れる〉のとは別のタイプのものもある。

それは、患者の方が〈イエスの体や衣服に触れる〉というもので、このタイプのものも福音書には数多く記述されている。

ここでは、一例として「マルコ伝」（5章25－34節）をあげることにしよう。

> さて、ここに十二年間も出血の止まらない女がいた。多くの医者にかかって、ひどく苦しめられ、全財産を使い果たしても何の役にも立たず、ますます悪くなるだけであった。イエスのことを聞いて、群衆の中に紛れ込み、後ろからイエスの服に触れた。「この方の服にでも触れればいやしていただける」と思ったからである。すると、すぐ出血が全く止まって病気がいやされたことを体に感じた。イエスは、自分の内から力が出て行ったことに気づいて、群衆の中で振り返り、「わたしの服に触れたのはだれか」と言われた。そこで、弟子たちは言った。「群衆があなたに押し迫っているのがお分かりでしょう。それなのに、『だれがわたしに触れたのか』とおっしゃるのですか。」しかし、イエスは、触れた者を見つけようと、辺りを見回しておられた。女は自分の身に起こったことを知って恐ろしくなり、震えながら進み出てひれ伏し、すべてをありのままに話した。イエスは言われた。「娘よ、あなたの信仰があなたを救った。安心して行きなさい。もうその病気にかからず、元気に暮らしなさい。」

ここで驚くのは、イエスが自ら手を伸ばして〈触れる〉場合と違い、この場面のイエスには「十二年間も出血の止まらない女」を癒そうという意志はなかったとい

うことだ。そもそも、そのような女がいるということさえ知らなかった。

　そんなイエスに対し、女の方は彼のヒーリング・パワーを信じ、背後から彼の服に触れた。そして、奇跡が起こった。女はその瞬間に病が癒されたことをはっきりと自分の体で感じ、イエスは自分の内から神の〈力〉が出て行ったことに気づいたのである。

　ただ、このときに奇跡が起こったことを知ったのは、イエスとその女だけだった。他の者は、その瞬間そこで何が起こったかまったく気づかなかった。だから、イエスが「わたしの服に触れたのは誰か」と問うたとき、誰もその意味を理解しなかった。イエスのパワーで癒された女が恐る恐る進み出て、すべてを告白したときになって初めて、イエスのそばにいた弟子たちもまた何が起こったのかを理解したのである。

　このことから、イエスによるヒーリングは彼の意志とは関係なく、しかも誰も気づかないような形で瞬時に起こってしまうことがあったということがわかる。

　ある意味、大切なのはイエスの意志よりも患者の意思であり、イエスの力を信じていたかどうかにかかっていたといってもいいだろう。だから、イエスならば癒してくれると信じ、彼に触れるものはみな、すべて癒されることができたのである。

☪ 〈ことば〉によるヒーリング

　イエスのヒーリングには、〈触れる〉ということと同じくらい頻繁に使われるもう一つの方法がある。それは、〈ことば〉によって病気を治すということである。「マタイ伝」(17章14－18) の物語を見てみよう。

　一同が群衆のところへ行くと、ある人がイエスに近寄り、ひざまずいて、言った。「主よ、息子を憐れんでください。てんかんでひどく苦しんでいます。度々火の中や水の中に倒れるのです。お弟子たちのところに連れて来ましたが、治すことができませんでした。」イエスはお答えになった。「なんと信仰のない、よこしまな時代なのか。いつまでわたしはあなたがたと共にいられようか。いつまで、あなたがたに我慢しなければならないのか。その子をここに、わたしのところに連れて来なさい。」そして、イエスがお叱りになると、悪霊は出て行き、そのとき子供はいやされた。

　ここで「てんかん」と呼んでいる病が現在そう呼ばれている病と同じであるかどうかはやはり疑問視されているところである。そうではなくて、頻繁に痙攣を引き起こすような、精神的あるいは神経的な病だったようだ。

　いずれにしても、この種の精神的・神経的な病は当時のユダヤ社会では悪霊が取りついたために起こると考えられていた。そして、この種の悪霊によってもたらされる病の場合には、イエスは〈ことば〉を用いることによって病気を癒したのである。

この場面もその一つだ。
　ここでは、「てんかん」によってしばしば痙攣に苦しむ息子を心配した父親が、その子を連れてイエスのところにやって来たのである。しかし、最初からイエス本人を訪れるのは気が引けたのかもしれない。父親はまず、その子をイエスの弟子たちのところに連れて行った。だが、弟子たちには癒すことができなかった。そこで父親はついに勇気を奮ってイエス本人のもとにやってきたのだ。事情を知ったイエスは、まず自分の弟子たちに苦言を呈する。信仰が足りないから、癒すことができないのだ、と。それから、イエスは病んだ子に向かい、叱る。といっても、子を叱るのではなく、子の中にいる悪霊を叱るのである。すると、ただそれだけで悪霊は出て行き、子は癒されたのである。

☾★ 遠く離れた病人を癒す

　このように、悪霊によって起こされた病気の場合、イエスはしばしば〈ことば〉によるヒーリングを行った。
　ここで注目したいのは、この種の〈ことば〉によるヒーリングの場合には、その効果は遠く離れた患者にも効果を及ぼすことがあったということだ。
　ガリラヤ湖畔の港町カフェルナウムでそういうことが起こった。「マタイ伝」（8章5－13節）の語るところを見てみよう。

　　　さて、イエスがカフェルナウムに入られると、一人の百人隊長が近づいて来て懇願し、「主よ、わたしの僕が中風で家に寝込んで、ひどく苦しんでいます」と言った。そこでイエスは、「わたしが行って、いやしてあげよう」と言われた。すると、百人隊長は答えた。「主よ、わたしはあなたを自分の屋根の下にお迎えできるような者ではありません。ただ、ひと言おっしゃってください。そうすれば、わたしの僕はいやされます。わたしも権威の下にある者ですが、わたしの下には兵隊がおり、一人に『行け』と言えば行きますし、他の一人に『来い』と言えば来ます。また、部下に『これをしろ』と言えば、そのとおりにします。」イエスはこれを聞いて感心し、従っていた人々に言われた。「はっきり言っておく。イスラエルの中でさえ、わたしはこれほどの信仰を見たことがない。
　　　言っておくが、いつか、東や西から大勢の人が来て、天の国でアブラハム、イサク、ヤコブと共に宴会の席に着く。だが、御国の子らは、外の暗闇に追い出される。そこで泣きわめいて歯ぎしりするだろう。」そして、百人隊長に言われた。「帰りなさい。あなたが信じたとおりになるように。」ちょうどそのとき、僕の病気はいやされた。

この当時、イエスが活動していたパレスチナの地はローマの支配下にあり、ローマ軍が駐留していた。ここに登場する百人隊長というのはその一員、つまりローマ人であって、ユダヤ教徒から見た場合には異教徒である。しかし、この百人隊長はイエスのパワーを信じ、イエスがそれほど遠くない場所までやってきているのを知ると、中風に苦しむ自分の部下のためにわざわざ出かけていった。ただ、百人隊長には遠慮があった。
　この時代のユダヤ社会では異教徒との接触は遠ざけるべきものとされていた。異教徒だけでなく、罪人とされる人々や不治の病人との付き合いも禁じられていた。もちろん、イエスは、不治の病の人々と当たり前に接していたことからもわかるように、そのようなことはあまり気にしなかった。この場面でも、百人隊長の話を聞くやすぐにも彼の部下のいるその家を訪ねようとしている。だが、実はこのような振る舞いのために、イエスはユダヤ教の伝統的な宗派から嫌われ、命を狙われる危険もあったのである。
　百人隊長はそのことをよく知っていたのだろう。彼はイエスの身を心配し、ただ〈ことば〉だけでいいというのだ。なぜなら、軍人の社会では自分よりも権威ある者の〈ことば〉に従うのが当然なので、イエスの〈ことば〉だけで部下は癒されるはずだからというのである。これを聞くと、今度はイエスの方が大いに感心する。そして、百人隊長に向けていう。「帰りなさい。あなたが信じたとおりになるように」
　当然のことだが、ここでは肝心の患者はイエスの前にいるわけではない。中風に苦しむ百人隊長の部下は、イエスとは別な離れた場所、百人隊長の家にいるのである。だが、イエスがそういった瞬間に、まったく別な場所にいた患者が癒されたのである。
　別な福音書では、この〈ことば〉を聞いた後、百人隊長が家に帰るとすでに患者が癒されており、話を聞くと、患者が治ったのはちょうどイエスがその〈ことば〉を発したときだとされている。

☾★ ヒーリング・パワーを弟子たちに分け与えたイエス

　このように、福音書にはヒーラーとしてのイエスの活躍が数多く紹介されている。
　だが、福音書ではイエスのヒーリング・パワーはけしてイエスだけに可能なものとされているわけではない。それはあくまでも〈神の力〉〈霊の力〉なので、それを利用できる者にならば誰にでも可能なこととされているようだ。
　実際、ある時期が来ると、イエスはその能力を弟子たちにも分け与えているのである。
　イエスにしてみれば、もっと早くからそうしたいと思っていたかもしれない。イ

エスはその伝道活動の最初から、弟子たちを引き連れて各地をめぐりながら、奇跡のヒーリング活動を続けていた。だが、どう考えても、イエス一人ですべての病んだ人々を救うのは不可能である。もしそれが可能ならば、弟子たちとは別々に各地をめぐる方が能率的なのに決まっている。

しかし、「てんかん」の子供を癒す場面で見たように、ある時期までは、弟子たちの信仰はまだ不十分で、ヒーリング・パワーを操ることができなかった。そこで、イエスは弟子たちが十分な信仰を持つまで、じっと我慢したのに違いない。そして、そのときが来たと判断したとき、イエスは重要な十二人の弟子たちを選んで、そのパワーを与えることにしたのだろう。

その場面は「マルコ伝」（6章6－13節）では次のように描かれている。

それから、イエスは付近の村を巡り歩いてお教えになった。そして、十二人を呼び寄せ、二人ずつ組にして遣わすことにされた。その際、汚れた霊に対する権能を授け、旅には杖一本のほか何も持たず、…（中略）…ただ履物は履くように、そして「下着は二枚着てはならない」と命じられた。…（中略）…十二人は出かけて行って、悔い改めさせるために宣教した。そして、多くの悪霊を追い出し、油を塗って多くの病人をいやした。

こうして、イエスのヒーリング活動はその弟子たちに受け継がれた。そして、イエスが十字架に架けられて死んだ後にも、イエスの弟子たちは各地をめぐりながら、貧しく病んだ人々を救い続けることになったのである。

国王が手を触れて癒す
ロイヤル・タッチの幻想

☾★ 800年間も民衆に支持されたロイヤル・タッチ

　ヒーリングに興味のある人ならば、ロイヤル・タッチという言葉をどこかで聞いたことがあるのではないだろうか？

　ロイヤル・タッチは、中世のイギリスとフランスでなんと800年間も続けられた、いかにも神秘的なヒーリングの手法のことである。どういうものかというと、まったく文字通りのことで、国王が手を触れるだけで病気を治すというものだ。

　当時、フランスとイギリスでは国王自身がそれが可能だと主張し、民衆もまたそれを信じて王のもとに殺到したのである。

　ところで、フランスとイギリスの国王がロイヤル・タッチによって病気を治したといっても、それはある病気に限られていた。

　その病気とは、現在では瘰癧（るいれき）と呼ばれるものである。

　瘰癧は結核菌によってリンパ腺の炎症を起こす病気で、多くの場合に化膿による顔のゆがみや悪臭をともなった。というのも、結核菌によって最も侵されやすいリンパ腺は頸部のもので、不注意から化膿させるとすぐに顔面が侵されることになったからだ。このため、この病気は死病とはいえなかったが、人々に嫌悪感を持たせる病気だったのだ。

　そして、中世ヨーロッパには数多くの瘰癧患者がいた。

　こうした人々はとにかく病気が治ってほしいと切望していたので、瘰癧に効くという療法の噂があれば、何でもかまわず飛びつく傾向があったし、現実に飛びついたという。

　そんな療法の中でも最も強烈に瘰癧患者たちを引き付けたのがロイヤル・タッチだったのである。

　こんなわけで、ロイヤル・タッチは"瘰癧さわり"と呼ばれることもある。また、瘰癧は国王がそれを治すと信じられたことから、イギリスでは"王の病"、フランスでは"病の王者"と呼ばれたという。

☾★ 十万人に触れたイングランド王チャールズ２世

　ロイヤル・タッチはとにかく人気があったが、具体的にはそれはどの程度の人気だったのだろう。

ここで、どれくらいの人々が国王に触れてもらったか、少しだけ数字をあげておこう。

　たとえば、13世紀イギリスの場合、イングランド王エドワード1世（在位1272年〜1307年）は治世第28年の1年間に983人、第32年に1219人、第18年に1736人にたいしてロイヤル・タッチを行ったという。もちろん、戦争や領地の視察などで、国王は数ヶ月間にも渡ってロイヤル・タッチを行えないこともあり、数字には多いときも少ないときもある。とはいえ、それが可能なときには、年間に千人以上の民衆が国王のもとにやってきたのである。

　17世紀のチャールズ2世（在位1660年〜1685年）になると、その数字はさらに膨れ上がっている。この王は1660年5月〜1664年9月の間に約2万3000人にロイヤル・タッチを行ったという。しかも、統治した全期間を通じ、約10万人に触れただろうと推定されているのだ。

　こういう数字を見れば、中世のイギリスとフランスでロイヤル・タッチの人気がいかに高かったかがわかるはずだ。

　しかも、こうした強烈な人気が800年間も続いたのである。はっきりいって、これほど壮大なヒーリング伝説は古今東西どこを捜しても、なかなか見つかるものではないといっていいのではないだろうか。

　ところで、ここで紹介した数字はマルク・ブロック著『王の奇跡』（井上泰男、渡邊昌美共訳／刀水書房）から引用しているが、この本ではロイヤル・タッチについて非常に詳しく説明しているので、ここではさらにこの本に基づいてロイヤル・タッチとはどのようなものだったのか紹介していきたい。

☪★ ロイヤル・タッチの基本的方法

　さて、ロイヤル・タッチは基本的には国王が手で患部に触れて病気を治すものである。とはいえ、それは800年間も続いたので、時代とともにそれなりに変化したのは当然だ。つまり、国王が手で触れるという儀式がどんどん発達し、複雑かつ豪華なものに変わっていったのである。

　ロイヤル・タッチはフランスでは1000年ころに、カペー朝第2代王ロベール2世によって始まったと見られている。イギリスでは1100年ころにノルマン朝第3代王ヘンリ1世によって始まったという。そして、以降はその奇跡能力は代々の王に受け継がれ、王朝が変わっても続いた。

　常識的に想像できるように、始まったばかりの時代のロイヤル・タッチが最も単純で、最も基本的なものだった。

　というか、それは古くからある奇跡の聖者伝説のやり方とまったく同じで、王が

病人の患部に直接手を触れるというものだったらしい。
　イエスがそうだったように、こうすることで王に宿った特別な力が患者に移ると考えられていたのだ。
　初期の時代に、この動作にもう一つ別の動作が加えられたが、そこにも特別目新しいものはなかった。それは、患者の体、あるいは患部そのものに十字の印をつけるというものだった。
　そのうえで、王は神聖でカトリック的な言葉を口にしたようだが、それがどんな文句だったかははっきりしていない。ただ、16世紀のフランス王の言葉はわかっていて、それは「王、汝に触れる。神、汝を癒したもう」だったという。

☪★ 徐々に変化したロイヤル・タッチ

　もう一つ、初期のロイヤル・タッチで特徴的なのは、ある時点までは病人が願い出てくるたびに、そのつど奇跡療法を行っていたらしいということだ。だから、その風景も少しも儀式っぽくはなく、場所も決まっておらず、たくさんの群衆が無秩序に王を取り囲んでいるということもあったという。また、患者が望む限り、それは毎日でも行われた。
　貧者に慈悲を与えるというのは中世の君主にとっては義務であって、君主は貧しい病人のために精一杯がんばったのである。
　しかし、そうはいっても、ロイヤル・タッチの噂が広まり、患者の数が増えてくれば、その儀式のために王本来の仕事が支障をきたすことにもなりかねない。時代とともに宮廷のあり方も複雑化し、いろいろな慣例も生まれてくる。
　こうして、ロイヤル・タッチの儀式も少しずつ変化することになった。
　フランスでは、ルイ9世（在位1226年～1270年）の時代になると、ロイヤル・タッチは必要に応じて連日でも行われたものの、ミサの後の一定時刻に限定されることになった。ルイ11世（在位1461年～1483年）の時代には週に1度だけ病人が集められ、王の前に誘導されるようになったという。それから、一年のうちでも宗教上重要な休日にだけロイヤル・タッチは行われるようになった。
　15世紀ころまでに、フランスでは病人の選別までも行われるようになったという。というのも、ロイヤル・タッチに集まってくる群衆の中には瘰癧でない者も多かったからだ。
　イギリスの動きは正確にはわかっていないが、だいたいにおいて似たようなもので、ヘンリ7世（在位1485年～1509年）のころまでは期日は定められていなかったが、その後はフランス同様に期日が定められるようになったと見られている。

☪★ ロイヤル・タッチの人気を嘆いたルイ13世

　期日が間遠になったといっても、ロイヤル・タッチに対する信仰が薄れたわけではなかった。

　中世の宮廷は領地支配などのために各地を移動したが、そんなとき多くの瘰癧（るいれき）患者が王宮の後を追うように移動したという。そして、宮廷の慈善局では、次にロイヤル・タッチが行われるときまで彼らが生き延びられるように、小銭を渡すこともあったようだ。

　相変わらず人気があり、かつ期日が間遠になれば、その結果として一度にやって来る瘰癧患者の数は膨大になるのは当然のことだ。

　そのため、17世紀にはロイヤル・タッチの期日となった1日だけで千人を超える群衆が王宮に詰め掛けるようなことも起こるようになった。

　ルイ13世（在位1610年～1643年）の場合、1613年の復活祭には1回に1070人が詰め掛けてきたという。これで驚くのはまだ早くて、1701年5月22日（三位一体の祭日）には2400人の群衆が殺到したという記録がある。

　ルイ14世（在位1643年～1715年）時代、1698年の復活祭におけるロイヤル・タッチが何かの理由で中止されたことがあったが、そうするとその後の聖霊降臨祭の祝日には、なんと3000人近い患者が押しかけてきたという。

　こうなると、ロイヤル・タッチを行う国王も大変だ。ロイヤル・タッチは国王の健康のことも考えて、疫病が流行しているときに限っては中止されたが、それでも病人は押しかけてきた。即位したばかりでまだ若かったころのルイ13世はそんな光景を見て、次のように嘆いたという。

「病人たちはこんなにもわたしを迫害する。王はペストにかかって死ぬことなどないと思っているのだ……、わたしのことをまるでトランプのキングのように思っている」。

☪★ 厳かに行われた国王の治癒儀式

　時代とともに変化したロイヤル・タッチは17世紀ころまでにはいかにも荘厳な式典として執行されるようになったという。それは、とくにフランスにおいてそうだった。

　当時のフランスではロイヤル・タッチが執行される期日はそれほど多くなかった。期日は宗教的な大祭日に決まっていて、復活祭、聖霊降臨祭、降誕祭、元日、三位一体の主日、聖母被昇天の祭日、万聖節、聖母お清めの祭日などだったようだ。

　パリで開催される場合には、総奉行が数日前に喇叭（らっぱ）と高札で告知したという。

式場は普通はルーヴル宮殿の大歩廊(グランド・ガルリー)だったが、他の場所、たとえば城の中庭、庭園、僧院や教会のこともあった。

その日、数百人、ときに千人を超える大群衆が集まってくると、あらかじめ、それを宮廷付きの医師が巡回して、病気の性質を細かく検分した。そして、瘰癧(るいれき)ではない者がいればその者を除外した。

王はロイヤル・タッチの前に慣例として、パンとぶどう酒の両方の聖体を拝領した。そして、式場にいる患者たちの間をめぐりながら、病人一人一人について、素手で軽く傷や腫物に触れ、その上で十字を印した。このとき、「王、汝に触れる。神、汝を癒したもう」という決まり文句を唱えた。

こうやって、王は数百人以上もいるすべての患者をめぐって、一人一人にロイヤル・タッチを執行したのである。

このような儀式が王にとって大変な苦労なのは当然だが、これは王の義務でもあったので、さぼることはできなかったようだ。1715年6月8日土曜日の聖霊降誕祭前夜には、ルイ14世はすでに死期が迫っていたにもかかわらず、猛暑の中、大衆が望む奇跡のヒーラーとして約1700人の瘰癧患者にロイヤル・タッチを執行したと伝えられている。

☪★ エンジェル金貨に保証された奇跡治癒力

イギリスでもロイヤル・タッチは荘厳な儀式へと発達したが、その流儀は異なっていたので、ここであらためてイギリス流のロイヤル・タッチを紹介することにしよう。

イギリスでもフランス同様にロイヤル・タッチの日程はあらかじめ国王布告によって全国に知らされたので、当日は大盛況になったという。

1回にどのくらいの群衆が押し寄せたか、正確なところはわかっていないが、フランスよりは少なかった可能性が高いと思える。というのは、イギリスではフランスよりも頻繁にロイヤル・タッチが執行されたからだ。17世紀フランスでは、ロイヤル・タッチは間遠にしか執行されなかったが、同じ時代のイギリス王チャールズ2世(在位1660年～1685年)は夏場を除き、毎週金曜日にはそれを執行している。それなら、フランスのように一度にぼう大な群衆が押し寄せる必要もないはずである。ただし、フランスよりは少なかったというだけで、それが相当な数に上ったことは間違いないだろう。

流儀に関していえば、フランス王が自ら患者の間を巡回したのに対して、イギリス王はおそらく着座したまま、不動だったという特徴があった。つまり、式場の中で、集まってきた病人の方が歩いて王の前に進み出たのである。だから、イギリス

の場合は式場の中で病人たちが絶え間なく往来したという。

しかも、病人たちは全体で2回、王の前に進み出る必要があった。

1回目は王が病人一人一人の患部に手を当てるためで、そのために参集した全員が次々と王の前を通過していくのである。

それが終わると、病人たちはふたたび1人ずつ順番に王の前に出た。

この病人たちに対して、王はその患部の上で伝統の十字を印したが、その指には1枚の金貨が挟まれていた。それは大天使ミカエル像の刻印があるエンジェル金貨で、そこには穴が開いており、リボンが通してあった。そして、王は十字を印した後で、その金貨を患者一人一人の首にかけたのだという。

ここで、患者一人一人に金貨が与えられたということが、イギリスとフランスの流儀の大きな違いだった。

この金貨は本来的には王から貧しい病人たちへの施しという意味があったが、やがてそれ自体が医療効果を持つ護符だと考えられるようになった。

このため金貨そのものも王の奇跡にふさわしいものへと変化して行き、その表面に「これぞ主によりてなされたるところ、我らの眼前にてなされたる奇跡」という刻銘がつけられるようになった。さらに、チャールズ2世の時代には専用の金のメダルが用いられるようになった。

エンジェル金貨は護符だったので、それにまつわる迷信も生まれた。つまり、王から頂戴したこの金貨を持っている限り病気は治癒しているが、それを失くしたりつかってしまったとたんに、以前の病気が再発するというのである。

☾★ 壮大な幻想だったロイヤル・タッチ

これほど隆盛を極めたロイヤル・タッチがイギリスでもフランスでもやがて終焉を迎えたのは、これはもう時代の流れとしかいいようがない。

イギリスでは、ピューリタン革命、名誉革命を経て、1714年にハノーヴァー朝が成立すると同時に、ロイヤル・タッチの伝統は失われた。つまり、イギリスにおいてはその一つ前、スチュアート朝最後の国王であるアン女王（在位1702年〜1714年）がロイヤル・タッチを執行した最後の王となった。この女王が最後にロイヤル・タッチを執行したのは、逝去から3ヶ月ほど前の1714年4月27日だったと見られている。

フランスでは、フランス革命期に処刑されたルイ16世（在位1774年〜1792年）が、本格的にロイヤル・タッチを執行した最後の王となった。この王の処刑とともに、フランスにおけるロイヤル・タッチの伝統も死滅したという。1825年、シャルル10世（在位1824年〜1830年）がロイヤル・タッチを執行してはいるが、もはや伝

統を復活させることは不可能だったようだ。

 とはいえ、どうしてロイヤル・タッチは失われたかということに興味を持たれる人はそれほど多くないのではないだろうか。

 それよりも、いったいどういうわけで800年間も続いたのかということの方がはるかに興味深いことではないだろうか。

 手で触れるだけで病気を治すという、いまから見ればかなり神秘的な療法が800年間も隆盛し続けたとすれば、それはきっと絶大な効果があったからではないだろうか。

 こんな風に思う読者もいるに違いない。

 ここで不思議なのは、このロイヤル・タッチに関しては、その当時から絶大な効果があるとは思われていなかったらしいということだ。

 もちろん、王に触れられたことで、たちまちに病気が治癒したという報告がないわけではない。

 しかし、はるかに多くの場合、王に触れられたからといって病気はすぐに治るわけではなかった。だから、病人たちは繰り返し、ロイヤル・タッチに通ったのである。人々の間には、ロイヤル・タッチは繰り返し通うことで効果を現すという信仰さえあったほどだ。

 また、ロイヤル・タッチを支持する国王側の人々さえ、それに絶大な効果があるなどとはいわなかった。つまり、王の奇跡能力の信奉者さえ、ロイヤル・タッチを受けたからといって、治らないことも多いということを認めていたのである。治らない病人に対しては、「それは信仰が足りないからだ」というお決まりの言葉も用意されていた。

 それにもかかわらず、ロイヤル・タッチへの信仰は続いた。病人たちはたとえすぐには治らなくても、1年後でも、2年後でも、病気が治ると期待できるだけで満足だったのだ。

 その意味で、ロイヤル・タッチはイエスやアスクレピオスに見られるような奇跡的治癒をもたらすヒーリング伝説というわけにはいかない。

 だが、ヒーリングというものがいかに人々を引き付けるものであるか、ということを教えてくれる壮大なヒーリング幻想の伝説ということはできるだろう。

 ヒーリングに興味を持っているなら、このようなヒーリング幻想がかつてあったということを知っておいてもいいのではないだろうか。

夢の中で治療する医神
アスクレピオス

☾★ 古代地中海世界最大の医神

　古代ギリシアの神アスクレピオスは紀元前5～後3世紀ころの地中海世界で最も広く信仰されていた、偉大なヒーリングの神であり、医神である。地中海世界というと、その近くにはイエスが活躍したパレスチナもあるが、少なくともその当時は、パレスチナの外に出れば、アスクレピオスはイエスよりもはるかに偉大だった。

　ギリシア神話の神といえば、誰もが大神ゼウスを頂点とした、オリンポスの十二神を思い浮かべるかもしれない。だが、これらの神々が信仰されていたのは、古代ギリシアの歴史の中でもかなり古い時代のことだった。紀元前5世紀以降の時代には、オリンポスの神々への信仰は完全に失われていた。そして、これらの神々にかわって人々の信仰を集めていたのがアスクレピオス神だった。

　ところで、アスクレピオスは神だというと、病に苦しむ患者がこの神に祈ることで病が癒される、と誰もが思うかもしれない。

　アスクレピオスはそうではない。信仰はなければならないが、アスクレピオスの場合、神であるにもかかわらず、実際に神自身が現れて患者の病を癒したのである。

　もちろん、神であるアスクレピオスが人間の医師と同じように現実の世界に出現し、ヒーリングを行ったというのではない。アスクレピオスは神なので、出現するのは患者の夢の中である。そして、この神に治療された夢を見たものは、ただ夢を見たというそれだけのことで、実際に病が癒されてしまうのである。少なくとも、発掘された碑文の記録によれば、そのような例が数多くあるのだ。

　こんなわけで、地中海世界にはアスクレピオスのヒーリングを望む者が後を絶たなかった。その当時から、アスクレピオスは奇跡を起こすヒーラーとして信仰されていたので、とりわけ通常の医術から見放されたような人々はみな、それを望んだ。

　こうした場合、患者がしなければならなかったことは、とにかくこの神の聖地を訪れるということだった。

　現在でも、ルルドの泉、ストーン・ヘンジなど、ヒーリング・スポットと呼ばれる特別な場所が世界の各地にあり、奇跡のヒーリングを望む人々が数多く訪れている。奇跡のヒーリングには、それが起こりやすい場所とそうでない場所があると信じられているからだ。

　古代の人々も同じだった。その最も優れた場所が、古代地中海世界にあっては、アスクレピオスの聖地だったのである。

☪★ 最大の聖地エピダウロス

　アスクレピオスの聖地は地中海世界に数多く存在していた。中でも最大の聖地はギリシアのアルゴリス地方にあったエピダウロスだった。
　ここで、アスクレピオスの聖地がどのような場所だったか、その最大のものとされるエピダウロスの場合を見てみることにしよう。
　アスクレピオスはもともとはテッサリア地方のトリッカに起源を持つ小さな神だった。その信仰がエピダウロスに伝播し、紀元前5世紀ころからこの地で発展したといわれている。
　こうしてエピダウロスが発展すると、人々はこの地こそアスクレピオスの故郷だと考えるようになった。そして、疫病が流行するといったような、この神の奇跡を必要とする事情が起こるたびに、人々はエピダウロスから自分の土地へとアスクレピオス神を勧請した。紀元前4世紀にはアテネに疫病が流行し、これに対処するためにその地に新たなアスクレピオスの聖地が作られた。紀元前3世紀には、今度はローマで同じことが起こった。このようにして、アスクレピオスの聖地は地中海のギリシア世界の重要な都市のすべてに、またそれ以外の数多くの土地へと広まっていったのである。
　それでも、アスクレピオスが信仰されていた時代を通して、いつもエピダウロスが最大の聖地だったことに変わりはなかった。そして、ギリシア世界の各地からこの神のヒーリングを求める参詣者が、数多くこの地に集まってきたのである。
　エピダウロスでは、これらの人々のほとんどすべてを受け入れた。一般的に、アスクレピオスの聖地は、妊娠は病ではないので妊婦は受け入れなかった。また、いますぐにも死にそうな瀕死の者も受け入れなかった。これは、聖域を清浄に保つのが目的だったためと見られている。しかし、それ以外の病ならば、たとえどんな病だろうと、不治の病であろうと受け入れたという。
　その聖地は非常に広大で、古代ギリシアのポリスだったエピダウロス領の西端の谷間の平野部にその中心があった。中心の周辺は森に囲まれていた。つまり、全体としては辺鄙な場所であり、これは地中海世界に数多く存在したアスクレピオスの聖域の特徴といってよい。しかし、聖地に入ってしまえば、決して不便ということはなかったようだ。
　エピダウロスにおけるアスクレピオスの聖域は紀元前4世紀末から前3世紀にかけて最盛期を迎えたが、そのころには聖域の中心部にはいくつもの大規模な石造の建造物が存在していた。アスクレピオスを祀る神殿ばかりではなかった。そこには、ヒーリングを求めてやってくる参詣者のための宿泊所のほか、1万4300人を収容するすり鉢型の巨大な劇場、競技場、闘技場などがあった。紀元前2世紀にはロー

マ式の浴場も作られた。いうなれば、環境のよい田舎にある、保養施設付きの療養所のような場所だったのである。

このような場所に来れば、その環境のよさによって、アスクレピオスの夢を見る前に癒されてしまう人々もいるだろう。毎日規則正しい生活をし、森に囲まれたすがすがしい空気を吸い、ギリシア悲劇を観たり、可能な者は自分に見合ったスポーツをしたりするのである。このような生活が体に悪いわけがない。

もちろん、人々の真の目的は別のことにあった。参詣者たちは聖地においてそのような暮らしをしながら、アスクレピオスの奇跡のヒーリングが実現する日を待ったのである。

☾★ エピダウロスにおける奇跡のヒーリング

エピダウロスでは、アスクレピオスのヒーリングは聖地の中のある特別な場所で実現すると決まっていた。それはアスクレピオス神殿の北側にあった細長いイオニア式の列柱館で、その場所は〈アバトン〉と呼ばれた。この列柱館は最も大きかったときには長さが71ｍもあった。

〈アバトン〉という言葉には「呼ばれない者は立ち入ることができない場所」という意味があるという。このため、この場所に入ることができたのは選ばれた者だけだったろうと想像されている。つまり、聖地への参詣者はその地で過ごしながら、ある日突然、アバトンに入るようにという神のお告げのようなものを受け取ったようなのだ。これについて、確かな証拠はないのだが、この種のお告げを受け取って始めて、参詣者はアバトンに入ることができたということだろう。その意味では、聖地にあった宿泊所や劇場などは、いうなれば病院の待合室のようなものだったのかもしれない。

さて、とにかくもこうしてアバトンに入ることを許された者は、その前に身と心を清める必要があった。そのための浄化の儀式と沐浴が行われた。それから、アバトンに入った。

アバトンに入る目的は、アスクレピオスの夢を見ることだったので、人々はそこで眠った。眠るのは夜である。アスクレピオスが出現するのは夜と決まっていたからだ。眠るに際しては、〈クリネー〉と呼ばれる寝椅子に横たわった。現在でも、医院のことをクリニックと呼ぶことがあるが、その語源はここにあるという。

この夢の中で正しい夢を見さえすれば、その瞬間に病は癒されると信じられていた。病が癒されなかった場合は、その夢は正しくないと判断された。こんな言い方はいかにも無責任なようだが、夢の中でアスクレピオスの出現を見た患者がその瞬間に癒されたという記録は現実に数多く残されているのである。

夢に登場するアスクレピオスは、彼自身の場合もあったが、それ以上に彼の象徴である蛇や犬の姿をしていることが多かったという。また、多くの場合に、助手を連れていた。そして、夢の中でアスクレピオスは患者の患部に触れ、それから姿を消した。すると、ただそれだけのことで、まさにその瞬間に人々は癒されたというのだ。

　いかにも神秘的な話だが、もっと不思議なのは、アバトンでは患者の代理のものが眠ることも可能だったという。これは患者が動けないような場合のことだが、それでもアスクレピオスの夢を見れば、ヒーリングに有効だったようだ。

　ただ、選ばれてアバトンに入った患者の中にも、すぐにはアスクレピオスの出現を体験できない者もいたようだ。記録に残っているものでは、ある患者の場合にはアスクレピオスの夢を見るために、4ヶ月もアバトンに参籠したという例もある。それだけ、アスクレピオスの出現を切実に望んでいたということかもしれない。

☾★ ヒーリングの内容の報告と謝礼の支払

　アスクレピオス神によるヒーリングはこのようなものだった。そこで重要なのは、まったくこの神の夢を見ることだけで、それ以外の医学的処置が行われるわけではなかった。事実、エピダウロスには医学者はいなかったと考えられている。

　とはいえ、癒された者たちのすべきことはこれで終わりではなかった。アスクレピオスによって癒されたものたちは、そのヒーリングの内容を聖地の祭司に報告しなければならなかった。この結果、アスクレピオスの奇跡のヒーリングの内容が、碑石の形で今日まで残されることになったのである。

　さらに、癒された人々はアスクレピオス神に謝礼を支払う必要があった。謝礼は各人の裕福さに見合ったもので、無理をする必要はなかったという。ただ、謝礼をしなかった場合には、この神は腹を立て、その者の病を再発させてしまうこともあったと伝えられている。

☾★ アスクレピオス神による数々のヒーリング

　それにしても、ただ夢を見るだけで病が癒されるなどということが本当にあったのだろうか？　その真偽はともかく、それがあったという記録が碑文の形で残されていることは事実だ。

　その記録によれば、アスクレピオスのヒーリングはまさに万病に有効な、奇跡のヒーリングだった。

　ここで、この神による奇跡のヒーリングの具体的な例をいくつか見ておくことに

しよう。

　エピダウロスのパンパエスという男の場合はこうだ。
　彼は口の中にただれた潰瘍があったので、エピダウロスにやってきた。この男がアバトンに入り、一番奥の部屋で眠っていると、夢を見た。その夢の中で、神は男の口を開け、両あごをくさびで開いたままにしておき、口の中をきれいにした。すると、その後で男の口の中の潰瘍は治ってしまっていたという。
　ペレネのイトモニケという女は子供ができなかったので、エピダウロスにやってきた。すると、夢の中にアスクレピオス神が出現したので、彼女は娘がほしいと訴えた。神は、彼女が間もなく妊娠するだろうと告げ、他の望みもたずねた。だが、彼女は妊娠のほかには何の望みもないと答えた。
　こうして、エピダウロスから帰ると彼女は本当に妊娠したが、3年たっても出産できなかった。彼女はふたたびエピダウロスを参詣した。今度は、夢の中で神は彼女に、妊娠のほかにまだ何か望みがあったのかね、とたずねた。本当は、前回エピダウロスで夢を見たとき、ただ妊娠のことだけでなく、誕生のことまで頼んでおけばよかったのである。とはいえ、彼女がふたたびやってきたのだから、その望みもかなえてやろうと神はいった。
　こうして彼女はアバトンの外に出たが、その瞬間、女の子を出産したという。
　ヘラクレイアのゴルギアスという男は、戦傷で肺に矢傷を受け、ひどい化膿で苦しんでいた。ここ1年半ほどの間に、皿に6、7杯もの膿が出たほどだった。そこで、彼はエピダウロスを訪ねたのである。アバトンに入ると、彼は夢を見た。その夢の中で神が顕現し、彼の肺の中から矢尻を取り出した。すると、夜が明けたときには彼の病は癒されていた。彼はアバトンを出たが、その手には神が取り出した矢尻を持っていたという。
　ミュティレネのヘライエウスという男は、あごにはもじゃもじゃとひげが生えていたのに、頭はつるつるだった。このため、彼はみなから笑われ、エピダウロスに来て眠ることにした。その夢の中で神が現れて彼の頭に何かの薬を塗ると、そこから髪の毛が生えてきたという。
　アテネのアンブロシアという女は片目が見えなかった。そこで、彼女はエピダウロスに来たものの、奇跡などというものが信じられなかったので、聖地を歩き回りながら、夢を見るだけで目が見えるようになるなどありっこないといって笑った。彼女が眠るとその夢にアスクレピオスが現れ、治してやるが、お前の無知の記念として銀の豚を奉納するように命じた。それから、神は彼女の見えない目を開き、薬を注ぎ込んだ。夜が明けてアバトンを出たときには、彼女の目は正常に見えるようになっていたという。

☪★ キリスト教徒に破壊された聖域

このように、アスクレピオスはその奇跡のヒーリング・パワーによって、古代地中海世界最大の神として信仰された。

ところが、アスクレピオスに対する信仰は4、5世紀ころを境にして、ぱったりと失われることになった。背景には、キリスト教の急激な拡大があった。

福音書の中で、イエスがおびただしい数の病人を治していることからわかるように、初期のキリスト教においては、イエスには治癒神としての性格が強かった。これまでキリスト教を知らなかった人々にとってはなおさらで、彼らはイエスをアスクレピオスと同じような奇跡のヒーラーだと考えた。そして、地中海世界の人々の信仰においては、奇跡のヒーラーといえば、イエスではなく、アスクレピオスだった。

そこで、キリスト教が拡大しようとすれば、どうしてもアスクレピオスの信者と衝突しなければならなかった。なんといっても、アスクレピオスは当時地中海世界最大の治癒神だったので、その信者たちの抵抗も強烈だった。キリスト教がローマへ拡大したときも、最も強く抵抗したのはアスクレピオス信者だったといわれている。このため、アスクレピオス信者もキリスト教徒も、それぞれが互いに対して強い憎しみを抱いた。

とはいえ、この勝負はキリスト教側の勝利に終わった。そして、4～5世紀にかけて、キリスト教徒の手で、エピダウロスを含むすべてのアスクレピオスの聖地が破壊されることになった。

こうして、あまりにも完全に聖地が破壊されたことで、アスクレピオスが古代地中海世界の偉大なヒーラーだったことは、長らく人類の歴史から忘れられることになった。1881年、ギリシア人考古学者カヴァディアスによってエピダウロスの発掘が始められたことで、人類はふたたび、かつてはイエスよりも偉大だったアスクレピオス神による奇跡のヒーリングを知ることになったのである。

☪★ アスクレピオス神の由来

最後になったが、ギリシア神話におけるアスクレピオスの姿も紹介しておくことにしよう。

紀元前5世紀ころから、地中海世界最大の神となったアスクレピオスだが、実はギリシア神話の中ではそれほど重要な神ではなかった。というか、元来は彼は神ではなく、ヘラクレスと同じような〈死すべき人間〉だった。

ギリシア神話によれば、アスクレピオスはアポロン神とプレギュアス王の娘コロニスの息子で、不思議な生まれかたをした。コロニスはアポロンと関係を持ったが、

その後アルカディア人のイスキュスという人間と結婚した。アポロンは腹を立て、狩猟の女神アルテミスにコロニスを殺すように頼んだ。だが、実際にコロニスが殺されて火葬にふされると、アポロンは後悔したのか、コロニスの胎内から息子を救い出した。そして、ケンタウロスの賢者ケイロンに預けた。このケイロンからアスクレピオスは医術を学び、後に偉大な医師となった。アポロンは太陽神として有名だが、医術の神でもあったので、アスクレピオスに医術の才があるのは当然だった。

その後、アスクレピオスは医師として活躍するが、そのうちにその実力におごり、死者を蘇らせるというタブーを犯してしまった。ここにいたってゼウスの怒りが爆発し、彼は電撃で撃ち殺されることになったのである。

とはいえ、アスクレピオスにとってゼウスの電撃で殺されたのは幸運だった。それによって、彼は神の仲間に加えられたからだ。

この段階では、アスクレピオスは決して偉大な神ではなかったが、とにかく神になったことは大きかった。そこから、アスクレピオスに対する信仰が始まり、やがて地中海世界に名をはせる偉大な神へと成長することになったようだ。

カトリック教会公認の奇跡
ルルドの泉

★ 年間500万の巡礼者が訪れる聖地

　奇跡のヒーリング伝説について語ろうとするなら、〈ルルドの泉〉の話題にはどうしても触れなければならない。

　現在、ヨーロッパ最大の巡礼地の一つとなっているルルドには、年間500万人の巡礼者が訪れるが、そのうちの40万人は奇跡のヒーリングを求める人々なのである。当然のことだが、その中には自分では動けない人々も多く、毎日、車椅子やタンカの行列ができている。そして、付き添いの家族だけでなく、多くのボランティアが彼らの面倒をみている。

　とくに、8月15日、聖母の被昇天祭には奇跡のヒーリングを求める巡礼者たちでおおいににぎわう。聖地の側もそれに配慮しているのか、現在では8月12日から16日までの全国統一巡礼期間中は、聖地のすべての施設が病者と障害者に無料で提供されるようになっている。これは、キリスト教徒であるかどうかに関係ない。ルルドにはキリスト教徒でない者も数多く巡礼にやってくるのだ。

　こうして、この地に奇跡を求めてやってくる人々が目指しているのが、ほかならぬ〈ルルドの泉〉なのである。この泉の水を飲んだり、患部を洗ったり、水浴場で水浴したりすることで、いまもなお現実に奇跡が起こると信じられているからだ。

　そもそも、この地がカトリックの聖地となり、ヨーロッパ最大の巡礼地へと発展したのも、この泉が湧き出したためだった。

　聖地とはいえ、ルルドの泉の歴史はそれほど古くはない。泉が湧き出すようになったのは19世紀の半ばであり、およそ150年ほどの歴史しかない。だが、この泉が湧き出した直後から、その水が奇跡のヒーリングをもたらすことが知れ渡り、医師たちにも見放された重い病を抱えた人々が殺到するようになった。

　その後を追うように、カトリック教会もこの地を聖地と認定した。こうして、奇跡の泉が、何の変哲もないヨーロッパの小さな町を巨大な聖地へと変貌させたのだ。

　したがって、ルルドの泉の奇跡は決して過去の伝説ではない。それは現在進行中の伝説なのである。

☪★ 奇跡を厳格に審査するルルド当局

 それにしても、科学時代の現代にあって、年間に40万人もの重い病気を抱えた人々が奇跡を求めてやってくるというのは、それだけでも驚くべきことだ。
 ルルドの泉の水そのものについては、当初から科学的な調査が行われており、ただの〈水〉だということがはっきりしている。それは飲料水として利用することはできるが、ミネラル・ウォーターでもなく、そのあたりの湧き水と同じものといっていいのである。
 にもかかわらず、毎年のようにそれだけの人数がこの地を訪れるのである。やはり、科学では説明できないような奇跡が、現実にルルドの泉で起こっているのだろうか。
 実は、これについては起こっているともいえるし、ほとんど起こっていないともいえる。奇妙ないい方だが、これにはわけがある。

 ルルドはキリスト教の聖地だが、現在のルルドはたんなる宗教施設ではなく、巨大な病院があり、世界各地から集められた国際医師団が常駐している。この医師団がルルドで起こった奇跡的なヒーリングについて、それが本当に奇跡であるかどうか、厳格に審査しているのである。
 その審査基準は信じられないほど厳しいもので、いくつもの条件がある。
 一つには、その病気は器質的（肉体器官の障害）なものでなければならない。精神障害や神経障害、あるいはそれが原因となるような障害は最初から審査の対象にならない。というのは、奇跡への信仰を持つ人々がルルドの泉のような特別な聖地を訪れた場合には、その感動によって、精神障害・神経障害などの病気は、現実に直ってしまう可能性があるからだ。だから、このような病の場合にはたとえ奇跡的に治っても、真実の奇跡とはみなさないのである。
 また、その時代の医療技術で治癒不可能な病でなければならない。たとえば、結核などは昔は不治の病だったが、現在は治る病である。だから、ルルドの泉で結核が治っても、それは奇跡にはならないのである。もしかしたら、現代の医療のおかげで治ったかもしれないからだ。
 さらに、ヒーリングは瞬間的に起こらなければならず、しかも完全な治癒であって、永続しなければならないなどの決まりもある。

☪★ 具体的数字に見る奇跡の確率

 こんなわけなので、ルルドではたとえ本人が奇跡が起こったと主張しても、そ

れがルルド当局から本当の奇跡だと認められることはほとんどないといっていいのだ。

　次のような数字がある。ルルドでは1862年以来、これまでに6700人が奇跡のヒーリングが起きたと自己申告し、そのうち66人が本当の奇跡だと認められた。

　このうち最も新しい66人目が認められたのは1999年のことで、12年間の審査を経てやっと認められたのである。しかも、医学が進歩して審査が厳しくなるにつれ認定者の数は減っているので、1960年から2000年までの40年間ではたった4人しか、奇跡だと認められていないのである。

　この数字を見る限り、奇跡はほとんど起こっていないと見えることは確かだ。これまでルルドの泉にやってきた病人の数は確実に数百万人に上るはずだが、そのうち奇跡が起こったのが66人だとすると、奇跡が起こる確率はゼロに近いといっていい。

　だが、別な見方もできる。1999年といえばつい最近だが、そんな時代になってもまだ、厳しい審査を経たうえで奇跡と認定された患者がいるということだ。それに、1862年以来とはいえ、奇跡だと自己申告した人が6700人もいる。おそらく、申告していない人々ははるかに多いに違いない。申告するためには、事前の詳しいカルテや事後の厳密な検査などが必要になる。しかも、奇跡と認められるまでに12年間もかかったりする。実際に病が治ってしまえば、別にそれが奇跡だと認めてもらえなくても差し支えないのだから、自己申告するなどという面倒を避ける人も多いはずだ。また、過去に奇跡としか見えないようなヒーリングが起こったことは事実だし、現在でもルルドでは毎年のように奇跡が起こっているともいわれている。

　とすれば、1年間に重い病を抱えた40万もの人々が訪れるのには、やはりそれなりの根拠がある、といっていいのではないだろうか。

☪★ 聖母マリアが指し示した泉のありか

　では、これまでにルルドの泉では具体的にどのような奇跡のヒーリングが起こったのだろうか？

　だが、それについて話す前に、ここでルルドがヨーロッパ最大の聖地となるきっかけになった一連の不思議な出来事を見ておこう。それは、奇跡の泉にふさわしい神秘的な伝説である。

　ルルドはフランス南西部、オート・ピレネー県にある小さな市である。フランスとスペインの国境になっているピレネー山脈の麓、カーブ・ド・ポー川上流沿岸に

位置する風光明媚な土地だ。人口は1万5203人（1999年時点）。

　1858年2月11日朝、この地の貧しい水車小屋の娘ベルナデットは妹トワネット、近所の友達ジャンヌと3人で薪拾いに出かけた。ベルナデットはこのとき14歳だったが、幼いときから病弱で発育が悪く、他の2人についていくのは大変だった。彼女は1人遅れてポー川を渡った。と、そのときのこと。どこからか吹いてくる風を感じた彼女が顔をあげると、すぐ近くの岸壁にあるマサビエル洞窟から黄金色の雲が湧き出し、その上に美しい貴婦人が立っているのが見えたのである。びっくりした彼女はすぐにもロザリオを取り出すと十字を切り、ロザリオの祈りを唱え始めた。これを見つけたほかの2人はベルナデットの態度を笑った。彼女たちには貴婦人の姿が見えなかったのである。

　とはいえ、噂はすぐに広まり始めた。

　3日後の2月14日、ベルナデットは仲間の少女たちにせかされて、ふたたびマサビエル洞窟を訪れた。すると、今度もまた美しい貴婦人が現れたので、彼女はロザリオを取り出して祈り始めた。他の少女たちは、最初はその姿をおかしがった。やはり、彼女たちには貴婦人の姿が見えなかったのである。だが、ベルナデットが完全に恍惚状態となって祈り続けるのを見るうち、心配した少女たちはパニックになってしまった。

　この話を知った両親は心配し、ベルナデットに二度とマサビエル洞窟に行かないようにと命じた。ところが、今度は大人たちの中にこの出来事に興味を持つ者が現れた。最初に興味を持ったのは2人の婦人で、この2人がベルナデットの両親を説得してしまった。

　2月18日、ベルナデットはこの2人の婦人にともなわれてマサビエル洞窟を訪れ、そこでまた貴婦人を目撃した。しかも、今回は彼女は貴婦人と会話もし、「ここに15日間通ってください」と頼まれたのである。付き添っていた2人の婦人はこの話の内容に興奮し、その噂は町中に広まった。

　これから、ベルナデットの2週間にわたる洞窟通いが始まるのだが、その最初に日には付き従う群衆は早くも100人に達していた。

　この14日間の間には2回だけ、貴婦人が現れない日があったが、残りの12回は貴婦人が現れた。もちろん、彼女以外の誰にも貴婦人の姿は見えないのだが、現れた貴婦人に恍惚として祈りを捧げるベルナデットの姿はあまりに美しく、多くの人々を感動させた。そして、彼女に従う群衆は日を追うごとに大きくなった。これらの人々は、現れた貴婦人は聖母マリアに違いないと考えていた。

　ルルドの奇跡の泉が湧き出したのも、この間の出来事だった。2月25日のことで

ある。その日、夜明け前から500人ほどの群衆がマサビエル洞窟の前に集まっていた。そこに、ベルナデットもまだ暗いうちにやってきた。すると間もなく貴婦人が現れたので、彼女はロザリオの祈りを唱え始めた。それから起こったことは見物人たちを驚かした。彼女は突然貴婦人から何か命じられたように、ひざまずいたまま洞窟の中に進んで行き、素手で岩の横の地面を掘り始めた。そして、にじみ出た泥水を3度すくって捨て、4度目にすくった泥水を飲んだ。そのうえ、その泥水で顔を洗ったのだ。後で彼女自身が証言したところによれば、実はこのときに貴婦人は「岩の横の泉の水を飲み、顔を洗いなさい」と彼女に命じていたからだった。

それにしても、泥水を飲み、それで顔を洗うというのはいかにも異様な光景である。それはその場にいた見物人たちにとってもそうだった。それで、彼らの多くが「ベルナデットは気が狂ったのだ」と考えた。そして、失望してその場から立ち去っていった。

もし、その場所から本当に泉が湧き出さなかったら、聖母出現の熱狂もやがて静まる運命だったかもしれない。だが、そうはならなかった。その日の午後、何人かの石切り工たちが、ベルナデットが素手で掘り返した場所をさらに深く掘ったところ、すぐにもそこから透明な水が湧き出してきた。こうして、現在では1日に12万リットル以上の清水が湧き出すルルドの泉が誕生したのだ。

☾★ すぐにも評判になった奇跡のヒーリング・パワー

ルルドの泉は少女ベルナデットの前に現れた聖母マリアの指し示した場所から湧き出した。これだけでも十分に神秘的だが、その神秘はこれで終わりはしなかった。このときから、ルルドの泉は信じられないようなヒーリング・パワーを発揮し始めたのである。

ルルドの泉が湧き出した直後、早くも最初の奇跡が起こった。ある娘がこの泉の水を汲んで帰り、失明していた石切り工の父親に目を洗わせたところ、その目が見えるようになったのである。

ベルナデットが2週間続けてマサビエル洞窟を訪れた、その最後の日にあたる3月4日には、もっと驚くべきことが起こった。これについては、『奇跡の泉ルルドへ』(竹内節子著／NTT出版)に詳しい記述がある。

それによれば、その日朝からマサビエル洞窟前に集まった群衆は野次馬を含めて2万人に達し、混乱を鎮めるための憲兵も出動した。人々は、ベルナデットが1時間近い祈りを捧げ終わって帰った後も、しばらくはその場所に留まっていた。その

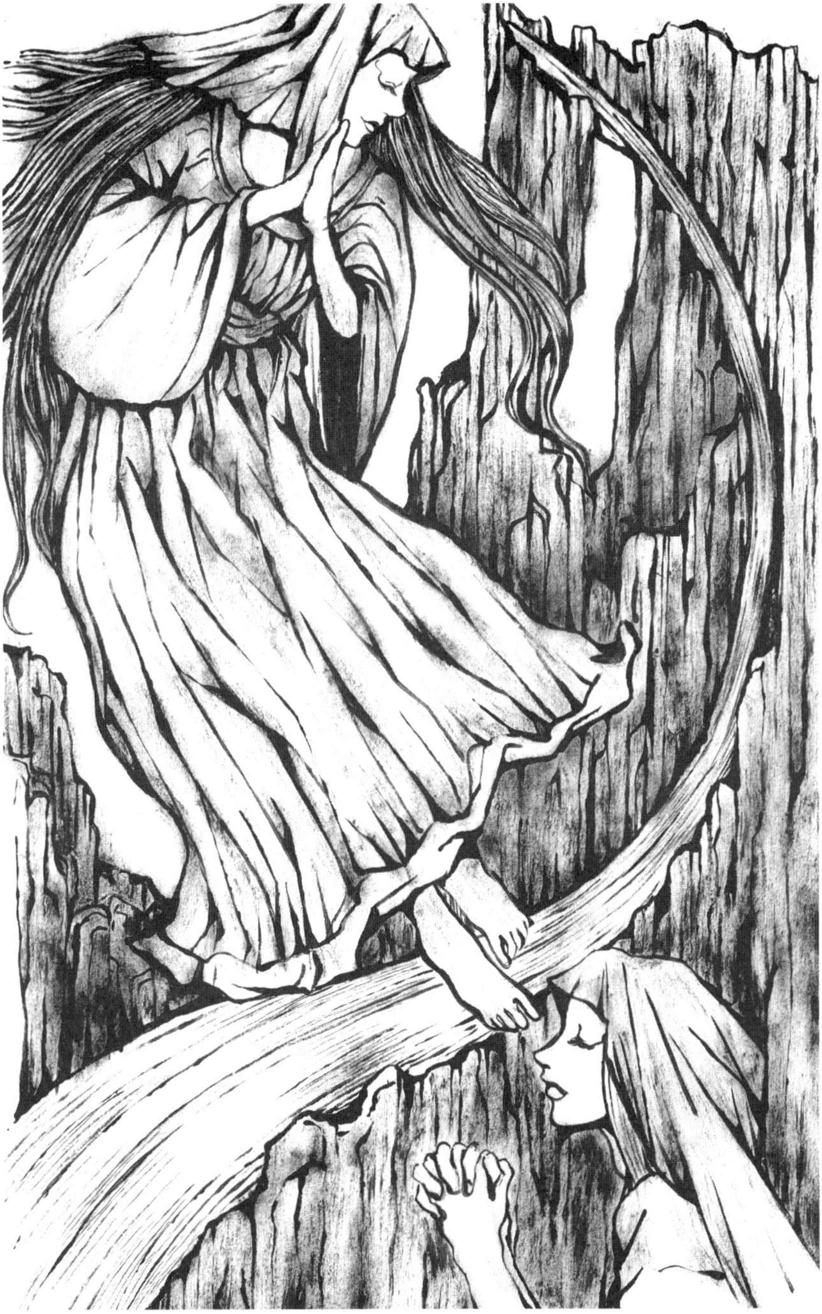

ときのこと。子供を抱いた1人の若い女が懸命になって群衆をかきわけ、マサビエル洞窟に近づいてきた。貧しい日雇い労務者の妻、クロワジーヌだった。彼女が抱いている2歳の息子ジュスタンのこともみなよく知っていた。生まれながらの虚弱児で、これまで一度もつかまり立ちさえしたことがなかった。しかも、その日、数日間も続いた熱の後で、子供はすでにぐったりとして身動きできない状態で、まさに瀕死だった。クロワジーヌは、ルルドの泉の水で失明していたもと石切り工の目が見えるようになったという噂を知り、必死の思いで瀕死の子供を抱いてマサビエル洞窟に駆けつけたのだった。

間もなく泉の前までやってきた彼女は、包んでいたシーツをはぎ、子供を裸にして首まで泉の水盤の中につけた。見物人たちはびっくりした。ただでさえ瀕死の状態なのに、そんなことをすればその場で死んでしまうと考えたからだ。「やめさせろ。子供が死んでしまうぞ」と大勢が叫んだ。だが、クロワジーヌの必死さに気おされし、誰も止めようとはしなかった。こうやって、クロワジーヌは子供を15分間も水の中につけたまま、ひたすら聖母マリアに祈り続けた。

案の定というべきか、15分たったとき、子供はもうぴくりとも動かなくなっていた。それでも、クロワジーヌは子供をふたたびシーツにくるむと群衆には目もくれず、自分の家まで駆け戻った。

奇跡が起きたのは翌日だった。前日、家に戻ったクロワジーヌは子供をベッドに寝かせ、それからずっと、夜になっても祈り続けていた。朝になって、子供が一瞬微笑んだように見えた。クロワジーヌは、それが死の合図で、天使が迎えに来たんだと思った。彼女は頭が真っ白になり、よろよろと寝室から離れた。そのとき、手伝いに来ていた隣家の主婦が叫んだ。「神様。ジュスタンよ」。

クロワジーヌは驚いて振り返った。すると、生まれてから一度も立ち上がったことのなかった子供がひとりでベッドから下り、彼女に向かって歩いて来たのである。しかも、このときを境に、彼女の子供は虚弱児から健康児に生まれ変わったのだった。やってきた医師もこれには驚くしかなかったという。

☪★ ルルドの奇跡に冷淡だった教会

こうして、ルルドの泉は湧き出した直後から、奇跡のヒーリング・パワーで人々を驚かした。このような場所が民衆にとって特別な場所になるのは当然で、マサビエル洞窟にはすぐにも人々の手で祭壇が作られた。

その後もルルドの泉の奇跡は続き、洞窟の中は感謝の捧げものでいっぱいになった。重い病が治り、必要なくなった松葉杖も数多く洞窟に奉納された。あくまでも

非公式ではあるが、民衆にとってはルルドの泉はすでに聖地と同じようなものと考えられたのである。

　こうなってくると、教会も動かざるを得なかった。1862年、教区の司教が「ベルナデットに聖母マリアが御出現したことは十分に真実とみなしうる」ということを認めた。そして、マサビエル洞窟のある岩盤の上に教会のバシリカ（祭壇のある聖堂）が作られ、その後、必要に応じて様々な教会施設が付け加えられていった。
　つまり、ルルドの泉は教会によって正式に聖地と認められたのである。1864年には公式の聖母マリア像がマサビエル洞窟に作られ、1872年からは国家的な巡礼も開始された。
　しかし、教会はルルドの泉を宣伝のために積極的に利用したというのではなかった。教区の司教が聖母マリアの御出現を公認したときにも、目撃者のベルナデットは教会関係者に厳しい取り調べを受けた。実は、聖母が出現するというような迷信的なことがらは、当時の進歩的な人々に受けがよくなかったので、ベルナデットはまるで騒ぎを起こした犯罪者のように、警察の尋問さえ受けた。それでも、最終的に司祭が認めざるを得なかったのは、ベルナデットの答えに少しも不自然なところが見られなかったからだった。

　ルルドでは1882年から常設の医局が設けられたが、これにしても、奇跡について科学的に研究するというよりは、めったやたらと奇跡が起こってしまうのを防ぐためといってよかった。聖書の中で数多くの奇跡が語られていることからわかるように、キリスト教では基本的に奇跡の存在を認めている。とはいえ、奇跡というのもまたどこかしら迷信めいたことがらに属するといってよい。そんな奇跡をいとも簡単に認めたとあっては、キリスト教そのものが迷信だと思われかねないからだ。
　こんなわけなので、教会は当初、ルルドの泉の奇跡に関してどちらかといえば冷淡な態度で接したといってもよいのである。
　しかし、ある出来事というか、ある奇跡のヒーリングをきっかけに、こうした流れが変わることになった。その結果として、ルルドにおいて、奇跡のヒーリングが真剣な科学的考察の対象とされるような動きが出てきたのである。

☪ ノーベル賞医師カレルが目撃した奇跡

　ここで、ルルドにおける奇跡のヒーリングが厳格な科学的研究の対象となるための、そのきっかけとなった出来事について述べておこう。それはルルドで起こった奇跡の代表的な例でもある。

1902年5月のことだ。後にフランス初のノーベル生理・医学賞受賞者となるアレクシー・カレル（1873〜1944）が、リヨンからルルドを訪れる巡礼団の付き添い医師を務めることになった。

　カレルは信仰は持っていなかったし、ルルドにおける奇跡のヒーリングを信じているわけでもなかった。にもかかわらず巡礼団の随行医師を承諾したのは、もし本当に奇跡が起こるならそれを科学的に究明したいし、もしペテンや誤りがあるならそれを公表することに意味があると考えたからだった。その意味で、彼はルルドの奇跡に対してかなり批判的な立場で臨んだといってよかった。

　だが、そんなカレルの立場は、ルルドでの体験によって根本的に揺さぶられることになった。これについては、カレル自身の著書『ルルドへの旅・祈り』（中村弓子訳／春秋社）に詳しい記述がある。

　このとき、ルルドへ向かう巡礼団の中にマリー・フェランという若い女性がいた。汽車の中にいるときから、カレルは彼女に注目しないわけにはいかなかった。巡礼団には重い病気の者も数多く参加しており、カレルは患者の病状を調べて回るのに忙しかったが、そんな中でもマリー・フェランは最もひどい状態だった。彼女は末期の結核性の腹膜炎で、腹部が膨れており、水平に置いた板の上に寝ていたが（ほかにもこういう者は数多くいた）、まさに死にかけていたのである。カレルはとにかく痛みを和らげるためにモルヒネを打ったが、汽車に乗っている間中何度となく彼女のもとを訪れ、容態に注意を払い続けるしかなかった。

　この段階で、カレルには「彼女の病気はルルドでは絶対に治らない」という確信があった。彼はルルドで起こる奇跡に関して、ある考えを持っていた。「それが神経性疾患であるなら、どんなに重い病状であっても、ルルドの熱狂と自己暗示によって瞬時に治ってしまうことはありうるし、それは決して奇跡ではない。だが、それが純粋に器質性疾患であるなら、ルルドの泉で治ることなどありえない」ということだ。そして、マリー・フェランが末期の結核性腹膜炎であることは、カレル自身の観察でも明らかだったし、彼女が入院していた病院の診察でもそうだった。これはつまり、彼女は器質性疾患に侵されているということだった。

　ルルドに到着すると、患者たちは一度《七つの悲しみの聖母》病院に収容された。カレルはここでもマリー・フェランの様子に注意を払ったが、間もなく彼女が死ぬという確信は揺るがなかった。

　実際、ルルドに着いてからも、彼女の容態は悪化し続けていた。全身の衰弱が進み、鼓動は速くてでたらめだった。

　「彼女が死ぬのは間もなくだ」とカレルはルルドで出会った友人に打ち明けた。それでも、マリー・フェランはルルドの水浴場に行くことを望んでいた。これを知っ

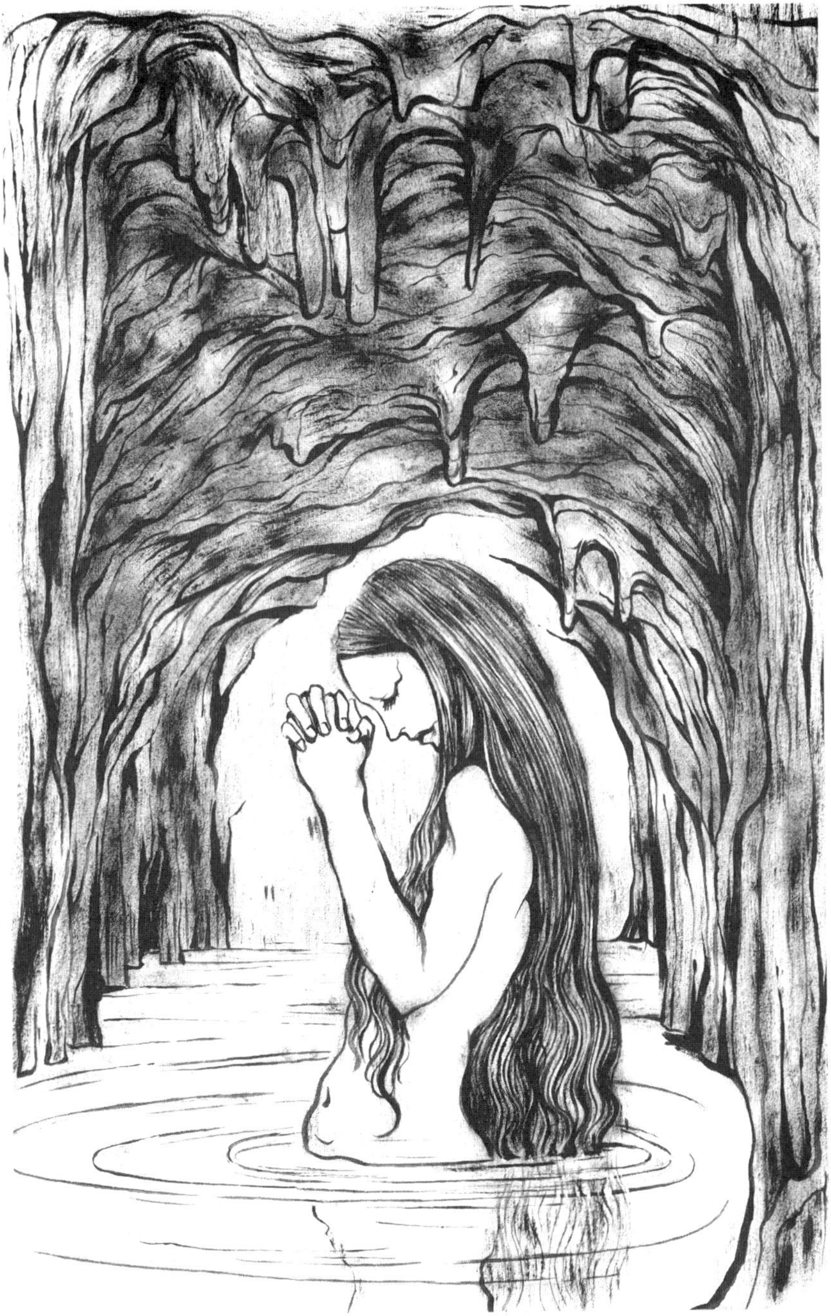

た別の医師はカレルに「洞窟の前で死ぬかもしれませんよ」とささやいた。
　やがて時間が来て、彼女は看護婦の押す車椅子に乗って水浴場に向かった。水浴場の周りはタンカや車椅子でごった返していた。そして、水浴場の中では、大勢のボランティアや看護婦たちがまるでベルトコンベアの流れ作業のようなやり方で、患者たちを次々と水浴させていくのである。
　カレルはマリー・フェランのことが心配だったので、水浴場の外で待機していた。
　やがて、看護婦がやってきたが、彼女がいうには、マリー・フェランの容態はあまりにひどかったので、水浴の担当者が全身水浴を許さず、腹部に水をかけることしかできなったという。
　間もなく、患者を中心とした群衆がマサビエル洞窟の前に集まり、司祭が祈りを捧げる儀式が行われた。カレルは別な医師とともにマリー・フェランの車椅子のそばに付き添った。
　そのとき奇跡が起こった。カレルの見ているその前でマリー・フェランの容態が回復に向かい始めたのである。最初、それはほんの少し顔色がよくなったという程度の微妙なものだった。だが、気のせいではなかった。見る見るうちに彼女の顔色はずっとよくなり、膨れていた腹部まで引っ込み始めたのである。そして、20分後、彼女は完全に回復したのである。
　この段階では詳しい検査はしていなかったので、それでもカレルは確信は持てなかった。しかし、この直後に病院で詳しい診断を行った結果、マリー・フェランの回復が本物であることが確認された。
　この出来事に、カレルは科学者として動揺しないわけにいかなかった。そして、〈奇跡のヒーリング〉について深刻に考え込まざるを得なくなったのである。
　もちろん、カレルの目の前で起こった奇跡は、遠い将来には科学的に説明されるときが来るかもしれない。そうなればそれは奇跡でもなんでもなくなる。
　しかし、いつの時代も科学が完全だということはない。とすれば、この種の理解不可能なヒーリングは、いつの時代でも起こりうることになる。それを、一般的に〈奇跡〉と呼ぶことにそれほど問題があるとは思えない。
　いまもなお奇跡を求めてルルドにやって来る人々が期待しているのも、このような奇跡であるのかもしれない。

第2章
ヒーリングの神々

アシュヴィン双神
鷲の戦車で駆けつける医神

☪★ 二人一組の医療神

　アシュヴィン双神はインドの神話の中で神々と人間の奇跡的治療者とされている双子の神である。必ず二人一組で活動するという特徴があった。別名は「ナーサティア」で、この言葉には「救う」という意味がある。

　その姿は若々しく、美しく、光り輝いており、鷲の翼を持つ馬が引く戦車に乗り、災厄に苦しむ人々がいると誰よりも速く駆けつけて救済した。このとき、アシュヴィン双神は医薬を使った治療をしたという。妊婦の出産を助ける力も、老人を若返らせる力も持っていた。

　アシュヴィン双神は人々に滋養と健康をもたらし、長寿にすることを目的としていたようで、農作物や家畜を守り育てる神でもあった。

　インド古来の伝統医療であるアーユル・ヴェーダの教えでも、アシュヴィン双神は重要な医療の神と認められている。その教えによれば、アーユル・ヴェーダ医療は創造主ブラフマー神に始まり、プラジャパティー王、アシュヴィン双神、インドラ神と伝えられ、インドラ神から内科学派のパラドバージャ、小児科のカーシャバ、外科学派のダンヴァンタリに伝えられたのだという。

　紀元前1200年前後にインドで作られたとされる神々の賛歌『リグ・ヴェーダ』の中でも非常に重要な神の一員として、数多くの賛歌を捧げられている。

　ところが、後の時代になると、アシュヴィン双神はほかの多くの神々に比べて劣った神と見られるようになってしまった。というのは、人間は神々から見れば卑しい存在だが、アシュヴィン双神は各地を回りながらそんな人間たちと親しく交わって病気を治していたからだ。

　そう考えてみると、アシュヴィン双神は自らを犠牲にして人間のために尽くした神ともいえそうである。

☪★ チヤヴァナ仙を若返らせる

　アシュヴィン双神をめぐる伝説の中ではチヤヴァナ仙を若返らせた話がよく知られている。

　後に聖者となるチヤヴァナはそのころ激しい苦行を行っていた。

47

それは何年間も身じろぎひとつせずに直立し続けるというもので、そのために彼は積もった土で頭まで埋まってしまい、まるで小山があるように見えた。

そこに王の一行が通りかかった。王の娘スカニヤーは小山を見つけるとすぐにもその上に乗って遊び始めたが、チヤヴァナ仙の両目が光ったのを蛍と勘違いして、棒を突き刺してしまった。

こうしてチヤヴァナ仙は両目を潰されたのである。

チヤヴァナ仙は大いに腹を立て王の兵士たちすべてに呪いをかけ、大小便が出ないようにしてしまった。驚いた王はお詫びの印に誰が見ても美しい娘スカニヤーを妻としてチヤヴァナに与えた。チヤヴァナは老人だったが、スカニヤーは心から献身的に仕えた。

そんなスカニヤーにアシュヴィン双神が横恋慕し、どちらかの妻になるようにと彼女に迫った。スカニヤーは拒絶したが、アシュヴィン双神はあきらめ切れなかった。

「われわれは医師である。いま、あなたの夫を若返らせてあげるから、あらためて3人の中から夫を選びなさい」

こういってアシュヴィン双神はチヤヴァナを川の水に入れ、一緒に自分たちも入った。そして、水から出たとき3人とも美しい若者になっていた。

しかし、スカニヤーの心は変わらず、アシュヴィン双神は彼女を妻にすることはできなかったのである。

一方、若返っただけでなく両目を取り戻したチヤヴァナは喜び、アシュヴィン双神にソーマ酒を献上する儀式に取り掛かった。ソーマ酒は高貴な神々だけが飲めるという特別な酒である。

すると、この様子を天上から見ていたインドラ神が妨害した。

「アシュヴィン双神は人間の病を治す卑しい神であり、神々の飲み物であるソーマ酒を飲む資格はない」というのだ。

だが、チヤヴァナは苦行によって手に入れた霊力があったので、インドラ神の妨害があったにもかかわらず、無事に儀式をやり遂げたのだった。

こうしてアシュヴィン双神はどうにか高貴な神々の仲間になることができたのだという。

イシス
古代エジプトの母なる女神

☪★ 母神イシスの信仰を支えた魔術的治癒力

　イシスは数々の呪文を操って病気や怪我を治したとされる古代エジプトの母なる女神である。古代エジプトではイシスはとくに子供の守護者とみなされ、イシスに祈れば子供の安全は守られると信じられていた。また、イシスに祈ることで子供の病気や怪我は癒されると信じられた。
　イシスが特別な魔術的治癒力を持っていたことは、彼女が登場する神話の中でもはっきりと示されている。
　イシスといえば何よりもまず冥界の王オシリスの献身的な妻として知られている。オシリスは太陽神ラーの相続人で、もともとは冥界の王ではなく、エジプトの支配者だった。そんなあるとき、オシリスは弟セトの陰謀で殺され、その死体はばらばらにされてナイル川に投げ込まれてしまうということがあった。このとき、イシスはエジプト中を探し回って夫の遺体を見つけ出しただけではない。彼女は夫のばらばらになった肢体をつなぎ合わせ、最初のミイラを作ったといわれているのだ。その上でイシスは魔法の力でオシリスの生命を蘇らせたのである。
　オシリスを殺したセトはその後はオシリスとイシスの息子ホルスにも狙いをつけ、毒を飲ませたり病気にかからせたりしてその命を奪おうとした。そのため、ホルスは半分死んだような状態に陥ったこともあった。だが、ここでもイシスは数多くの呪文を用いた医療によって息子ホルスを最後まで守り続けるのである。

☪★ 魔法の治癒力を利用したイシスの陰謀

　妻として、母として、夫や息子を助けただけではない。イシスはその魔術的治癒力を陰謀に利用し、ラー神から権力を奪取するのにも成功している。
　そのころ神々の王は太陽神ラーだったが、彼はすでに年老いてよぼよぼになっていた。そこでイシスはその権力を奪おうと陰謀をめぐらした。
　ラーは太陽神だったので毎日太陽の船に乗って天空を横切るという習慣があった。彼女はそこに目をつけ、土から毒蛇を作り出すと、ラーの通り道に置いたのである。
　翌日、何も知らないラーがやって来ると毒蛇がかみついた。ラーは苦痛の叫び声をあげ、すぐに天界の神々が駆けつけてきた。だが、毒に侵されたラーは全身を震

わせて苦しむばかりだった。

ここにイシスもやってきていった。

「いったい何があったのですか。毒蛇にかまれたのですか？　それならわたしの呪文で治すことができます。あなたの隠された本当の名前を教えてください。そうすればあなたを治すことができます」

ラーは困った。古代エジプトの魔術では、ある人の本当の名を知るものはその人を支配できると考えられていたからだ。もし、ラーが本当の名前をイシスに告げれば、ラーはイシスに支配されてしまうのである。

だが、やがて我慢できなくなったラーは他の神々すべてを遠ざけ、ただイシスだけに秘密の名前を教えた。

こうしてラーは救われたが、そのかわりにラーの秘密の名を知るイシスが特別大きな権力を持つことになり、オシリス、ホルス、イシスの三神が至高の力を得ることになったのだという。

☪★ イシスに呪文を伝授した知恵の神トト

ここで、イシスの病気治しの魔術に関連して、知恵の神トトについても触れておこう。これまでイシスについて語りながらトト神の名を出さなかったが、この神こそイシスに病気治しの呪文を教えた重要な神なのである。

一般に知恵の神と呼ばれるように、古代エジプトでは知恵に関わることがらはすべてトト神から始まったと信じられていた。その分野は実に幅広い。数学・天文学・占星術・魔術・文字・芸術・技術など文明に関わることがらはすべてトト神から神々や人間にもたらされたのである。後の時代の伝承では、不老長寿を目指す錬金術もトト神から始まったとされている。

魔術と関係の深い医術もトト神から始まったとされるのは当然で、イシスだけではなく、プトレマイオス朝のエジプトで大いに崇拝された治癒神イムホテプもトト神から呪文を伝授されたといわれている。

トト神自身がその医療の術で活躍したこともある。太陽神ラーの目が行方不明になったときそれを取り戻してラーの目を癒したのはトトだったし、イシスの息子ホルスが最初にセトから毒を盛られたとき魔法の呪文でそれを取り除いたのもトトだった。

確かに、トト神は医療の神としてはイムホテプのようなより専門的な医療の神ほど目立ってはいない。だが、イシスやイムホテプに病気治しの呪文を教えた師匠という意味では、古代エジプトで最も偉大な医療の神といえるかもしれないのである。

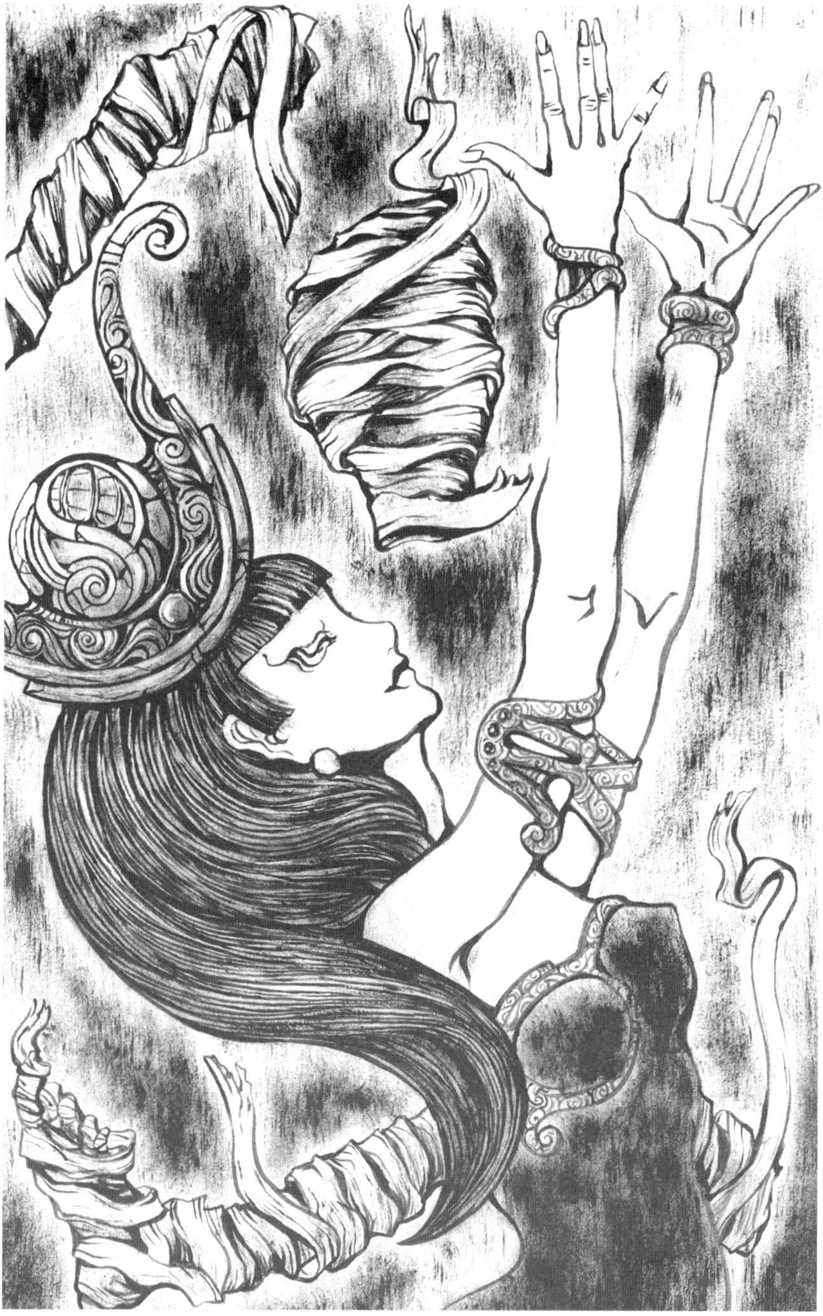

イムホテプ
トト神の知恵を受け継いだ医神

☪★ 世界初の石造ピラミッドを建造した医師

　イムホテプは歴史上実在した人物で、後に神格化され、とくにプトレマイオス朝のエジプトで大いに崇拝された治癒神である。その名には「平和の使徒」という意味がある。

　古代エジプトでは王以外の人間が神格化されたことはめったになく、イムホテプ以外では第18王朝のアメンホテプ3世のもとで大臣を務めたアメンホテプがいるだけである。これだけでもイムホテプが特別な人間だったことが理解できる。

　不思議なのは、実在したイムホテプの業績で最も有名なのは医師としてのものではなく、建築家としてのものだということだ。

　イムホテプは非常に多才な人物で、紀元前2600年ころのエジプト王ジェセルのもとで医師としてだけでなく神官、大臣、建築士なども務めた。この時代、ジェセル王の命で世界初の石造ピラミッドが作られたが、この建築を担当したのがイムホテプだった。ちなみに、このピラミッドは古代都市メンフィスのサッカラに作られ、上に行くほど小さくなる六つの異なる段を高さ62ｍまで積み上げたもので、階段ピラミッドと呼ばれている。

　とはいえ、イムホテプはそのほかの分野でも特別有能な人だった。医師として、イムホテプは非常に熟練しており、基本的な医学をエジプトに持ち込んだと見られている。また、様々な薬品、香料、リネンの包帯などで死者の肉体に防腐処理を施して保存する方法を知っていたという。イムホテプ自身はエジプト人ではなく、その父はメソポタミアからやってきた知識人だったと考えられている。つまり、イムホテプはエジプトよりもさらに千年も歴史のあるメソポタミアの知識に通じていたらしいということだ。現在では残っていないが、イムホテプは数多くの教訓を記した知恵文学を書いたともいわれている。

　おそらくそのせいだろう、イムホテプはその博識によって人々の尊敬を集め、やがて神格化されたとき、知恵と医術の神とみなされたのである。

☪★ 病気治療の巡礼地となったイムホテプの神殿

　もともと人間だったイムホテプが偉大な神の仲間入りをしたのは紀元前7世紀ころからと見られている。このころ、イムホテプのための最初の神殿が信仰の中心地

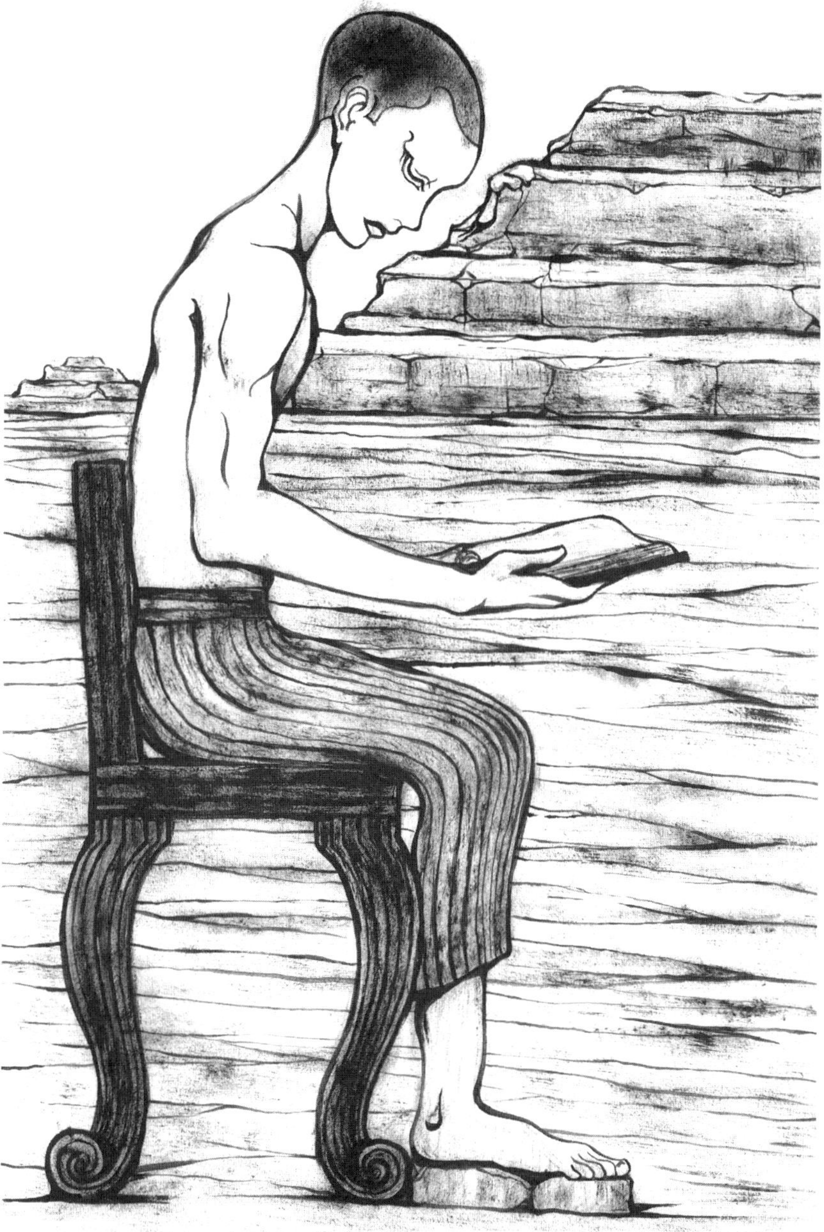

であるメンフィスに作られた。それから、エジプト各地でも作られるようになった。
　神となったイムホテプは、メンフィスで信仰された宇宙創造神プタハの息子とされ、知恵の神トトからその知恵や医術を受け継いだと考えられた。
　ここで医術といっているのは魔術と結びついた医術である。世界のどこでも古代の医術は魔術的だったが、それはエジプトでも変わらなかった。エジプトでは「呪文は薬物の効果を完全にし、薬物は呪文の効果を助ける」と考えられていた。つまり、医術には呪文が必要であり、だからこそ知恵の神は同時に医術の神でもあるのである。
　知恵と医術の神ではあるが、イムホテプの人気はもっぱら治癒神としてのパワーによっていた。人々は、病に苦しんでいる者や苦痛の中にある者に安らかな眠りをもたらす神としてイムホテプを信仰した。イムホテプは神々と人間にとって優れた医師であり、生きている間は肉体を癒してくれ、死後には肉体が腐らないように保存してくれる神とも考えられた。古代エジプト人にとっては死後に天国で再生するためには、肉体が腐らずに保存されていなければならなかったからである。
　イムホテプに対する崇拝は時代が下ってプトレマイオス朝になるとさらに大きくなった。このころにはエジプトにはギリシア人が多数植民していたが、彼らはイムホテプをギリシアの治癒神アスクレピオスと同一視したのである。このため、メンフィスのイムホテプ信仰の中心地は「アスクレピオン」と呼ばれた。そして、数多くの病人たちが奇跡の治療を求めてその地を訪れたのである。興味深いのは、こうしてやってきた巡礼者たちはイムホテプに治してほしい体の一部分――腕、脚、内臓など――の粘土模型を神殿に奉納したということだ。そうすることで、イムホテプの奇跡の治癒が実現すると信じていたから、と考えていいだろう。

ディアン・ケト
ケルトの医術神

☾★ 自尊心の高すぎた医療神

　ディアン・ケトはケルト神話中で最も有名な医術の神である。

　ケルトの神々の王ヌァザは、エリン（アイルランド）の先住民族であるフィル・ヴォルフ族との激しい戦いで、利き腕を肩口から斬り落とされてしまったことがあった。このとき、医術神ディアン・ケトの能力が大いに発揮された。ディアン・ケトはヌァザの腕の切り口に膏薬を塗って、傷口を完全に癒しただけではなかった。神々の細工師クレズネと協力して銀の腕の義手を製作し、それをヌァザの肩に取り付けたのである。

　ディアン・ケトは「癒しの泉」の所有者であり、傷ついた戦士たちをたちどころに回復させることもできた。ただし、この泉は先住民族との戦いの最中に敵に埋められ、失われてしまった。

　ところで、神話や伝説の中ではある分野の第一人者は自尊心が強すぎて自分以上の存在を許せないということがよくある。残念なことに、ディアン・ケトもそうだった。その結果、彼は自分の息子を殺すことになったのである。もしかしたら、生かすことも殺すこともできる神という性格を持っていたのかもしれない。

☾★ 父を超える医術神だった息子たち

　自尊心の強すぎる医術神ディアン・ケトを怒らせることになった息子というのは、長男ミアッハと次男オウィアッハだった。2人とも父と同じ医師だが、外科手術と魔術的治療に特別な才能を持っていた。

　神々の王ヌァザはディアン・ケトに義手を取り付けてもらったものの、それからは片目の従者を連れただけでさびしい隠遁生活を送っていた。先の戦いで子供たちが死んでしまったからかもしれない。しかも、あるころから原因不明の病で元気がなくなる一方だった。

　ミアッハとオウィアッハはこれを知るとすぐにもヌァザの館を訪ねた。

　ところが、2人が身分を名乗っても、ヌァザに仕える片目の従者は2人を館に入れようとはしなかった。というのは、ヌァザの治療はいまも2人の父ディアン・ケトが行っていたからだ。

　「あなたがた2人がお父上よりも優れていない限り、館に入れても無駄だ」という

のである。
　「では、証明しよう。あなたの失われた片目をいますぐ見えるようにしてあげよう」
と2人はいった。そして、2人は偶然にも屋根の上で眠っていた猫の片目を従者に移植した。
　手術は成功で、従者は両目とも見えるようになった。こうして、2人はヌァザの館に入ることを許されたのである。
　移植された猫の目は従者が夜眠っているときにはぎらぎらと輝いてあたりをうかがっているのに、昼になるとまぶたが重くなり、眠りそうになってしまうという欠点はあったが、従者が喜んだのはいうまでもないことだろう。

☪★ ヌァザに本物の腕を取り付ける

　館に入ることを許されたミアッハとオウィアッハはすぐにもヌァザのところに案内されたが、オウィアッハはヌァザ王の溜息を聞いただけで病気の原因を理解した。
　「王はダルヴ・ダオル（カブトコガネムシ）に取りつかれています」
　そこで、ヌァザの肩から銀の義手を取り外してみると本当に腕の中からダルヴ・ダオルが飛び出してきた。
　だが、問題はまだ解決されていなかった。銀の義手はダルヴ・ダオルに取りつかれやすかったので、ヌァザを元気にするためには何としても本物の腕を取り付ける必要があったのだ。
　そこで2人はかつて先住民族との戦争があった野に人を派遣し、斬り落とされた王の腕を捜させた。やがて、すでに腐り果て、ばらばらになった王の腕が届けられた。
　これから2人の信じられない治療が始まった。まず、オウィアッハがばらばらに千切れていた腕を外科的手術で見事につなぎ合わせ、ヌァザの王の肩に接合した。次に、ミアッハが様々な薬草を集め、腕を覆って、呪文を唱えた。すると、薬草がゆっくりと腕の筋肉や神経に変わっていき、その周りを新しい皮膚が覆いはじめた。最後に、焼いたガマノホで湿布を続けると、ヌァザの腕は完全に元通りの状態に戻ったのである。

☪★ 死後にまで力を残した息子ミアッハ

　父であり、ケルト神話最大の医術神であるディアン・ケトでさえ銀の義手をつけることしかできなかったのだから、ミアッハとオウィアッハはまったく驚くべき医術師といってよかった。
　ところが、事実を知った父親のディアン・ケトは大いに腹を立てた。自分以上の

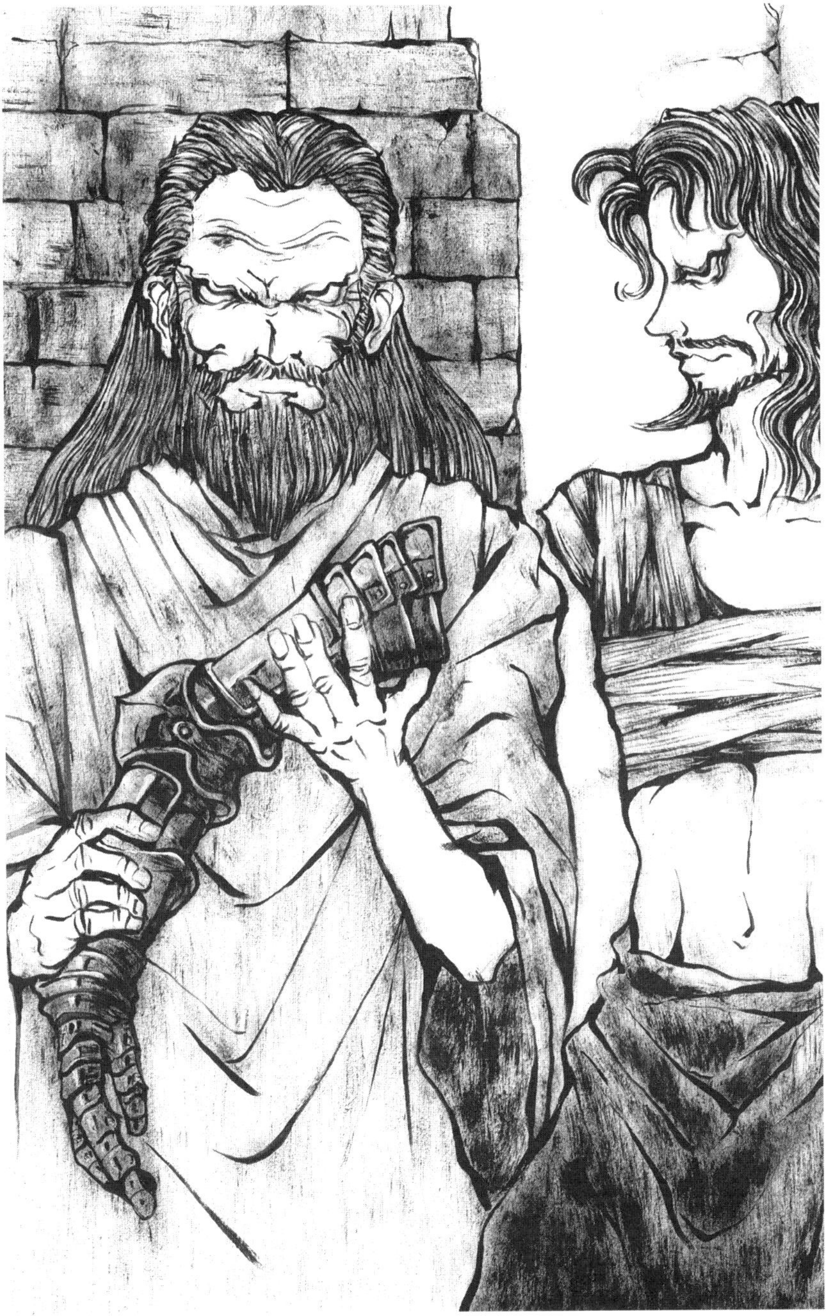

医師が存在することを許せなかったのだ。
　ディアン・ケトはミアッハを呼びつけると持っていた剣を振り下ろした。最初の一撃は頭の皮を切っただけだったので、ミアッハはすぐにも神秘な力でその傷を癒した。2度目の一撃で頭蓋骨が割られたが、今度もミアッハは自らの力でその傷を癒した。3度目、傷は脳に達したがそれでもミアッハは傷を癒すことができた。だが、4度目には脳髄まで割られてしまい、どうしても治療の時間が間に合わず、ミアッハは息絶えたのである。
　しかし、ディアン・ケトとミアッハの対立はさらに続く。
　やがて、ミアッハが埋められた墓から365種類の薬草が生えてきた。これらの薬草を正確に用いれば不老不死が手に入るという薬草である。そこで、ミアッハやオウィアッハの妹で、薬草の女神であるアルミズはこれらの薬草を分類してマントに包んだ。すると、ふたたびディアン・ケトがやってきてアルミズからマントを奪い、せっかく分類した薬草をばら撒いてしまったのだ。このため、どの草にどんな薬効があるのかわからなくなり、人類は不老不死を手に入れることができなくなってしまったのだという。
　ディアン・ケトは偉大な医術神であり、人々の病気や怪我を治すこともできるが、それと同時に人間に死の運命を定めた神でもあったのである。

神農
医薬を発明した神

☪★ 自ら草を嘗めて薬効を調べる

　神農は中国神話時代の2代目皇帝で、別名を炎帝という。一般的に人の体に牛の頭という姿で巨大な体をしていたといわれている。名前に「農」という字が入っていることからも想像できるように、人類に農業を教えた神様でもある。

　伝説によれば、神農の時代に天から粟が降ってきた。神農は畑を耕してその粟を植え、さらに斧・まさかり・すき・くわを作って草むらを開墾した。それから、五穀や百果が実るようになったという。

　しかし、神農といえばやはり薬である。神農は中国の神々の中でも最も薬草と関係の深い神であり、そもそも薬草が用いられ、医の道が興ったのは彼のおかげだとされている。薬王という別名もある。

　次のような話が残っている。

　あるとき神農は太一皇人という人が医術に通じていると聞き、すぐに会いに行っ

た。たまたま皇人は留守だったが、弟子がいたので、神農は「昔の人はみな百歳を越えるほど長寿だったのに、後世の人が早死にするのはなぜでしょう？」と質問した。

すると弟子は「それは自業自得です。病気になる前に保養せず、しかも重態になっても適切な治療法を知らないのだから、軽い病気もこじらせてしまい、命を縮めるのです」といい、『天元玉冊(てんげんぎょくさつ)』という書物を与えた。

この書物に、人間の病気の原因には内的および外的原因があるが、食べた食物の養分を体の隅々まで行き渡らせれば、必ず病気は治るということが記されていた。

これを読んだ神農は各地に人を派遣してあらゆる草木を採取させ、取り寄せた。面白いのは、こうして取り寄せた草木の効果を確かめるために、神農自身が実際にその汁を嘗めた。つまり自分自身で人体実験を行ったということだ。このために、神農は1日に70種類以上の毒草を嘗めたこともあったという。

自分自身による人体実験の結果を詳しく記録した神農は、今度は様々な毒草を組み合わせることで365種類の薬を発明した。そして、400種類以上の病気の治療を可能にしたのだという。

こうして、中国に初めて医の道が興ったといわれているのである。

また同じころ、神農はある病人に服用させる薬草を探して、深山幽谷を探し回ったことがあった。そして、ある険しい岸壁の頂上にあるその薬草を見つけた。

その岸壁は正しく垂直に切り立った断崖絶壁で、猿でさえよじ登れないほどの難所であって、命を失う危険なしには人間には到底登ることのできないものだった。しかし、神農は何としても病人を救いたいと思っていたので、自分の身の安全など少しも考えず、木の柱を組んで足場を作り、それを伝ってついに頂上に達した。そして、薬草を採取して病人を救ったといわれている。

大国主神と少彦名神
日本の神農様

☪ 日本医学の始祖

　神農といえば中国の医薬の神だが、日本神話の中で活躍する大国主神と少彦名神はまさに日本の神農といえる神である。現実に日本各地の薬業者がこの2神を「神農様」として祀っている。江戸時代までは日本は神仏習合の国だったので、この2神は薬師如来とも同一視されていた。

　日本神話によれば、常世の国から日本にやってきた少彦名神は大国主神と協力して国造りを始める。その過程でこの2神はこの世の人民と家畜のために病気治療の方法を定めた。また、農作物に害をなす鳥獣や虫を駆除するための呪いの法を定めたという。つまり、大国主神と少彦名神は日本のヒーラーの元祖ということだ。

　大国主神と少彦名神は「酒の神」「温泉の神」でもあって、日本全国で酒造りの技術を教え、温泉を開拓したともいわれている。これもまた、病気治療の一環と考えればわかりやすい。

　「酒は百薬の長」といわれるように、古くから病気を治す薬として重要視されていた。酒には傷口を消毒する力があるし、人間を興奮させ、生命力を高めてくれる。同じように温泉の薬効も古くからよく知られていたからだ。

☪ 因幡の白兎の皮膚病を癒した大国主神

　さすがに日本の神農様として祀られるだけあって、大国主神と少彦名神はそれぞれを単独で取り上げても、十分に医療の神として通用する性格を持っている。

　大国主神が特別なヒーラーであることは、有名な因幡の白兎の物語の中ではっきりと示されている。

　大国主神が八十神（多数の兄弟たち）とともに因幡の国に旅したときのこと。気多岬（鳥取市白兎海岸にあったとされる）という場所で毛皮を丸はぎにされた1羽の兎がいた。八十神は、そこにやって来ると苦しんでいる兎を見つけて、「体の傷を治したかったら、海水で全身を洗って高い山の峰に伏せっていればよい」と教えた。兎はいわれたとおりにした。ところが、そうやって山の上にじっとしていると、風にあたって塩が乾くにつれ、体の皮膚がひび割れてしまったのだ。兎は激痛のために泣いた。

　ここへやって来たのが大国主神で、兎を見つけるとこう教えた。

「いますぐ河口に行って、川から流れ出てくる淡水で体を洗いなさい。それから河口に生えているガマノハナを取り、敷き散らしてその上で転がりなさい。そうすれば、お前の体の傷は癒されるだろう」

そこで、兎がこのとおりにすると、その体は元通りに治ったというのである。ちなみに、ガマノハナの花粉は古来止血剤として利用された一種の薬品なので、大国主神は医師として正しいアドバイスをしたわけだ。

次の物語も大国主神が医療の神であることを示しているといっていいだろう。

因幡の国で大国主神と八十神は八上比売に求婚した。すると八上比売は八十神の求婚を拒み、大国主神の妻になると応えた。八十神はこれに腹を立て、真っ赤に焼いた大石を使って大国主神に大火傷を負わせて殺した。だが、天界から遣わされたキサ貝比売と蛤貝比売の治療によって大国主神はもとの体になって生き返るのである。しかも、その治療法というのは古来火傷に有効とされていたもので、キサ貝（赤貝）の殻の粉を蛤の出す汁でとき、母乳状の液体にして火傷に塗るというものなのだ。

もちろん、この場面では大国主神は医師として他の者を癒しているわけではない。だが、古来火傷に有効とされる正しい方法で癒されるのは、やはり大国主神が医療の神だからといっていいのではないだろうか。

★ 薬の小船に乗って渡来した少彦名神

　少彦名神も大国主神と同じように、いかにも医療の神らしい特徴を持っている。

　古来、日本では海の向こうに常世の国という一種の理想郷があると考えられていた。

　少彦名神はその常世の国から日本にやってきた小人神である。当然、船に乗ってやってきたわけだが、その船は「天の羅摩の船」だったとされている。羅摩はガガイモのことで、もともとは中国からやってきた外来種で、この実を二つ割りにすると船に似ているのである。だが、ここで大切なのは、ガガイモは昔は利尿強壮剤に利用された外来薬だったということだ。つまり、少彦名神は外来の薬と一緒に日本にやってきたのである。

　しかも、常世の国は中国の考え方では仙人の住む国である。この仙人とはまさに錬金術師であって、様々な植物、鉱物を調合した薬で不老長寿を手に入れた人々である。仙人たちはいわば薬の専門家で、常世の国は薬の国ともいえるのである。

　その常世の国からやってきた少彦名神は船一杯に外来の薬を積んでやってきたとしても少しも不思議はないだろう。まさに、少彦名神は外来薬の神様なのである。

　少彦名神が温泉神とされているのも常世の国と深い関係がある。古来、温泉は常世より来る水として信仰されていたからだ。

　少彦名神は外来の神なので日本語は話せず、大国主神は話をするために案山子の神に翻訳を頼んだとされている。案山子は一本足だが、昔の日本ではこのような障害を持つ人は知恵の化身と考えられていたのである。だが、この一本足については、実は障害ではなく、ヨーガのポーズではないかとも見られている。

　また、少彦名神の着ていた衣服がミソサザイ鳥の羽でできていたことから、この神とケルトのドルイド僧を結びつける見方もある。ミソサザイはドルイドの聖鳥とされた鳥だからだ。

　こうしてみると、少彦名神はたんに中国の医療を日本にもたらしただけではない。もっと世界的な広がりを持つ医療と関係のある神ともいえるのである。

保生大帝
道教の医療神

☪★ 台湾で人気の高いウイッチ・ドクター（魔術医）

　保生大帝は道教の医療神で、とくに台湾で人気が高い。呉本という実在の優れた医師が死後に神として祀られたといわれている。
　生きているときからまるで仙人のようで、川を渡るのに扇で水の上に何か書くだけで、船も使わずに川面を歩いて渡ったなど、様々な伝説がある。
　こうした伝説によれば、呉本は979年に福建省で生まれ、十分な学問を身につけた後に崑崙山に住む西王母のもとで、魔と邪を追い払う「駆魔逐邪」という魔術を伝授された。それだけに、やることも魔術的だった。彼は各地を回って病人を癒したが、そのときに連れ歩いていた助手は実は桑林の中で見つけた白骨を生き返らせた少年だったのである。
　あるときはこんなこともあった。宋の仁宗皇帝の皇后が重病で危篤になり、すでに名医の評判の高かった呉本が宮殿に招かれた。
　皇帝は呉本の能力を試そうとしたのか、呉本を皇后の間の隣の部屋に入れ、1本の糸を手渡し、「皇后の腕とつないであるから、これで脈を診てくれ」といった。呉本は何もいわずに糸を受け取ると、「この糸の先にあるのは皇后の腕ではなく、ただの品物です」といった。皇帝は驚いた。本当にそのとおりだったからだ。
　呉本の実力を知った皇帝はあらためて皇后の腕につないだ糸を手渡した。すると、呉本はそれだけで皇后が乳房の腫物に苦しんでいると正しく診断を下し、薬を調合した。これによって皇后の病は間もなく全快したというのである。
　皇帝は大喜びで、このとき呉本に保生大帝という称号を与えたのだった。

　その後も呉本は全国的に流行した疫病から人々を救うなど、その活躍ぶりはまるで神のようだったという。
　こんな優れた医師だったので、その最期は死ぬというよりは仙人になるというものだった。そのとき、呉本は大勢の人々の見守る中で、一族の者たちだけでなく、家畜まで引き連れて白鹿に乗って天に上ったのである。

★
65
★

薬師如来
衆生の病気を癒す医王

☪★ 薬壷を持った仏様

　仏様といえば人を助ける存在に決まっているが、こと病気を癒すとなると、最も強力な力を持つと信じられているのは薬師如来である。医王という別名もある。
　薬師如来はまだ菩薩（仏になる前の段階）だったころに、十二のことを将来必ず実行しようと決心した。その7番目に「自分を信じるものはすべて障害や病から救われる」というのがあり、ここから薬師信仰が始まったといわれている。
　もちろん、仏教についての知識がほとんどなくても、その名前からだけでも薬師如来がヒーリングの神様であることは簡単に想像できる。「薬師」という字は「クスシ」とも読むが、クスシというのは医者のことだからだ。ついでにいえば、薬師如来のインドにおけるサンスクリット語の名前は「バイシャジヤ・グル」だが、「バイシャジヤ」は「医療、医薬」、「グル」は「教師」という意味である。

　日本ではとくに仏教が伝来した当初から薬師信仰が流行し、多くの寺に薬師如来像が安置された。
　法隆寺本堂の薬師如来像は用明天皇の病気平癒祈願のため、薬師寺の薬師如来像は持統天皇の病気平癒のため、新薬師寺の薬師如来像は聖武天皇の眼病平癒のために安置されたのである。大阪の獅子屈寺の薬師如来像のように母乳が出るようにしてくれるという霊験を持つものもある。
　平安時代になっても薬師如来像は数多く作られたが、このころから像の左手にいかにも医者の王らしく薬壷を持つのが一般的になった。この薬壷には人間の体と心だけでなく、社会の病まで治してしまう霊薬が入っているという。
　人が重病で倒れたときでも、薬師如来の経を49回読み、49の灯りをともし、49の五色の幡を作ると助かるという言い伝えもある。
　仏教の主な仏にはその霊的パワーに直接訴えるための真言（マントラ）（呪文の言葉）があるとされている。薬師如来の真言は「オン　コロコロ　センダリ　マトウギ　ソワカ」で、この言葉を唱えることで功徳が得られるといわれる。

☪★ 従者とともに24時間休みなく病を癒す

　薬師如来には助手というか、従者も多かった。

薬師如来は「薬師瑠璃光如来」ともいわれる。これは、薬師如来が東方浄瑠璃世界に住んでいるからである。
　仏教では一つの仏国土（世界）には仏は1人しかいないといわれる。われわれの住む世界の仏はもちろん釈迦である。西方浄土の仏は阿弥陀如来である。同じようにして、東方浄瑠璃世界の仏というのが薬師如来なのである。
　この東方浄瑠璃世界というのはわれわれの住む宇宙のはるか東方にあり、すべてのものが瑠璃（ラピス・ラズリ）でできているといわれる美しく平和な世界である。

　ここで薬師如来は日光菩薩と月光菩薩を従え、その協力を得て功徳を実現しているといわれている。
　日光・月光の二菩薩も当然、ヒーリング能力を持っている。日光菩薩の真言「オン　ロボジュタ　ハラバヤ　ソワカ」を唱えると病根が除かれ、月光菩薩の真言「オン　センダラ　ハラバヤ　ソワカ」を唱えると苦熱が除かれるといわれる。この二菩薩は、さらに大勢の下位の菩薩を従えているが、その中にも薬王菩薩、薬上菩薩といったいかにも医療と関係深そうな名前の菩薩がいる。
　薬師如来の協力者としてはほかに十二神将がよく知られている。
　薬師がまだ苦行中だったころのこと。そこに異形の羅刹（悪魔）たちがやってきて妨害した。ここで登場したのが十二神将で、この12体の善神が軍団を率いて悪魔たちと戦い、それを追い払ったのである。とはいえ、悪魔たちはいつまた訪れるかわからなかったので、12体の神々は薬師を中心にして子、丑、寅、卯、辰、巳、午、未、申、酉、戌、亥の十二方に陣地を作り、現在も薬師を守り続けているといわれている。これら十二神将は、現世で薬師経を唱える信者たちの守護者でもある。十二神将はそれぞれが2時間交替で守護にあたり、1日24時間休みなく衆生を見守っているのだという。

☪ 今昔物語に見る薬師如来の功徳

　薬師如来は古代には非常に信仰されていた神なので、その功徳を伝える説話なども数多く残されている。ここで、『今昔物語集』にある一例を紹介しよう。
　孝謙天皇の御世のこと。奈良の都に越田の池という池があり、その南に蓼原という村があった。その村に7歳の娘を持つ盲女の寡婦がいた。生活はこの上なく貧しかった。
　そんなあるとき、食べるものがまったくなく、求めても得られないということがあった。だが、盲目だったので西も東もわからず、どこに行ったらいいのかもわからない。女は大いに嘆き悲しみ、こんなふうに思った。

「わたしがこんなに貧しいのは前世の悪行の報いなのだ。きっとこのまま飢え死にするのだ。ただ命ある間は仏の御前にもうで、礼拝するに越したことはない」

そこで女は7歳の女の子に手を引かせ、村にあるお堂にもうでた。そこに薬師如来の仏像が安置されていると知っていたからだ。

寺の僧はその様子を見て哀れみ、戸を開けて堂の中に入れ、そこにある仏像に向かわせた。

盲女は薬師仏の像に礼拝し、「わたしはこう伝え聞いております。『お薬師様は一度でもその御名を唱えた人の諸病を癒してくださる』と。わたし1人がそのお誓いにもれるはずはありますまい。たとえ、わたしの前世の悪行がひどいものだったとしても、どうかお慈悲をかけてください。わたしに眼をお与えくださいまし」と涙ながらにお願いした。

それから女は薬師仏の前を立ち去らず、じっと座っていた。

2日たって、女の子がその仏像を見上げると、その胸から桃の脂のようなものが突然したり出てきた。女の子はそれを母親に告げた。

これを聞いた母親は、「わたしはそれを食べよう。お前はすぐに仏の御胸からしたり出たものを取り、わたしに食べさせておくれ」といった。

女の子はいわれたとおりにし、母親はそれを食べた。とても甘かった。すると、たちまち両目が開き、周りのものがはっきり見えるようになったのである。喜び感激した母親は、涙を流しながら薬師像の足もとに身を投げ出し、礼拝し奉ったという。

こういう説話の類はどこまでが事実なのかわからないが、古代の人々はこの話を聞いて、薬師如来がみずからの体から薬を出して盲女を救ったと信じたのである。

★
69
★

セラピス
アレキサンドリアの治癒神

☪★ イシスとともに崇拝された最高神

　セラピスは古代エジプトの、とくにプトレマイオス朝時代のアレキサンドリアを中心に広く崇拝された予言と治癒の神である。この時代、セラピスはいつもイシスと一組で崇拝され、イシスとともに最高神として神々の頂点に立っていた。また、ローマ帝国もこの神を輸入し、各地に神殿が建てられた。

　この神がプトレマイオス朝になってから、急速に信仰されるようになったのにはわけがあった。

　セラピスはもとは古代エジプトの聖牛アピスが冥界の神オシリスと一体化した神で、エジプト名はウサル―アピスだった。セラピスという名もここからきていた。

　紀元前4世紀後半になって、ここに新しい変化が加わった。このころエジプトを支配するようになったプトレマイオス1世ソテルはもとはといえばマケドニアのアレクサンドロス大王の部将だった。マケドニアから中央アジア、インド北西部にいたる大帝国を築いた大王の死後にエジプトで太守となり、さらに王となってプトレマイオス朝の祖となったのである。

　したがって、プトレマイオス朝エジプトとはギリシア人の支配するエジプトであって、この時代にはアレキサンドリアを中心に多くのギリシア人の移民が住んでいた。

　そこで、ソテルは同じ神殿においてエジプト人からもギリシア人からも崇拝されるような新しい国家神を創設する必要性を感じたらしい。ただし、当時のエジプトではオシリス神が崇拝されており、その信仰を無視することなど考えられなかった。このためソテルは荒廃しているどこかの神殿を再建するかまったく新しい神殿を建てて、その中に、エジプト人からはオシリス神として、ギリシア人からはギリシアの冥界の神であるハデスとして見られるような神像を置くことはできないものかと思い悩んだ。

　そして、そんなあるときソテルは夢を見た。夢の中で、巨大な神像が出現し、この神像を現在ある場所からアレキサンドリアへと移送するよう告げた。ソテルはそんな神像は見たことがなかったし、どこにあるかも知らなかったので、あるとき学者に相談してみた。すると、それと同じような神像を黒海沿岸の都市シノペで見たことがあると学者はいった。

それから間もなく、この巨大な神像がアレキサンドリアに移送されたが、この神像はエジプト人にもギリシア人にも受け入れられた。エジプト人たちはこの神をオシリスの化身である聖牛アピスであるとみなし、ウサルーアピスあるいはセラピスと呼んだ。そしてギリシア人たちはこの神をハデス、アスクレピオスが合体した神として受け入れたのである。

　ギリシア人たちはセラピスという名前にも満足した。こんなわけで、セラピスはオシリス、アピス、ハデス、アスクレピオスというエジプトとギリシアの神が一体化した神格となったのである。エジプト古来のウサルーアピスは人の身体に牛の頭を持っていたのに対し、この新しいセラピスは完全に人間の姿をしていたが、エジプト人たちはこれについては気にしなかったらしい。

　こうして、プトレマイオス朝におけるセラピス信仰が始まったのである。

☪★ アスクレピオスと同一視されたセラピス

　ところで、プトレマイオス1世ソテルの頭の中では、当初はオシリスとハデスを習合したような神として構想されたセラピスが偉大な治癒神であるアスクレピオスの性格を持ったのにはわけがあった。

アスクレピオスの象徴といえばすぐにも「蛇」と「犬」が思い浮かぶが、その後エジプトで発展したセラピス像はやはり「蛇」と「犬」を連れていたからだった。この結果、多くの人々にとって、セラピスはアスクレピオスと同一視されたのである。そして、各地に作られたセラピス神殿（セラペイオン）では、アスクレピオス神殿がそうであったように医学の研究や治療が行われたのである。

　さて、セラピス神による治療だが、それはやはりアスクレピオス神によるものと似ていた。セラピス神殿でも、患者たちは夢によって癒されるのである。ただ、セラピス神殿の場合には、患者たちは神の囚人として一定の期間、聖域にとどまらなければならないという規則があり、それはときにはかなりな長期間である場合もあったという。また、セラピスの聖域では患者たちは夢を見てそれを記録するが、このとき祭司もまた夢を見るという特徴があった。そして、患者たちは自分の見た夢が祭司の見た夢と一致するまでそれを続けなければならなかったという。

　セラピスとアスクレピオスはともに児童神をともなっていることでも似ていた。アスクレピオスはテレスポロスという児童神を連れていたが、セラピスはハイポクラテスを連れていた。
　ユング派の心理学者Ｃ.Ｗ.マイヤーによれば、この児童神ハイポクラテスにも治癒神としての性格があったらしい。というのは、ハイポクラテスはオシリスとイシスの子で、オシリスの死後に生まれた虚弱な子供だが、これはこの子が神的であることを表しているという。また、ハイポクラテスは指を口に当てた姿で描かれるが、それは秘儀における沈黙の掟を表しているのであり、心理療法的に特別な意味を持つのだという。

第3章
伝説のヒーラー

ジーヴァカ
「命あるもの」という名の名医

★ 扁鵲と並び称されるインドの伝説的名医

　ジーヴァカは仏陀と同時代の紀元前5世紀ころに活躍したインドの名医である。仏陀の侍医を務めたらしく仏教の経典にもしばしばその名が登場している。これらの文献はやがて中国語にも翻訳され、ジーヴァカの名は漢字では「耆婆」と音写されることになった。日本では昔から特別な名医のことを表すのに「耆婆扁鵲」といういい方をするが、この「耆婆」というのがジーヴァカである。

　仏典にもしばしば登場するのでジーヴァカの治療例は数多く記録されている。それによればジーヴァカは紀元前5世紀という時代に開腹手術、開頭手術などを行い成功させたという。当時のインドの医学は世界でも最高峰だったが、その中でもジーヴァカは傑出していたのである。

　このような名医だから様々な伝説があり、生まれたときすでに手にメスを持っていたとか、人の身体の病気ならば治せないものはなかったなどともいわれている。

★ 肉体を癒したジーヴァカと魂を救った仏陀

　どんな病でも癒せたといわれるほどのジーヴァカではあるが、それでも彼が取り扱ったのはあくまでも肉体の病に限られていたらしい。次のような話が残っている。

　ジーヴァカはガンジス川中流域のマガダ国で活躍した医師だった。あるとき隣国の国王からマガダ国のビンビサーラ王に医師ジーヴァカを寄こしてくれるようにと手紙が来た。

　ビンビサーラ王は困った。隣国の国王は狂気に取り付かれており、治療できなかった医師を皆殺しにしていたからである。

　さすがのジーヴァカも恐れ、仏陀に相談した。仏陀はいった。

　「ジーヴァカよ。お前とわたしは前世で固く約束したではないか。お前は現世の人の肉体を救い、わたしは魂を救うと。恐れずに行きなさい」

　ジーヴァカは勇気を振り絞って隣国へ行くとまず王の母に会った。王の母は王を妊娠中に大蛇にまかれ、その毒が胎児の中に入った夢を見たことを打ち明けた。これによってジーヴァカは王の病の原因はこの蛇の毒にあると判断し、毒を中和するために溶かしたバターを王に飲ませた。王はいやいや飲んだが一部を吐き出してしまい、狂気の発作を起こすとジーヴァカを殺せと大臣に命じた。

驚いたジーヴァカは象に飛び乗って逃げ出した。だが、しばらくすると大臣が追いかけて来た。ジーヴァカは大臣が息を切らせているのを見ると、下剤を混ぜた水を勧めて飲ませた。このため、大臣は下痢を起こして動けなくなった。
「大臣よ、王の病は3日で治る。心配はいらない」
　ジーヴァカはそういい残して逃げ出した。
　しばらくするとジーヴァカのいったとおり隣国の国王の病気は治ったが、ジーヴァカはまだ王のことを恐れていた。そんなジーヴァカに仏陀がいった。
「ジーヴァカよ、お前は王の肉体を癒した。今度はわたしが王の魂を救う番だ。恐れずに行って王を連れてきなさい」
　ジーヴァカは仏陀の命令どおりにした。すると、隣国の王は喜んで仏陀の教団に入り、修行を重ね、やがて立派な悟りを開いたのだという。
　もちろん、これはあくまでも仏教の伝説だが、ジーヴァカも仏教徒であったとすれば、医師の仕事は肉体を救うことであり、魂を救うのは仏の教えだと考えていたとしても少しも不思議はないだろう。

☪★ すべての草木の薬効に通じる

　ジーヴァカは外科手術に優れていただけでなく薬草の知識においても傑出していた。昔から「耆婆(ぎば)が妙薬誰かわきまえて服せん」といわれるほどだ。
　伝説によれば、ジーヴァカはガンジス川中流域のマガダ国の王ビンビサーラと遊女サーラヴァティーとの間に生まれたといわれる。母は生まれた子供をすぐに捨ててしまったが、偶然にもアバヤ王子がこれを見つけた。このとき王子が「まだ生きている」といったことから、「ジーヴァカ（命あるもの）」という名がつけられたという。
　その後ジーヴァカは王のもとで成長したが、やがて「医師となって現世の人の苦しみを救おう」と決意して旅に出た。
　このころ北西インド（現在のパキスタン）にピンガラ尊者という有名な医師がいた。ジーヴァカはすぐに入門を申し込み、下男として働きながら懸命に修行を重ねた。
　7年後、ジーヴァカは卒業試験を受けることになった。
「この国の草木で薬草にならないものを見つけなさい」とピンガラ尊者はいった。
　ジーヴァカは調査し、こう答えた。
「これらの草木一切のものは正しく見極めれば薬にならないものはありません。すべて薬になるものです」
　この答えを聞いた師はジーヴァカが自分に次ぐ名医になったことを認めたという。
　このようにジーヴァカはすべての草木の薬効に通じた名医だった。だから、ずっと後になってジーヴァカが死んだとき、国中の草木たちは大いに悲しみ、口々にこう嘆いたという。
「わたしたち草木の本当の薬効と正しい使い方を知っている者がいなくなってしまった。これから医師たちはわたしたちをどう利用したらいいかわからず、わたしたちには薬効がないとか毒だとかいい始めるだろう」

華佗
養生術を極めた名医

☪★ 健康体操「五禽戯」を開発する

　華佗は2、3世紀の後漢時代の中国で活躍した名医である。安徽省出身で、学問に通じていたが官僚になろうとはせず、医術の研究に熱中し、養生術を極めたといわれている。そのせいで、華佗は百歳を過ぎても青年のように元気だったという。

　華佗が考案した養生術は一種の導引法で、「五禽戯」という。導引法というのはいうなれば健康体操のようなものだが、中国では紀元前の時代から人々に実行されていた。つまり、華佗は独自の健康体操を考え出した人というわけだ。

　華佗の考えた五禽戯という健康体操はその動きを虎・鹿・熊・猿・鳥の5種類の型に分けているのが特徴だ。

　これは5種類の動物の動きを取り入れたもので、それぞれの内容は次のようなものになっている。

虎戯：四つんばいで、前に3回、後ろに1回跳ねる。腰を伸ばす。今度は仰向けで同じように跳ねる。全体を7回繰り返す。
鹿戯：四つんばいで首を伸ばし、左に3回、右に2回振り返る。その後、左足を3回、右足を3回、伸縮させる。
熊戯：仰向けで両手でひざを抱え、頭をあげ、その頭を左右に7回ずつ回す。一度起き上がってからうずくまり、まず左手を地について体を支える。次に右手で同じことをする。
猿戯：木でも家の梁でもよいからまずよじ登り、ぶら下がって懸垂を17回行う。次に脚でぶら下がり、左右の脚を交替してそれぞれ7回ぶら下がる。最後に両手でぶら下がり、頭を7回上下させる。
鳥戯：気をつけの姿勢から片足を曲げて鳥の尾羽のように後ろにあげ、両手を力を込めて前方に伸ばす運動を7回繰り返す。腰を下ろし、足を前に出し、片足ずつ両手で踵を持ってそれぞれ7回引っ張る。両肘を7回伸縮させる。

　一読してわかるように非常に簡便にまとめられた内容なので、五禽戯は当時の人々に大いに受け入れられた。そして、その後様々な変更を加えられながら、現在まで受け継がれているのである。

☪★ 鍼灸療法・外科手術にも実力を発揮

華佗は薬品の処方や鍼灸、外科手術の分野でも奇跡的能力を発揮したといわれている。

病気治療で薬品を調合するとき、華佗は必要最小限の数種の薬品を用い、かつ秤など用いずに目分量で正確に調合した。そして、薬を煮終わると病人に飲ませ、後の養生法を告げてさっさと立ち去ったが、それで病人はすべて快癒したという。

鍼を打つときも、的確な位置を1、2ヶ所見つけ出し、「これこれの場所まで刺すが、痛みがあったらいいなさい」と患者にいって鍼を刺した。そして、患者が「痛いです」というとすぐに鍼を抜いた。たったこれだけで、病気は癒されたという。

病気が内部で凝り固まって鍼も灸も役に立たない場合は、華佗は患者の体を切開する外科手術を行った。ここで驚くのは、2、3世紀という時代にすでに全身麻酔で開腹手術をしたことだ。もちろん中国史上でも初めてのことだ。

華佗が使ったのは「麻沸散」という大麻を原料とした麻酔で、これを飲むと患者は間もなく酔って死んでしまったように無感覚になった。その間に患者の患部を切り取ったという。このため、患者は手術されたのかどうかも気がつかないほどで、1ヶ月もたつと完全に本復したといわれている。

☪★ 小説『三国志演義』にも登場する華佗

伝説的名医として有名だった華佗は『三国志演義』にも登場しているのでとくに目につく場面を紹介しておこう。

あるとき、蜀の将軍・関羽は魏の樊城を攻めたが、ひじに矢を受けて撤退した（第75回）。その矢にはトリカブトの毒が塗ってあり、陣に戻ったときには関羽の右ひじは毒が骨にまで達して、腫れあがって動かすことができなかった。そこへある者が訪ねてきたが、それが華佗だった。華佗は関羽の負傷を伝え聞いて、駆けつけてきたのである。

関羽の症状を見た華佗は荒療治になるのでそれなりの準備がいるといったが、関羽は準備などいらぬといってさっさと腕を差し出し、もう一方の手では側近の者と碁を打ち始めた。

そこで華佗は小刀で肉を切り裂き、むき出しになった骨を削った。そして、関羽のひじの毒をことごとく削り取り、薬を塗り、糸で縫合して治療を終えた。

この場面を見ていた者たちは治療の荒っぽさにみな真っ青になったが関羽は平然と笑いながら碁を打ち続けたとされている。これには華佗も驚き、あなたのような人は初めてですと感心している。そして華佗は、関羽が差し出した黄金百両を受け

取らず、傷口に塗る薬を置いて立ち去ったのである。

　魏王・曹操が梨の木の神の祟りで激しい頭痛に苦しめられたときも華佗が呼び出されている（第78回）。
　この場面では、頭痛に苦しむ曹操に部下の1人が華佗がいかに優れた医師であるか語っているので、その言葉から紹介しよう。

●
されば華佗は字を元化と申し、沛国譙県（はいしょう）の人にごさります。彼の妙術は世に二つとないもので、患者があれば、あるいは薬を用い、あるいは鍼・灸などをもって、たちどころに全快いたさせます。また五臓六腑の病で、薬では効かぬ者には、麻肺湯（しびれぐすり）を飲ませて、病人を酔いつぶれたごとにしておき、鋭い小刀にて腹をたち割って薬湯でその臓腑を洗うのでございますが、病人は何の痛みも感じないと申します。洗い終わると、薬にひたした糸で縫い合わせ、上に薬を塗って置くのでございますが、ひと月か二十日で元どおりになるという、まことに神わざのような腕前。ある日、彼が道を歩いている時、誰かがうめいている声がしたので、『これは通じが止まっているのじゃ』と言い、尋ねてみたところはたしてそうでありました。そこで、彼が大蒜（にんにく）を砕いた汁を三升とらせて飲ませたところ、長さ、二、三尺の蛇を吐き出して、すぐに

通じがあったと申します。広陵の太守陳登は胸元が苦しく、顔に血がのぼって飲食ができなかったため、彼に療治を頼み、彼の薬を飲んだところ、顔が赤くてぬらぬらと動いている虫を三升も吐いたので、そのわけを尋ねると、彼は『これは魚を食べすぎたために毒にあたったもので、今日はこれで治っても、三年後に再発して、その時には助かりますまい』と答え、陳登は三年して果たして死にました。またある人が、眉間に瘤ができて、痒くて耐えられぬので彼に診てもらったところ、『中に飛ぶ物がある』とのこと。人々は笑いましたが、華佗が小刀で切り開いたところ、一羽の黄雀(雀の一種)が飛び去って痒みはたちまち止まったと申します。またある人が犬に足の指をかまれましたところ、あとに肉のかたまりが二つでき、一つは痛く、一つは痒く、ともに耐えきれぬほどでありましたが、華佗は、『痛む方には針が十本はいっており、痒い方には黒と白の碁石がはいっている』と申しましたので、皆は信じませんでした。ところが、彼が切り開くと、果たしてそのとおりであったと申します。彼はまことに扁鵲(秦越人、戦国時代の名医)、倉公(淳于意、前漢の名医)にも比すべき者。いまこの近くの金城に住まいおりますれば、お召しになるがよろしかろうと存じます(『三国志演義6』羅貫中著／立間祥介訳／徳間書店)(ルビは引用者による)

　そこで曹操は直ちに人をやって華佗を呼び出したのだが、華佗は曹操の脈を診て「斧で頭を切開して病原を取り出さなければならない」といった。
　これを聞いた曹操は華佗は暗殺者だと考え、投獄した。
　この結果華佗は獄死することになるのだが、死の直前に自分が書いた医術書『青嚢書』を獄卒の呉押獄に譲り渡したとされている。しかし、呉押獄の妻がこの書を焼いてしまったために、鶏や豚の去勢方法などが書かれた部分だけが残ったのだという。

扁鵲
古代中国随一の名医

★ 名医の代名詞となった扁鵲

扁鵲は古代中国随一といわれる名医である。

漢の高祖は敵の矢に当たって倒れたとき、「これは天命なのだ。命がなければたとえ扁鵲がいたとしてもどうして癒すことができようか」といい、それから間もなく亡くなったと伝えられている。このことからも、漢の始めころには名医といえば扁鵲であり、「扁鵲」という名が名医の代名詞として使われていたことがわかる。

日本でも、古くからインドの耆婆(ジーヴァカ)とともに扁鵲は名医の代表とみなされており、名医のことを「耆婆扁鵲」という言葉で表してきたほどである。

扁鵲というのは実はただ1人の医師のことではなく、古代中国で数百年間にわたって各地を遍歴しながら医療活動を続けた医師団のことではないかという意見もある。この医師団の業績から1人の理想的医師像が作り上げられ、それに扁鵲という名がつけられたというのだ。

もちろん、そういう可能性も大いにあるだろう。伝説上の扁鵲の活躍はそういわれても仕方のないほどすばらしいものだからだ。

★ 一目で内臓の病気を見抜いた透視能力

扁鵲に関する伝説は司馬遷の手になる中国初の歴史書『史記』に書かれている。

それによれば、扁鵲は春秋戦国時代(紀元前8世紀～前3世紀)の人で、盧の国、渤海郡(現在の河北省)の出身である。もともとは姓は秦、名は越人といった。

若いころは医師ではなかったし、医師を目指してもいなかったらしい。そのころ扁鵲はある人物の賓客をもてなすための館の館長をしていた。

この館に長桑君という隠者が滞在していた。扁鵲はこの人物を特別な能力を持つ人と見抜き、他の人が何をいおうといつも丁重に待遇した。そうやって十数年が過ぎたとき、長桑君が扁鵲を呼んでいった。

「わたしは秘法の医術を心得ているが、年老いたので、あなたに伝えよう。くれぐれも他言はしないように」

扁鵲が「すべていいつけに従います」と応えると、長桑君は懐中から薬を取り出し、「これを飲んで30日たつと不思議な物象を見ることができるようになるだろう」といった。

さらに、長桑君は秘法の医術書をすべて扁鵲に与え、それからどこへともなく姿を消した。
　そこで扁鵲はいわれたとおり与えられた薬を飲んだ。すると、30日後には塀を隔てて向こう側の人を見ることができるようになった。同じように病人を見ただけで内臓のしこりがすべてわかり、どこが悪いのか突き止めることができるようになった。つまり、扁鵲は超能力者のような透視能力を身につけたのである。だが、扁鵲は透視能力があるとは人には告げず、脈を診て病状がわかるのだと説明したという。
　こうして扁鵲は医師になり、各地で診療活動をすることになった。そして、趙（ちょう）という国にいたとき、扁鵲と呼ばれるようになったという。

★ 虢（かく）の太子を生き返らせる

　透視能力を持っていたといわれるくらいだから、扁鵲（へんじゃく）の診断は的確だった。あるときなどは患者を実際に見るまでもなく、その様子を話に聞いただけで病状を正確に指摘したこともあった。
　扁鵲が虢の国を訪れたときのことだ。ちょうど虢の王子が死んだばかりというので、扁鵲はすぐにも宮殿に行き、侍従から王子が死亡したときの様子を聞きだした。ただそれだけで、扁鵲は王子は尸蹶（しけつ）という病気にかかっているので仮死状態になっているだけだと知った。だが、周りの人々は扁鵲がいくらいっても信じなかった。そこで扁鵲はいった。
　「あなたがたの医術などは細い管を通して空を見るようなもので、とてもすべてを見ることはできない。だが、わたしの医術は脈、顔色、声、姿形などを直接診断するまでもなく、その様子を聞いただけでどこが悪いかわかるのだ。嘘だと思うなら、行って死体を確認しなさい。まだほんのわずかに息があり、股間も温かいはずだ」
　侍従はびっくりすぐにも国王に報告した。
　こうして扁鵲による治療が始まったが、扁鵲が王子の体のいくつかのツボに鍼（はり）を打っただけで王子は生き返った。さらに、煎薬（せんやく）を20日間服用すると王子はもとの健康な体に戻ったのである。
　話を知った天下の人々は口々に扁鵲は死人を生き返らせることができると噂した。
　しかし、扁鵲はそれを否定していった。
　「わたしは死人を生き返らせることができるわけではない。王子は当然生きているべき者で、わたしはただ起き上がらせただけだ」と。
　透視能力などというといかにも神秘的な感じがするが、このときの扁鵲のセリフ

にはまさに実在した名医らしいリアリティが感じられるのではないだろうか。

★ 絶対に治せない「六不治の病」

　古代中国随一の名医であり、誰もが死んだと思った人を生き返らせたほどの扁鵲だが、どんな病人でも治せたかといえば決してそうではなかった。次のような話が残っている。
　斉の国へ行ったときのこと、国王の桓公に謁見した扁鵲はその顔色を見ていった。
「王には病気があります。いま病気は肌にとどまっていますが治療なさらないとどんどん進行してしまいます」
　しかし、桓公は信じなかった。扁鵲が金目当てで嘘をいっていると思ったからだ。
　5日後、ふたたび桓公に謁見した扁鵲は、「王の病気はいまは血脈まで達しています。治療しなければさらに深くまで進行するでしょう」といった。さらに5日後、みたび桓公に謁見した扁鵲は、「王の病気はいま胃腸の間にとどまっています。治療しなければさらに悪化するでしょう」といった。だが、どちらの場合も桓公は相変わらず扁鵲を信じなかった。
　それから5日後、扁鵲はまたしても桓公に謁見したが、遠くから桓公を眺めただ

けで、急いでその場から立ち去ってしまった。桓公は不思議に思い、人をやってそのわけをたずねさせた。扁鵲はいった。
「病気が肌にあるうちは煎薬や膏薬で治せます。血脈にあるときは鍼や石針で、胃腸に進行したときは酒で煎じた薬で治せます。ですが骨髄まで達しますと寿命を司る神でもどうすることもできません。そして、王の病気はすでに骨髄に達しています。ですから、わたしは何もいわずに立ち去ったのです」
　その5日後、桓公は身体に痛みを感じた。驚いた桓公はすぐにも人をやって扁鵲を捜させたが、扁鵲は見つからなかった。こうして桓公は死んだのである。
　この場合は、扁鵲は治療もしていないのだから治せなくて当然だが、このような例を含め、病気には扁鵲のような名医でも治せない六つの不治があるという。

①驕り高ぶって道理がわからない人
②自分の身体を省みず、財産のことばかり気にしている人
③衣食について節度を保てない人
④気が安定せず、内臓で陰陽が一つになっている人
⑤身体が衰弱しきってしまい、薬を服用できない人
⑥巫（魔術師）を信じて医者を信じない人

　これがいわゆる扁鵲の六不治の病といわれるものである。ほとんど現在でも通用しそうな指摘だが、とりわけ⑥は注目に値する。世界中どこでも古代の医術は魔術と結びついていることが多いが、ここではそれを分離しなければならないと説いているのだ。このことだけを見ても、扁鵲は古代人とは思えないほど現代的センスを持った名医だったことがうかがえるのである。

ビンゲンのヒルデガルト
ドイツ薬草学の祖

☾★ ドイツにおける博物学・薬草学の祖

　ヒルデガルト（1098〜1179）は、その主著である『フィジカ（自然学）』（邦題は『聖ヒルデガルトの医学と自然学』）などによって、とくに20世紀になってから高く評価されるようになった中世ドイツの神秘的な女性ヒーラーである。
　『フィジカ』は医学に関する博物学的な書物で、大量の植物、樹木、動物、宝石、金属などの医学的な効能を説明したものである。そして、こうした仕事の結果として、彼女が始めてドイツ名を与えた動植物は1000種を超えるといわれている。このため、彼女はドイツにおける博物学、薬草学の祖とされているのだ。
　しかも、彼女が業績を残したのは博物学、医学、薬学といったヒーリングと関係深い分野だけではなかった。彼女の仕事は作劇、作曲、作詞、絵画などにまで及んだ。
　たとえば、彼女はまとまった作品が残っているヨーロッパ最古の女性作曲家であり、70以上の聖歌を作詞作曲したことで知られている。そして、彼女の作った曲は様々にアレンジされ、現在でも多くの愛好者を持っているのである。
　彼女はときに中世ヨーロッパ最大の賢女ともいわれるが、そうした評価も決して過大でないことがわかる。
　ただし、相当に神秘的な女性であったことは間違いない。そもそも、目立った活躍をする女性などほとんどいなかった中世ヨーロッパにおいて、ヒルデガルトがこれだけの仕事を残せたのも、彼女の神秘性によるところが大きかったのである。

☾★ ラインのシビュラと呼ばれた女預言者

　では、ヒルデガルトの神秘性とは何なのか。それは、彼女が幼いときから聖霊を幻に見るような幻視者の能力を持っていたということだ。
　ヒルデガルトは一説によれば貴族階級の子だったといわれているが、とにかくドイツはライン川流域のベルマースハイムに生まれ、8歳でディジボーデンベルクにあった男子修道院に所属する女性隠者ユッタのもとに預けられた。
　ユッタは高名な隠者だったので、彼女のもとにはヒルデガルトのほかにも何人もの女子が預けられていた。そうした中、ヒルデガルトは生来の特質である不思議な幻視とそこから生まれる預言の能力によってユッタや仲間たちから注目される存在になったという。ユッタの営んでいた庵は数年後には男子修道院に付属の女子修道

院へと発展し、ユッタが院長となるが、1136年にユッタが死んだとき、その後継者として女子修道院の院長に任命されたのはヒルデガルトだった。

とはいえ、本当の転機が訪れたのは42歳のときだった。ヒルデガルトは幻視を通して、「お前が見聞きしたものを書き記すがよい」という神の啓示を受け取ったのである。これをきっかけに、彼女は主著の一つとされている神学書『スキウィアス（主の道を知れ）』の著述に取り掛かった。

ここには幸運もあった。彼女がこの仕事を続けている間、その一部が教会の高位の聖職者たちの注目を集めたが、1147年暮れから始まった教会会議で、ローマ教皇エウゲニウス3世は彼女がその仕事を続けることを支持したのである。つまり、彼女の仕事は真に幻視を通して神から授けられたもの、と公認されたわけだ。

このことがヒルデガルトの知名度を大いに高めたのは当然だった。彼女のもとには助言を求める信奉者たちからの手紙が殺到したが、こうした手紙はローマ教皇、国王、司祭といった身分の高い人々からも送られてきた。また、ヨーロッパ中から様々な悩みを持った人々が、彼女のもとを訪れた。そして、ヒルデガルトは高位の人々を含めた多くの人々に助言を与えたり、苦言を呈したりしたという。

こうして彼女は「ラインのシビュラ」と呼ばれるようになった。シビュラとは古代の有名な女預言者で、女預言者の代名詞ともいうべき存在である。

その後、1150年になって、ヒルデガルトはそれまでの修道院を離れ、ビンゲン近郊のルペルツベルクに女子修道院を設立し、そこに活動の場を移した。そして彼女はヒーリングに関する主要な著書である『フィジカ』『病因と治療』を執筆することになったのである。

こうしてヒルデガルトは実に様々な分野で重要な仕事を残すことになったわけだが、それと同時に彼女はヒーラーとして実際に患者たちの治療にもあたったと見られている。実際のところ、ヒルデガルトが患者たちの治療を行ったという証拠はない。だが、その当時からヒルデガルトは何よりもヒーラーとして有名であり、おびただしい数の人々が治療や悪魔祓いを受けるために彼女のもとを訪れたといわれている。また、この時代には修道院は貧者の病気を治療する病院のような役目も持っていたので、彼女が実際に患者の治療にあたっていたと考える人は多いのである。そして、当然のことかもしれないが、ヒルデガルトの修道院があったビンゲン周辺の人々は彼女がヒーラーとして活躍していたことを確信しているのである。

☾★『フィジカ』に見るヒルデガルトのヒーリング

ここで、ヒルデガルトがどのようにして患者を癒していたか簡単に見ておくこと

にしよう。実際に彼女がどのような治療していたかは不明なので、これについては彼女の著書だけが参考になるわけだが。

　端的にいって、書物からうかがえるヒルデガルトの医学は、現代的な目で見れば荒唐無稽に見える部分が多いといえるかもしれない。

　たとえば、『フィジカ』の第4の書「石と宝石」には次のように記されている。

　すべての石には炎（の要素）と湿（の要素）が含まれる。悪魔は高貴な石を嫌忌し、憎悪し、軽蔑する。というのも、悪魔は神から授かった栄光から堕落する以前には、貴石の美しさをその身に具現していたことを記憶しているからである。また、ある種の貴石はその存在を炎に由来し、その炎の中で悪魔は罰を受けるからである。神の御心により、悪魔は炎の中に転落し、その炎による制裁を受ける。これは人間が聖霊の最初の息吹によって悪魔の口から救い出されるとき、悪魔が聖霊の炎によって打ち負かされたことと同じである。(『聖ヒルデガルトの医学と自然学』井村宏次監訳／聖ヒルデガルト研究会訳／ビイング・ネット・プレス)

さらに、エメラルドの効能について記されている項には次のようにある。

> エメラルドは、太陽が力強くその軌道上に位置して運行する早暁の朝課(「聖ベネディクトゥス戒律」が示している定時課によって時間を指定しているのであろう・訳者注)の頃に成長する。このとき大地と草の自然の活力は特に活発になり、空気はまだひんやりしているが太陽は激しく照りつけている。ハーブ類は仔ヒツジがミルクを吸うように勢いよく生気を吸収する。その日の熱が一日の活力をそれほど枯渇させないため、植物は栄養分を与えられて豊かな果実を実らせるようになる。こうして太陽がエメラルド生成の環境を整え、すべての含有物質に空気の生気が含まれるようになるので、エメラルドは人間のあらゆる衰えや病に対抗する力を有している。
>
> したがって心臓、胃または脇腹を病む人は、エメラルドを携帯すると身体は温まりよくなるだろう。もしその人がその動向を阻止することのできない悪疫の類に悩まされている場合、エメラルドを口に含みなさい。そうするとエメラルドは唾液で濡れ、唾液はこの石によって熱くなるだろう。そしてこの石を何度もくり返し身体にあてたり離したりすると、急な疫病の攻撃は疑いなく終焉するだろう。(『聖ヒルデガルトの医学と自然学』井村宏次監訳／聖ヒルデガルト研究会訳／ビイング・ネット・プレス)

どうだろうか? このようなヒルデガルトの記述を読んで、この治療法で実際に病気が治ると考える人はそんなに多くはないはずである。

だが、この種の印象だけで、ヒルデガルトを評価してしまうのは早計なのである。悪魔と病気を関係づけるなど、現代人には馬鹿げたことに思えるが、昔の人々にしてみればまったく当然のことだった。また、宝石に様々な薬効があるということは、ヨーロッパ中世最大の学者だったアルベルトゥス・マグヌス(1193〜1280)さえ認めていたことなのである。

さらに付け加えなければならないのは、全体としてどんなに荒唐無稽に見えたとしても、ヒルデガルトの記述の中にはいまも役立つ医学的な知恵が現実に含まれていたということだ。だからこそ、ヒルデガルトは20世紀になってから再評価されることになったのである。

☾★ 二十世紀に蘇ったヒルデガルトの薬草学

ローマ教皇や国王といった高位の人々から様々な相談を受けていたことからもわかるように、存命中のヒルデガルトは非常に有名だった。ところが、その死後には彼女はすっかり忘れられた存在になったのだった。

そんなヒルデガルトがふたたび注目を集めるようになったのは20世紀になって

からだが、これについては次のような有名な逸話がある。

　第二次大戦中、ザルツブルクの捕虜収容所でのことだ。そのころ、軍の病院は医療品の欠乏に陥っていたが、そこに骨折した兵士が苦痛に顔をゆがめて運び込まれた。担当したオーストリアの軍医ヘルツカは大いに困った。患者の苦痛を和らげる方法がなかったからだ。ところが、まさにそんなとき、ヘルツカは図書館で古びた1冊の本を見つけた。それはヒルデガルトの『病因と治療』で、そこにはノコギリソウが骨折に効くと出ていたのである。ヘルツカはわらをもつかむ思いで野原に飛び出し、あちこちに生えていたノコギリソウを摘んで病院に戻った。そして、そのノコギリソウを用いてみたところ、患者の苦痛が一晩で消え去ったのだという。

　さらに、1970年頃から、欧米を中心にオルターナティブを志向する文化が流行し始めた。オルターナティブとは「既存のものに替わるもの」という程度の意味で、医学の分野では現在主流の西洋医学とは別のオルターナティブ・メディスン（代替医療）を求める動きが強くなってきた。こうした流れの中で、オルターナティブ・メディスンの一つとして西洋の薬草であるハーブが注目されるようになり、すでに800年も前にハーブを使って治療していたヒルデガルトの研究も進むようになった。そして、一見荒唐無稽に見えるヒルデガルトの記述の中に、いまでも十分に役立つたくさんの知恵があると考える人々が増えてきたのである。

　ただし、先に引用した記述からもわかるように、一般人がヒルデガルトの著作を読んですぐにも役立てようというにはかなり無理がある。ヒルデガルトは確かに優れたヒーラーだったかもしれないが、その知恵を生かすにはやはり現在の専門家の判断が必要なのに違いない。

エドガー・ケイシー
米国で活躍したリーディング療法家

☪★ 自らが催眠状態で治療する現代的霊媒師

　エドガー・ケイシー（1877～1945）は"リーディング"という手法を用い、20世紀前半の米国で活躍した、現代で最も有名なヒーラーの1人である。日本でも1980年前後から超能力者として盛んに取り上げられるようになり、その信憑性を疑う人々も多かったのだが、にもかかわらず現在でもかなりな人気を維持しているようだ。

　ところで、"リーディング"というのは、現在の心霊研究の分野で"チャネリング"とほぼ同じ意味で使われている用語である。すなわち、"霊的世界"とか"宇宙意識"とかいい方はいろいろだが、とにかくその種の神秘な異界とコンタクトを取り、そこから多種多様な情報を引き出してくる行為の総称である。その意味では古くから知られている霊媒に類したものといっていい。

　しかし、ケイシーの場合、霊媒といってもその手法は通常の霊媒とは異なるところがあった。

　彼は予言者としても活動し、"眠れる予言者"という呼び名もあったが、この"眠れる"というところが彼の特徴的なところだった。

　数多く出版されているエドガー・ケイシーの評伝などによれば、彼は自分自身が催眠状態に入った状態で特殊な能力を発揮し、あらゆる難病に対して適切な診断と治療法を与えることができたというのである。もちろん、予言の場合も方法は同じだった。そして、ケイシーは通常の意識状態に戻ったときには、催眠状態下で自分が下した診断の内容をすっかり忘れているのだという。

　そこで、ケイシーが催眠状態でリーディングを行っている間、彼の協力者がその内容を正確に記録した。その記録がいわば"医師の処方箋"として患者に渡され、患者はその内容に従って薬を取ったり、食事療法を行ったりしたのである。

　ケイシー自身は医師ではなかったので、直接治療することはなかった。それどころか、ケイシーには医学的知識もなかった。にもかかわらず、催眠状態に入ったケイシーは目覚めているときには知らないはずの専門用語を駆使して医学的に正確な診断を下し、その処方に忠実に従った患者の多くが治癒したというのである。

☪★ ケイシーによるリーディング療法の実際

　ここで、ケイシーによるリーディング療法がどのように行われたか、その具体的な一例を紹介しておこう。
　ケイシーが自分の能力に気づき、リーディングによる患者の診断を行うようになったのは1901年のことだった。
　1912年、ケイシーはケンタッキー州の小さな町ホプキンスビルに住んでいたが、すでにある程度有名になっており、各地から彼のリーディングを求める患者がやってくるようになっていた。
　そんなある日の午前、シンシナティーから1人の男性患者がやってきてケイシーのリーディングを受けたことがあった。
　ケイシーの伝記『永遠のエドガー・ケイシー（原題：THERE IS A RIVER)』によれば、そのときのリーディングの様子はおよそ次のようなものだった。

　リーディングは大きな事務室の隣の小さな部屋で行われた。この部屋に長椅子があり、ケイシーはそれに横になった。患者は椅子に腰掛けた。また、この日は協力者としてケイシーの父レスリー・ケイシーが立ち会った。
　ケイシーの呼吸が徐々に深くなり、すぐにも眠りに入ったと見えたとき、協力者のレスリーが手に持った黒いノートを読み始めた。もちろん、ケイシーに暗示をかけ、特異な能力を引き出すためである。
　「いま、この肉体は正常な力を有しており、要求された情報を与えることができる。この部屋の中、あなたの前にはいま＊＊＊＊（患者の名前）の肉体がある。あなたはその身体を注意深く調べ、そこで見た状態を述べ、悪いところがあればそれを治すために何をなすべきかを述べる。あなたは明瞭かつ正常な速度で語り、わたしの質問に答える」
　すると数分してケイシーが口をもごもごと動かし始め、何事かを語り始めた。それから誰にでもわかるはっきりした調子でいった。
　「よろしい。われわれはここにその肉体を持っている。その肉体はとても多くの問題を抱えている。背骨に沿い、神経組織に、血液組織——それが異常なのだが——に、消化器官に問題がある。骨盤に炎症がある。腎臓にも問題がある。膀胱にも小さな炎症がある……」
　こうやって、ケイシーは眠っている状態で患者の身体の問題点を次々と数え上げたのである。
　もちろん、それで終わりではない。その後で、ケイシーは今度はどうやって治したらいいかを告げ始めた。

「胃の状態を良くしなければならない。胃をきれいにすること。それがすんだら次は肝臓と腎臓に刺激を与える。大量の水、純水を飲むこと。これまでは自然力が腎臓の分泌物を送り出すのを助けられるほどには十分な水がこの身体にはなかった。胃がきれいになったら、硝石精とビタミン油を少量ずつ与える。そして背骨に沿ってバイブレーション（振動）を与える。マニピュレーション（調製）ではなくバイブレーションである。しかし脳に近すぎてはいけない……」

という具合である。

時と場合により、ケイシーによるリーディングは同じ患者にある期間をおいて何度か繰り返されることもあったし、そればかりか遠隔地、たとえばはるか遠く離れた外国にいる患者に対して行われることもあった。だが、そのやり方はいつもほぼこのようなものだったという。

★ 現在も研究が続けられているケイシー療法

これほど神秘的な療法を20世紀という現代社会において実践したヒーラーなので、生前からインチキだという非難も多かった。

とはいえ、ケイシーは死ぬまでリーディングをやめることはなかった。

この種のリーディングをケイシーが生涯の間に何件行ったか、正確な数はわかっていない。彼がリーディングを始めた初期のころには、記録を取らないこともあったからだ。だが、1923年以降はすべてのリーディングが記録されるようになり、その数は約1万4000件に上るという。この中には様々な予言の類も含まれているが、最も多いのはやはり病気の診断と治療法に関するもので、それだけで約9600件もあるという。

興味深いのは、これらのリーディングをもとにいわゆる"ケイシー療法"なるものが打ち立てられ、現在でも世界各国で研究が続けられているということだ。これは簡単にいえば、ケイシーの治療を目的としたリーディングから不変的原理を取り出し、それを一つの療法として確立しようという動きである。もちろん、研究しているのはケイシーを信じる人たちだが、死後50年以上過ぎてなお数多くの信者がいるというのはやはりそれなりに注目すべきことといっていいだろう。

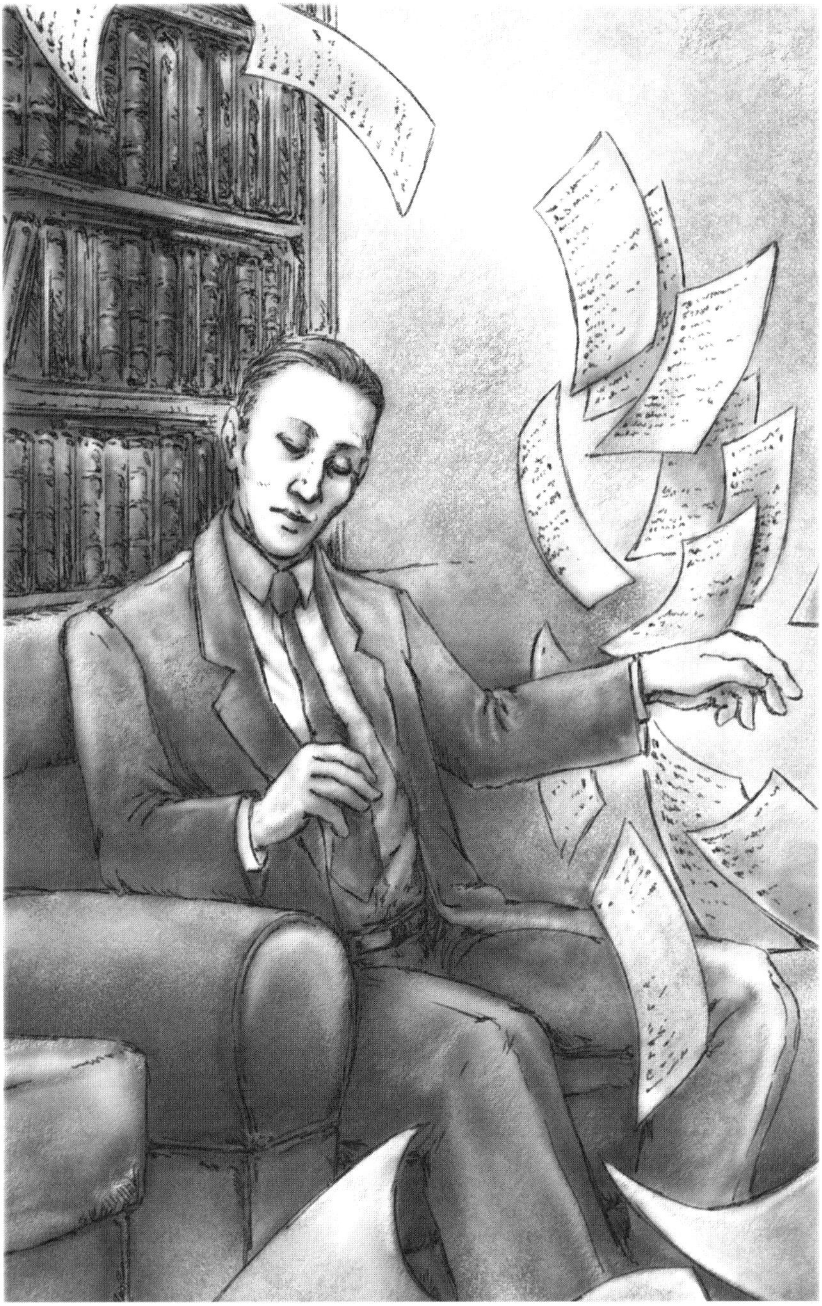

メスマー
動物磁気説の天才ヒーラー

☪★ 自分自身を誤解していた催眠術の祖

　ドイツ生まれのフランツ・アントン・メスマー（1734～1815）は"動物磁気"といういかにもオカルト的なパワーを操り、現実に数多くの患者の治療に成功したヒーラーである。

　ただし、メスマーは単純にオカルト的なヒーラーだったわけではない。

　本当は、メスマーは催眠術によって多くの患者を治していたので、現在の催眠術や催眠療法の祖というべき人物なのである。だが、その時代はまだ催眠（ヒプノティズム）という言葉自体が存在せず、彼自身が自分のやっていることを完全に誤解してしまったのだ。ちなみに、ギリシア語の"眠り"に由来する、"ヒプノティズム"という新語が生まれたのはメスマーの死から30年近くも後のことなのである。

　そんなわけで、メスマーは現代的な意味での催眠術とはまったく別な理論で患者を癒していると理解した。

　その理論によれば、宇宙には"宇宙流体"という目に見えない物質が遍在しており、あらゆる物質の中に染み込んで流れている。もちろん、人間の内部にも流れている。そして、人間の内部にある宇宙流体のバランスが取れていればその人は健康であり、バランスが崩れているときその人は病気だと考えたのである。

　さらに、人体内の宇宙流体のバランスが取れるためには、その人の身体に備わっている"動物磁気"のバランスが取れている必要がある。というのは、天体の影響で潮の干満が引き起こされるように、動物磁気によって宇宙流体の流れが変わるからだ。

　こうして、メスマーは動物磁気の理論に基づく、当時から"メスメリズム"と呼ばれた独自の治療法を打ち立てることになったのだ。

☪★ 動物磁気に基づくメスメリズムの実際

　では、メスマーによって開発された独自の治療法とはどのようなものだったのか、ここでその治療風景をのぞいてみることにしよう。

　メスマーはウィーン大学で医学の学位を取ったころから"宇宙流体"が人間の健康に影響を及ぼすと考えており、学位論文のタイトルも『人体に及ぼす惑星の影響』だった。

そこで、メスマーは大学卒業後、ウィーンに診療所を開くとすぐに独自の原理による治療を開始した。

その当初、メスマーは実際に磁石を用いて患者の動物磁気を操作した。磁気を操作するにはやはり磁石を用いるのが手っ取り早いと考えたからだ。

だが、間もなくメスマーは磁石なしでも、別な道具によって動物磁気を操作できることを発見した。そして、何年間もの治療を通じて徐々に治療スタイルを確立し、パリで活動するようになった1780年頃になると、その治療スタイルは非常に手のこんだものになっていた。

このころ、メスマーは診療所として高級ホテルの豪華な部屋を用意していた。家具や装飾品など、部屋の内装も立派だった。メスマーは自分の療法にとっては患者が医師を絶対的に信頼する必要があることを十分に認識しており、そのための雰囲気作りに大いに気を使ったのである。治療効果を高めるため、部屋には楽器も用意され、患者のために名曲が演奏された。

そのうえで、部屋の中に四つの"バケ"（磁気桶）という治療器が用意された。これは大きな"たらい"のようなもので、中には水と磁化した金属や石などが入れられた。バケの中はいくつかに仕切られており、そのひとつひとつに、外側に突き出すように鉄の棒が取り付けられていた。この鉄の棒1本が患者1人に割り当てられるので、バケの周りにはその数だけ患者用の豪華な椅子も用意されていた。

このように一風変わった部屋で、メスマーは治療を行ったのである。

☾★ 治療集会"セアンス"の風変わりな治療法

診療所が豪華だっただけではなく、メスマー自身の格好も堂々たるものだった。彼は髪粉をつけたかつらをかぶり、紫色の絹の上着、半ズボン、手首にはレースのひだ飾りを着け、バックルのついた靴を履いた。右手には鍛鉄製の杖を持った。そして、威厳にあふれた態度で助手たちを指示して患者の治療にあたるのである。

患者たちに対しては、メスマーはまず診察を行った。これは治療対象とする病気を選ぶためだった。メスマーは医師になった当初から、動物磁気による治療では、機能的（精神的）な病気は治せるが、器質的（肉体的）な病気は治せないことをよく知っていたのである。このあたり、いかにオカルト的とはいえ、メスマーが良質なヒーラーだったことの証といっていいのではないだろうか。

診察の後で、患者たちはバケの周りの椅子に移った。バケは金持ち用と貧乏人用に分かれていたが、これは貧乏人を差別するためではなかった。古くから優れたヒーラーがみなそうだったように、メスマーは金持ちからはそれ相当の金を取るが、たとえ金を払えない患者でも喜んで受け入れたのである。

こうして、バケの周りに腰掛けた患者たちはバケから突き出している棒の先端をそれぞれの患部に当てた。そして、動物磁気の流れをよくするため、他の患者と手をつないだ。

ここで、メスマーは動物磁気の注入を開始した。このとき、実際はメスマーは患者たちを催眠状態にしたわけだがメスマーはそう考えていなかった。彼は患者たちの間を歩き回りながら、治療の進み具合を確認しつつ、患者たちに言葉をささやき、助手たちを指示した。

この治療法では、痙攣や発作など、患者たちを苦しめている病状を擬似的に再現することが重要とされた。メスマーは暗示をかけることで、患者たちをトランス状態にし、病気の最悪の症状に追い込むのである。このような状態をメスマーは"分利"と呼んだ。患者たちがこの分利を経て、ふたたび平常の状態に戻ったとき、それと同時に病気も癒されるとメスマーは考えていたし、現実にそれで病気は癒されたのである。

そこで、メスマーは患者たちの様子をうかがいながら、必要に応じて手で触れたり、離れた場所から杖の先を患者に向けることで、動物磁気を注入した。こうしたことを続けるうちに、集団催眠状態になった患者たちは引き付けやしゃっくりなど様々な症状を現し始め、ついに分利の状態を引き起こすのである。

患者が激しい分利を引き起こしたらメスマーの助手たちが駆けつけ、ときには特別な分利室に連れて行って身体をなでたりするなど適切な治療を行った。そして、患者を鎮静状態に導いた。

これが、このころのメスメリズムの"セアンス"(治療集会)の様子だった。メスマーはもちろん一対一で治療することもあったが、なんといっても人気があり、大勢の患者が集まったので、このような集団治療が基本的になったのである。

☪★ 近代オカルティズムにも影響を与えたメスマー

メスマーのやり方は確かに奇妙だったが、とにかくそれで病気が治ったので、当時の貴族や庶民に人気があったのは事実だった。病気の人々はこぞってメスマーの診療所へ出かけていった。このような人々はメスマーを信じきっていたので、元来が催眠術だった彼の治療はなおのこと驚くべき効果を現した。

とはいえ、メスマーの人気はやはりオカルト的な人気といってよかった。

メスマーの生きた時代は啓蒙主義の時代であり、科学時代の始まりといってよかったが、同時にオカルトが流行した時代でもあった。薔薇十字団やスウェデンボルグに多くの人々が夢中になっていた。いかにもあやしいサン・ジェルマン伯爵や

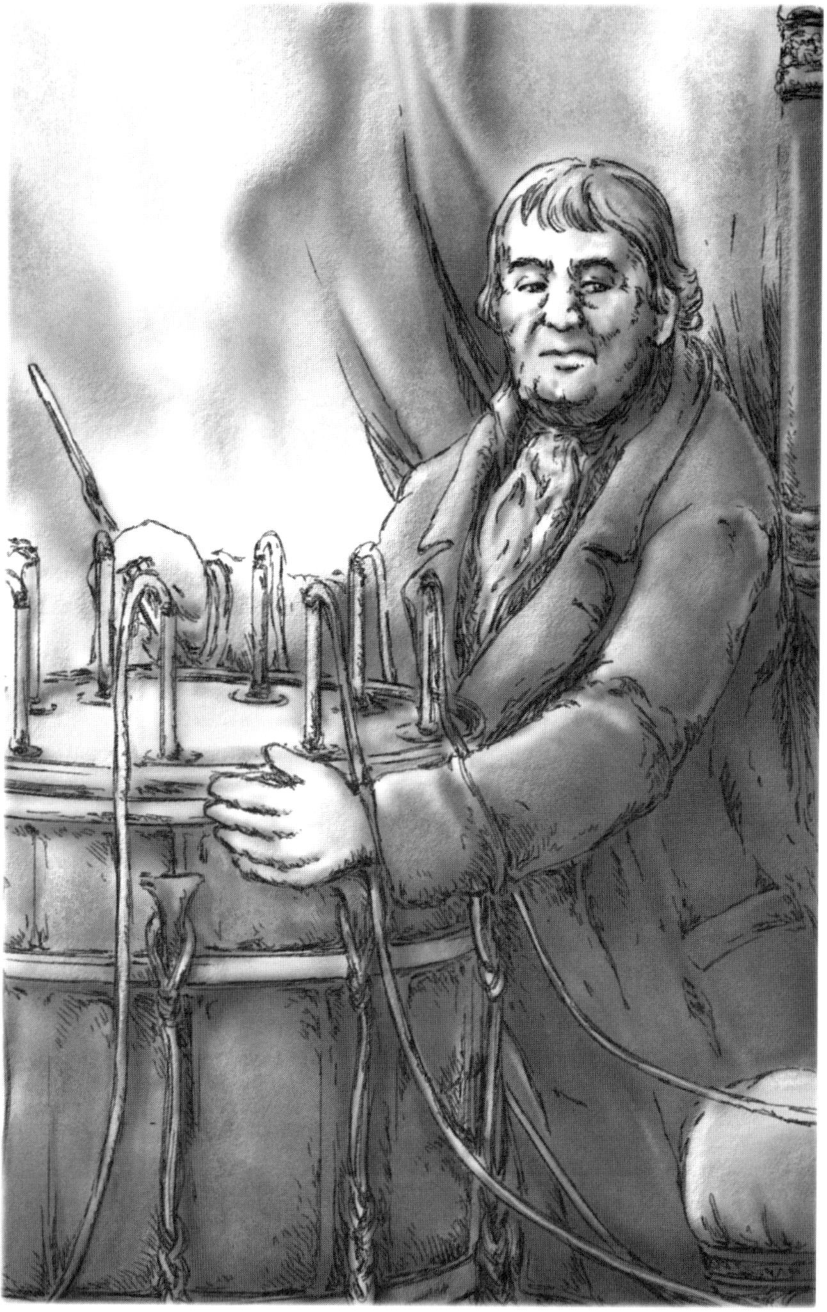

カリオストロ伯爵が活躍したのもこの時代だった。

　このため、貴族や大衆には人気があったものの正統派の医学者や知的な中流階級の人々はメスマーをカリオストロ伯爵のようなペテン師だと考えた。奇抜な道具を用い、患者たちをトランス状態にしてわざわざ発作を起こさせるようなやり方があまりに奇怪だったからだ。

　そうこうするうちに、メスマーの弟子たちの中からも離反者が現れてきた。彼の弟子の中でもとくに優れた者たちは、やがて動物磁気理論や奇抜な道具を使わなくても、暗示と集中によって患者の治療が可能であることに気づいたからだ。もちろん、そのような流れから現在的な意味での催眠術が生み出されることになったのだ。

　しかし、メスマーは頑固だった。彼は自分のことをオカルティストとは考えず、終始正当な科学者だと考えていたが、それでも大学時代に発想した動物磁気理論を何があろうと変更しようとしなかった。

　こうして動物磁気にこだわったメスマーは結果的に一層オカルト化したといっていい。彼はあらゆる現象が動物磁気で説明できると考え、錬金術、占星術、予知など魔術に属することがらまで、この理論で説明しようとしたのだった。

　この結果として、メスマーはオカルティストたちにも大きな影響を与えた。オカルト的メスメリズムはメスマーの死後も継承されるが、その影響下からクリスチャン・サイエンスの母と呼ばれたメアリー・ベーカー・エディ夫人や神智学会を設立したヘレナ・ペトローヴナ・ブラヴァツキー夫人などが登場するのである。

　こんなわけで、メスマーは正当な催眠療法の分野ではもちろんのこと、近代オカルティズムの分野でも非常に重要な存在になっているのである。

サイババ
インドで人気の「神の化身」

☪★ 数多くの信者を持つインドのグル

　サティア・サイババは1990年代には日本でも相当な評判になった、一種の「霊的指導者＝グル」にして超能力者のインド人である。その超能力で、サイババは何もない空中から指輪やネックレスを取り出したり、重い障害のある人を一瞬にして癒したりしたのだ。

　もちろん、こうした派手なパフォーマンスで注目を集めたため、サイババはペテン師だという非難の声も上がった。その結果として最近ではサイババの評判はそれほど高くはなくなっている。1990年代にはインドを中心として全世界に数百万の信者がいたようだが、その数も現在では百万ほどに減ったといわれている。それでも百万人の信者といえばたいした数には違いない。

　サイババは自ら奇跡能力を発揮するほかに、インドで病院や学校を設立したり、乾燥地への水の供給事業を行うなど、様々な慈善事業に携わっている。その活動は世界的で、現在、サティア・サイババ・グループとでもいうべき組織が各国にある。この組織は一種の宗教団体で、集まっているのはサイババの信奉者たちである。したがって、サイババは宗教団体の教祖であり、信者たちに対して、真実、正義、平和、愛、非暴力の五つの価値や、世界の主要な宗教の統一の必要性などを説いている。ただし、これらサイババの超能力以外の活動についても非難する声は多い。

　しかし、余分な話はこれくらいでやめることにしよう。ここではとにかくサイババのヒーラーとしての具体的能力に話を集中することにしたい。

☪★ 車椅子から立ち上がった女性の奇跡

　サイババがその特殊な能力で長く患っていた人々を救ったというような物語は数が多いが、基本的にサイババの信奉者たちによって報告されたもので、それを踏まえたうえで読んでほしい。

　こうした報告によれば、サイババのヒーリング能力はまったく奇跡としかいいようがないものである。

　中でも最も印象に残る奇跡的ヒーリングの例が、青山圭秀氏の『真実のサイババ』（三五館）という本に紹介されているので、ここで引用したい。これは青山氏自身がインドのプッタパルティという村にある壮大なサイババの道場＝アシュラムで見

聞したことだという。

　あるとき私は、数人のイラン人の人びとと一緒にサイババに招き入れられた。そのうちの一人は、車椅子で接見室に入ってきた。
　サイババは、彼女に話しかけた。
「おまえは、何が欲しい？」
「スワミ（サイババの敬称＝引用者注）、あなただけがおられれば」
　サイババはうなずくと、おもむろに彼女に近づき、腰を三回軽くたたいた。そして、
「立ちなさい」
と言った。
　私は、率直に言って、それは無理な話だと感じざるを得なかった。彼女は、長年の車椅子生活で、上体は太り、それに比べて下肢は頼りなくやせ細っていたからである。しかし、そんなことをサイババに進言するわけにもいかず、みなはその光景を固唾を飲んで見守った。彼女は、やはり答えて言った。
「スワミ、それはできません」
　しかしサイババは、
「いいや、立って歩くのだ」
と言って取り合わなかった。そうして彼女は、おそるおそる立ち上がったのである。
　私には、そのときの彼女自身の様子もさることながら、付き添いの人たちの様子のほうが、むしろ深く印象に残っている。彼女が十五年間、車椅子の生活をしてきたことを知っていた周りの人びとは、全員が泣いていた。
　結局、彼女は歩いて接見室を出、その後には、長年の主を失った車椅子が残った。そこで、一人の老女が代わりにそれに乗って部屋を出ると、外で待っていた人びとの間には、大きな拍手とともにほのかな笑いが湧き起こったのである。

　これがサイババによるヒーリングだった。ここからわかるのは、サイババによるヒーリングがイエスやルルドの泉によって起こされたといわれているものと同じタイプのものだということだ。つまり、一般的に「奇跡」と呼ばれるタイプのヒーリングだということだ。この場面で癒された女性が実際にどのような症状だったのか知りようもないが、現実にこのような場面を見てしまったら感動する人も多いだろう。

☪★ 神聖灰ヴィブーティの不思議な効能

　サイババは神聖灰とも呼ばれる粉末、ヴィブーティを用いて人を癒すこともあるという。

　サイババは信者たちを集めたダルシャンと呼ばれる儀式の最中に、人々の前で、何もない空中から指輪やネックレスなどを取り出して見せる、奇跡とも手品ともいえる現象を起こすことがあるが、こうした場面でヴィブーティを取り出すこともあるという。

　ヴィブーティは粉末で、それを飲んだことで重い病から癒されたというサイババ信者の報告はとにかく数が多いのである。『真実のサイババ』によれば、ヴィブーティを飲めば末期がんでも治るとサイババ自身が断言しているという。

　ところで、ヴィブーティはサイババが空中から取り出すだけではない。サイババ信者が持っている、サイババやイエス、仏陀の写真などからはしばしばヴィブーティが出てくることがあるという。それも半端な量ではなく、写真の表面を覆うようにびっしりとヴィブーティが湧き出し、それをかき集めるといく袋にもなってしまうこともあるらしい。しかも、数日の間にまた出てきているという。よく、教会のマリア像などが血の涙を流したというような話があるが、これと同じ類の現象なのかもしれない。

　いずれにしても、ヴィブーティがたくさん出てくる信者の中には、それを病気で困っている人々に配っている人もいるという。

☪★「神の化身」と称するサイババ

　このようにサイババによるヒーリングはまさに「奇跡」と呼ばれるタイプのもので、相当に神がかったものである。

　だが、それもそのはずで、信者たちによって広く流布されている経歴によれば、サイババは実際に「神の化身」なのである。

　その経歴によれば、サイババは1926年に南インドのプッタパルティという小さな村で生まれた。名前は、サティア・ナーラーヤナ・ラジュだった。子供のころからかなり特異な存在だったようで、何もないところからお菓子や薬草を取り出すことがあったという。

　14歳のとき、ある事件が起こった。3月8日の夜、道端を歩いていたとき突然悲鳴をあげて倒れ、意識を失い、一昼夜眠り続けた。それから、異常な行動が目につくようになった。時々トランス状態に陥るようになり、誰も知らないような聖典の一節を口ずさんだりするようになったのである。そして、5月23日朝、彼は家族を

集めて宣言したという。「わたしはサイババの生まれ変わりである」と。
　ここで「サイババ」といっているのは、サティア・サイババ自身が語っているところによれば、シルディ・サイババという特別な聖者のことである。この聖者がどれくらい特別かという物語もサティア・サイババ本人が語っている。それによれば、ヒンズー教の考え方でトレーター・ユガと呼ばれるとんでもない大昔にバラドヴァージャという聖者がおり、インド古来のヴェーダの思想を極めようと必死の修行を積んでいた。ヒンズー教の三大神の1人シヴァ神がその姿に感銘を受け、バラドヴァージャに恩寵を与えた。そのときから後に、シヴァ神とその妻のシャクティ女神がバラドヴァージャの家系に3度、神の化身として生まれてくるというのだ。1度目はシヴァが、2度目はシヴァとシャクティが、3度目はシャクティが化身するという。
　この約束が最初に実現したのが19世紀のことで、シヴァ神がシルディ・サイババとして生まれてきた。そして、現在のサティア・サイババはこのシルディ・サイババが1918年に死んでから8年後にふたたび生まれ変わってきた存在なのだという。つまり、サティア・サイババはシヴァ神とシャクティ女神の化身だというわけだ。サティア・サイババは自分で「わたしは神の化身である」といっているが、それはこういうことなのである。
　したがって、サイババによる奇跡のヒーリングもこの種の「わたしは神の化身だ」という物語を背景にしているといえるだろう。だから、サイババが「わたしがふさわしいと思えば、即座に病を癒す」といったとしても、実際そういっているのだが、とくに驚くにはあたらないのである。それが真実かどうかは、また別な問題かもしれないが。

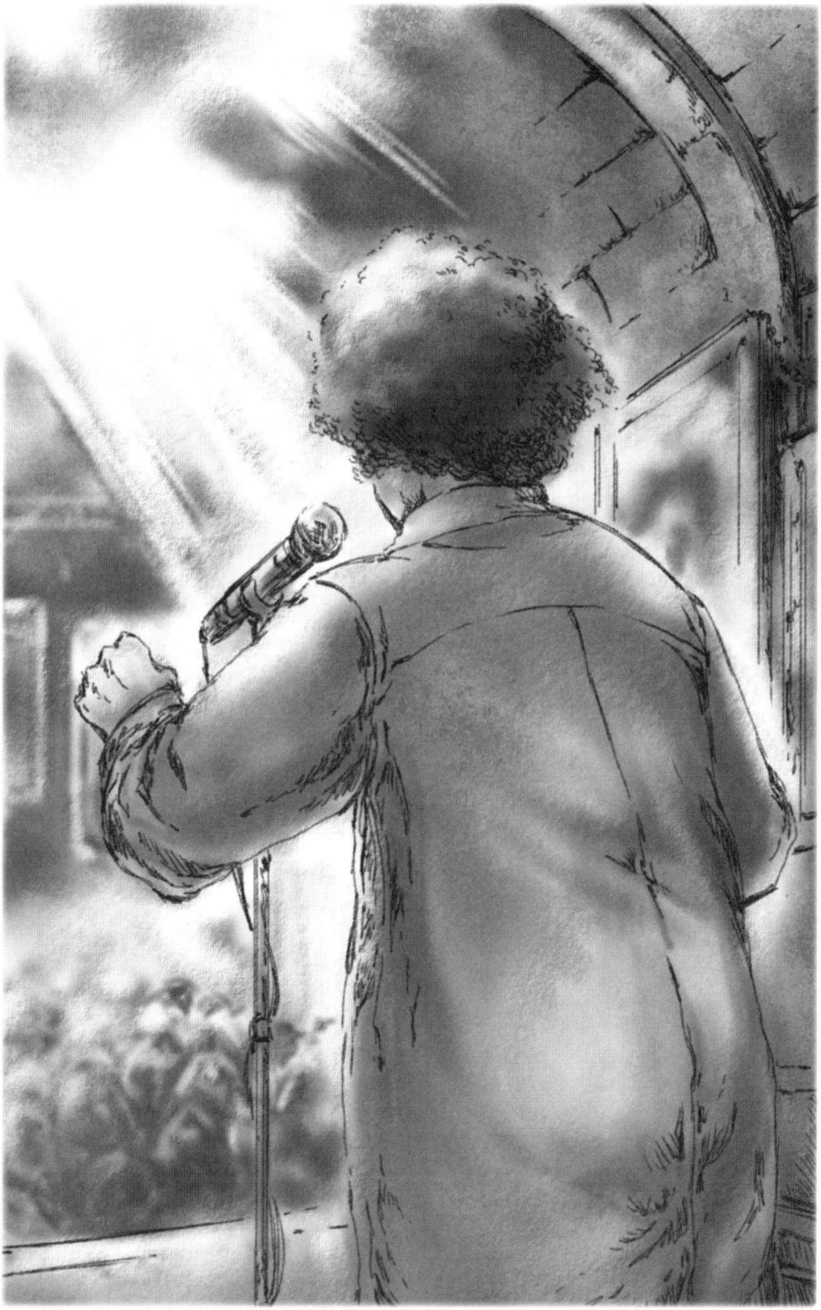

第4章
世界のパワー・スポット

神秘の宇宙エネルギー「マナ」が集まるハワイ

☾★ 独自の魔術的文化を築いた古代ハワイ人

　ハワイは、「マナ」と呼ばれる超自然的エネルギーを発するパワー・スポットが数多くあることで有名である。
　これはハワイの伝統と関係がある。
　古代ハワイ人たちは文字を持たなかったため、1778年にヨーロッパ人ジェームズ・クック（1728～1779）がやって来る以前のハワイの歴史については、明確なことはわかっていない。
　一般にいわれているところでは、ハワイの島々（ハワイ諸島はハワイ島、マウイ島、オアフ島、カウアイ島、モロカイ島、ラナイ島、ニーハウ島、カホーラウェ島からなっている）に最初に人が住みついたのは7世紀ころのことで、それは南太平洋ポリネシアのマーケサス諸島方面からやってきたという。次いで、12世紀ころに今度は同じポリネシアのタヒチから、大量の移民がカヌーに乗ってやってきたといわれている。
　こうしてハワイに住むようになった人々は、故郷を文化をもとにしながら、ハワイの環境に合わせ、独自の魔術的な文化を築いた。
　この魔術の中心にあったのがポリネシアやメラネシアの人々に共通の超自然的エネルギー「マナ」だった。

☾★ 古代ハワイ人が信じた超自然的エネルギー「マナ」

　ハワイの魔術的文化の中心にあった超自然的エネルギー「マナ」とは、これがあればどんなことでも可能になるという魔術的パワーの源といっていい。
　古代ハワイ人の考えによれば、戦争である戦士が活躍するのは彼の槍が大量のマナを持っているからだった。また、リーダーが立派な働きをするのも、彼が大量のマナを持っているからだとされた。
　古代ハワイにはカフナと呼ばれる一種の魔術師の階級があったが、彼らは自然界のマナを自由に操ることができる人々だと考えられていた。実際、カフナたちはマナを操ることで、天気を変えたり、漁の前に魚群を呼び集めたり、未来予知をしたり、テレパシーで他の地域の人々と通信したりできたといわれている。
　カフナの中にはヒーリングを専門にする者もおり、食餌療法、呼吸法、さらに様々

な超人的な術を用いて人々の病気を癒したが、これもまたマナの力によるものとされた。

とすれば、古代ハワイ人にとってマナを集めるということがとても重要なことになるのは当然のことだ。

これについて古代ハワイ人たちは、マナは基本的にあらゆるものに宿っているが、自然界の中ではとくに洞窟、谷、滝、石、神の聖地などに大量に宿っていると信じていた。

こんなわけで、ハワイには古くからマナ・スポットとでもいうべきパワー・スポットが数多く存在していたのである。

ところで、マナを中心とした古代ハワイの魔術的精神文化は現在では「フナ」と呼ばれ、数多くの人によって研究が進められている。そして、「フナ」の中に、現在でも参考になるような興味深いヒーリングの教えがあったこともわかっている。だが、その教えについては別項で取り上げたのでそちらを参照してほしい。(p 144)

ここではとにかく現在でも注目されているハワイのパワー・スポットをできるだけたくさん紹介することにしよう。

☾★ 癒しの海カヴェヘヴェヘ

オアフ島のワイキキ・ビーチといえばハワイでも最も有名なビーチだが、このワイキキのほぼ真ん中あたり、現在ハレクラニ・ホテルとアウトリガー・リーフ・オン・ザ・ビーチホテルの間あたりにある海の一角は、古代ハワイ人がカヴェヘヴェヘと呼んだ癒しの海であり、強力なマナの宿る場所だったといわれている。

ワイキキ・ビーチは現在ではあまりにも有名であり、観光客も多く、遺跡が残っているわけでもないので、ぼんやりしているとそこが古代ハワイ人にとっての聖地だったとは思いもよらないかもしれない。だが、決してそうではないのである。

カヴェヘヴェヘはハワイ語で「取り除く」という意味で、古代ハワイ人たちはその言葉どおり、病気を取り除くためにこの海へ入ったのだという。

このあたりは古代ハワイ人にも好まれた場所で、王族たちやカフナたちも数多く住んでいた。

ヒーリングはカフナたちの中でもカフナ・ラパアウと呼ばれる人々の仕事だった。

カフナたちはやってきた病人の首に、リム・カラという海藻で作ったレイをかけた。このレイは輪になってはおらず、ただ首にかける形のものだったが、病人たちはそのレイを首にかけたまま海に入り、神に祈りを捧げた。すると、そのうちに波のために首にかけたレイがはずれ、流されていった。それと同時に人々の病も癒されたと伝えられているのである。

☪★ヒーリング・ストーンと魔法使いの石

　ハワイにはカヴェヘヴェへのほかにも、ヒーリング効果が高いといわれるパワー・スポットが数多くある。
　古代ハワイ人たちは、石は自然物の中でも強力なマナが宿りやすいものの一つだと考えていた。
　ここで、そんな石の中でもとくに強力なマナが宿っており、まさにヒーリング・ストーンとしての魔力を持っているといわれているものを、いくつか紹介しておこう。

◎魔法使いの石カフナ・ストーン
　ワイキキのクヒオビーチの片隅にある四つの石である。
　言い伝えによると、16世紀ころにタヒチから強力な4人のカフナがやってきて、ハワイで大勢の病人を癒したことがあった。また、彼らはハワイの人々に特別なヒーリングの技術も伝授したという。
　古代ハワイ人たちはそんな彼らに感謝し、この地に彼ら4人を表す四つの岩を置いた。そこで、4人のカフナたちはこれらの石のそれぞれにカパエマフ、カハロア、

カプニ、キノヒという自分たちの名を与え、1ヶ月以上もかけて大量のマナを吹き込んでから、この地を立ち去った。
　こうして、これらの石は特別なヒーリング・ストーンとなり、そのパワーはいまでもワイキキ全体を包み込んでいるというのである。

◎ワヒアワのヒーリング・ストーン
　オアフ島の小さな町ワヒアワで、道路わきの白い祠に安置されている3体の石である。
　ハワイアンの言い伝えでは、これらの石はもとは町の近くにある王家の聖地クカニロコにあった。あるとき、カウアイ島から飛んできた2人の姉妹がこの石に神聖なマナを吹き込んだ。それ以来、これらの石は奇跡的なヒーリング・パワーを発揮し、この石に触った数多くの人々の病気が癒されるということがあった。このため、大勢の人々がクカニロコに押しかけるようになったが、クカニロコは王家にとって特別な場所だったので、1920年代になって、これらの石は現在の場所に移されることになったのだという。
　とはいえ、このヒーリング・ストーンについてはまったく違う見方もある。現在のハワイにはヒンズー教徒も住んでいるが、彼らはこの石をヒンズー教のシヴァ神が姿を変えたものだといい、彼らなりに崇拝しているのである。
　こんなわけで、ワヒアワのヒーリング・ストーンについてはどちらの言い分が正しいのかはっきりしないのだが、いずれにしてもこれらの石に特別なパワーが宿っていると考えていることに変わりはないのである。

◎クカニロコのバース・ストーン
　クカニロコはオアフ島の遺跡の中でもとくに重要なものの一つである。
　これはワヒアワ郊外の高地に残された数十個の岩の遺跡で、11世紀から18世紀までのおよそ700年間、オアフ島の王族たちが出産に利用した聖なる場所である。
　聖なる岩は赤土の平原に群がるように突き出しており、大きなものは長さ2mくらいある。
　これらの岩が王族の出産に利用されたのは、もちろんそれが特別に強力なマナを宿しており、ここで産まれた子供は神によって祝福され、岩場から発するマナを授けられると信じられていたからだった。
　クカニロコで子供を産む母親は岩に宿ったマナの力で、少しの苦痛もなく、安産できるとも信じられていた。
　しかし、ここで行われる王族の出産には細々としたしきたりがあった。
　クカニロコで出産する王族の母親は、出産までの間、ヒーリング専門のカフナの

指示で厳格なダイエットやエクササイズに取り組み、たくさんの種類のハワイの薬草から作られた薬を飲む必要があった。

　出産が近づくと、母親は立派な織物のマットに乗せられバース・ストーンまで運ばれた。そして、母親は岩に接触しないようカフナたちに支えられた状態で出産した。また、このときには36人の酋長たちがオアフ島各地から集まり、出産の証人として立ち会ったという。

　無事出産が終わると、カフナたちは取り上げた子供と母親を、近くの寺院ホオロノパフ・ヘイアウに移し、竹を使ってへその緒を切る儀式が行われた。

　これによって出産の儀式は終了し、"パフ"と呼ばれる二つの太鼓が打ち鳴らされ、人々に王族誕生を知らせたのである。

　クカニロコはこのように聖なる場所なので、その時代には一般人が入り込むことは固く禁止されていた。当時はこの場所は幾重もの柵で囲まれており、禁止を破って入り込んだものはすぐにも処刑されたほどなのだ。

☾★ ヒーラー養成寺院ケアイヴァ・ヘイアウ

　ハワイ語の「ヘイアウ」には寺院・祭祀場という意味がある。寺院や祭祀場は聖

なる場所なのだから強力なマナが宿っているのは当然で、ハワイ各地にある「○○・ヘイアウ」と名のついた遺跡はすべてパワー・スポットといってよい。

オアフ島・アイエアの丘の木々に覆われた場所にあるケアイヴァ・ヘイアウもそのような遺跡の一つだが、ここはとくにヒーリングと関係の深いヘイアウとして有名である。

古代ハワイにはマナを自由に操って超自然的なパワーを発揮するカフナという階級があったが、カフナたちはみな同じというのではなく、それぞれが専門分野を持っていた。その中で、ヒーリングというか医療を専門とする人々をカフナ・ラパアウと呼んだ。

このカフナ・ラパアウを育成する養成所・修行場だったと考えられているのがケアイヴァ・ヘイアウなのである。

ハワイのカフナは魔術を使うこともできたが、たんなるあやしい魔術師ではなかった。カフナたちはみなそれぞれの専門分野に秀でた技術を持っていた。ヒーラーであるカフナ・ラパアウの場合、多種類の薬草を使いこなす技術があり、食事療法や呼吸法、マッサージなどにも通じていた。もちろん、すべての中心にある超自然的なエネルギーであるマナを使いこなす技術も必要だった。

ケアイヴァ・ヘイアウでは、カフナの卵たちが実際にたくさんの薬草を育てながら、こうしたヒーリングの技術を学んでいたのだ。と同時に、師匠であるカフナたちによって、病人の治療も行われていただろうと考えられている。

ただ、現在この場所にはかつてカフナの卵たちが修行場として、また住居として使ったとされるかやぶきの小屋などはまったく残っていない。19世紀初頭にハワイの王族たちがキリスト教に改宗した際、すべて破壊されてしまったからだ。

だが、1950年ころに遺跡が発見され、とりわけヒーリングに関係の深い聖地として注目されることになったのである。

☪★ ハワイの"駆け込み寺"プウホヌア・オ・ホナウナウ

古代ハワイには"カプ"と呼ばれる数多くの宗教的な戒律があった。これは決して犯してはいけないタブー（禁止事項）のことで、これに違反するとほぼ確実に死刑になるという厳しいものだった。

とはいえ、古代ハワイには厳しいカプがあったと同時に、そこに行けば絶対に救われるという場所もあった。"プウホヌア"と呼ばれる聖域がそうである。

プウホヌアはハワイ語で"逃れの地"という意味で、日本でいうところの"駆け込み寺"のような場所といっていい。とにかく、たとえどんな罪を犯した犯罪者であっても、プウホヌアに逃げ込みさえすれば、もはや追手も入り込むことができず、身

の安全を確保できたのである。
　それだけでなく、プウホヌアに宿るマナは犯罪者の罪と魂の汚れを清める力も持っていた。
　ただ、いくら清められたといっても、プウホヌアの外に出るのは危険だった。古代ハワイでは復讐が認められていたので、人殺しのような罪を犯した者は、プウホヌアの外ではいつ殺されるかわからなかった。それでは罪を許されたことにならないではないかと思われるかもしれないが、古代のハワイ人にとっては、神の許しを得られず、汚れた魂のまま生き続ける方が苦痛だったのである。それに、少なくともプウホヌアにいる限りは安全なのだから、罪を犯したものにとってこれほどありがたい聖地はなかったといっていいだろう。
　プウホヌアの内部では争いごとは一切禁止されていたので、戦争からの逃亡兵や、避難してきた老人、子供、女性などもここにいれば安心だったという。
　このようにあらゆる罪が許されるプウホヌアはハワイ各地に何ヶ所かあったが、中でも最も代表的なのがハワイ島にあるプウホヌア・オ・ホナウナウである。
　プウホヌア・オ・ホナウナウはハワイに残る遺跡の中でも最重要なものといってよく、現在は国立公園に指定されている。そして、新たに再建された、伝統的な家や建物、寺院などを見ることができる。

☾★ 火の女神ペレとキラウエア火山

　現在も噴火が続いているハワイ島のキラウエア火山は、にもかかわらず赤く燃える溶岩を間近から見ることのできる火山として観光客に人気のスポットである。
　場所によっては大地に触れて火山の熱を手で感じられるところもあり、文字通り、地球エネルギーを直接感じられるパワー・スポットとなっている。
　ただし、このパワーは取り扱いに注意が必要なパワーである。
　というのは、このパワーの特徴は創造と同時に破滅をもたらすというところにあるからだ。いいかえれば、劇的な変化をもたらすのである。
　そもそも、ハワイ諸島はいまから数百万年前に火山の噴火によって溶岩が堆積したことで誕生した。つまり、火山はハワイの生みの親なのであり、まさに創造を象徴するものといっていい。
　だが、やはり火山は火山である。しかも、キラウエア火山はここ200年の間に100回も噴火し、現在も噴火中という、世界で最も活動的といわれる火山である。ハワイの生みの親であるかもしれないが、恐るべき破壊をもたらしてきたことも確かなのだ。

そんなわけで、ハワイ人たちは現在でもこの火山との付き合い方に十分な注意を払っている。
　その注意は、キラウエア火山に住むといわれる火の女神ペレに対する崇拝にはっきりと現われている。
　女神ペレは非常に美しく、恋多き女といわれ、現在のハワイで最も人気の高い神だが、それと同時に最も恐ろしい神だとされている。
　女神ペレは現在はキラウエア火山のハレマウマウ火口に住むとされているが、もともとはタヒチに住んでいたという。伝説では、11世紀ころに、家族とともにこの地に渡ってきたという。
　その後、彼女は家族とともに平和に暮らしていたが、あるとき夢の中でカウアイ島に旅をし、その島の酋長ロヒアウに恋をした。ペレは妹のヒイアカに頼み、日数を限ってロヒアウを連れてくるように命じた。ところが、他の神々の妨害にあい、ヒイアカは期限までに戻ることができなかった。すると、ペレはヒイアカとロヒアウが愛し合っていると疑い、やがて2人がやってきたとき、燃える溶岩を投げつけて2人とも焼き殺してしまったのである。
　つまり、ペレは美しい女性だが、猜疑心が強く、腹を立てると火山を噴火させて愛する者でさえ殺してしまう恐ろしい女神なのだ。

そこで、ハワイの人々はペレの好きな、オヘロ・ベリーの赤い実を供え、祈りを捧げる習慣があったという。また、火口に石を投げるような不謹慎なことは絶対にしなかったのである。
　最近では、キラウエア火山の石を持ち帰るとペレの祟りで不幸になるともいわれているが、もちろんかつてのハワイ人もそんなことはしなかっただろう。
　こんなわけで、キラウエア火山はハワイのパワー・スポットの中でもとくに行動に注意しなければならない場所として強調されることが多い。
　だが、こうした注意はもちろん、ハワイのパワー・スポットすべてで払われなければならないものであるはずだ。
　ハワイの超自然的パワーであるマナは、ときに神々の精神といわれるような神聖なものである。そのマナを得ようとするなら、ハワイの伝統に対して十分な敬意を払うのはまったく当然のことなのに違いないからだ。

ハワイのパワー・スポット

カウアイ島
オアフ島
モロカイ島
マウイ島
ワヒアワのヒーリング・ストーン
バース・ストーン
ケアイヴァ・ヘイアウ
プウホヌア・オ・ホナウナウ
キラウェア火山
●ホノルル
カヴェヘヴェヘ
カフナ・ストーン
ハワイ島

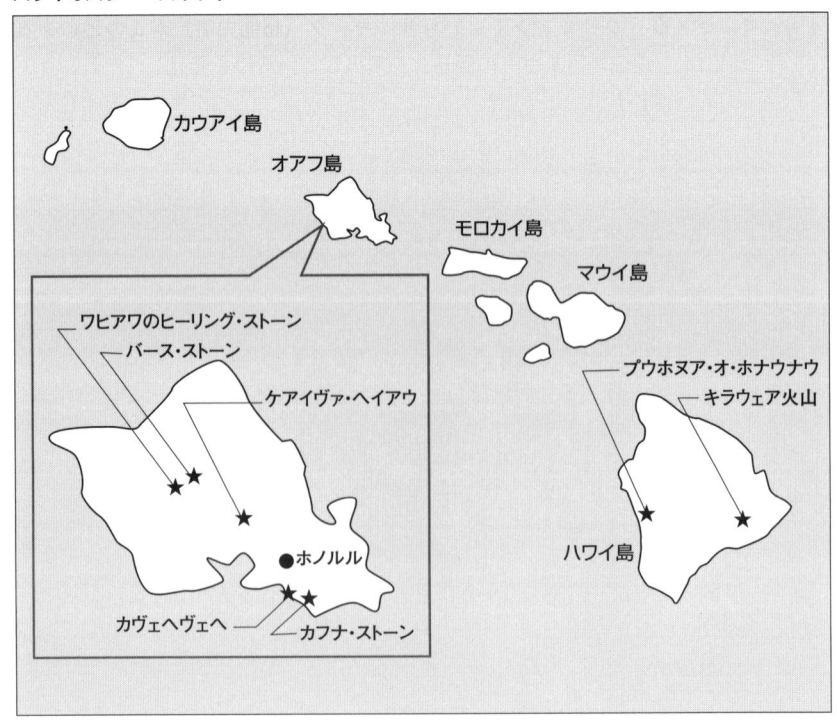

聖なるセドナのヴォルテックス

☪★ ニューエイジ時代最大のパワー・スポット

　セドナはアメリカ合衆国アリゾナ州の州都フェニックス市から車で約2時間ほど北上したところにある、人口1万人ほどの小さな町である。
　アリゾナ州内ではグランドキャニオンと肩を並べるほどの観光地であり、1年間に400万人もの観光客を集める町でもある。
　ユタの一部やアリゾナ州はしばしばレッドロックカントリーと呼ばれる。そのあたり一帯は、数千年前に海底だったのが地殻変動によって押し上げられた場所であり、あちこちに赤い地肌をむき出しにした岩山が数多く見られるからだ。とくにセドナの周辺には様々な形の岩山があり、まるでこの世ではないような景観を呈している。セドナが魅力的な観光地になっているゆえんである。
　このセドナがパワー・スポットとして有名になったのはそれほど古い話ではない。
　1980年。ペイジ・ブライアントというサイキック（超能力者）がこの地にある数ヶ所の岩山から地球エネルギーの渦巻きが噴出しているのを発見し、それにヴォルテックスという名をつけた。それから、この町はニューエイジ系の求道者たちの注目を集め、世界的に有名なパワー・スポットとして認められるようになったのである。
　いまではセドナの町にはニューエイジ的な様々なショップが点在し、さらに同様の協会やセミナーも数多く組織されている。また、最近ではセドナにやって来る観光客のかなりの部分が、セドナから発する特別なパワーによる自己発見や、霊的なヒーリングを目的としてこの地にやって来るという調査結果も出ているという。セドナはしばしばニューエイジ時代のメッカ、アメリカ最大のパワー・スポットなどといわれるが、まったくそれにふさわしい町といっていいのだ。

☪★ ネイティブ・インディアンの聖地だったセドナ

　ところで、ニューエイジ時代のメッカという言い方をすると、セドナにあるパワーそのものがまったく新しいもののようにも思えるが、決してそうではない。
　実は、セドナのあたりはもともとはネイティブ・インディアンの土地であり、そのころから聖地として崇拝されていたといわれているのだ。
　たとえば、1875年までこの地に居住していたヤババイ族には、すべてのインディ

アンの祖となったとされるカマラプクウィアという女性に関する次のような神話があった。

ずっと昔、ヤババイ族の祖先たちは冥界から生えてきた最初のトウモロコシに乗って地上に出現した。彼らは地上に現れると大きな洞穴を見つけて住処とし、決して外には出ずに生活した。この住処というのが、アリゾナ州にある、700年前の先住民洞穴式住居跡として有名なモンテズマ・ウェルだったという。

そんなあるとき大空を雷雲が覆い、大雨が降り注いだ。そして、間もなく人々が暮らしていた洞穴は洪水に襲われ、逃げる方法はどこにもなかった。だが、まだ少女だったカマラプクウィアだけは別だった。彼女の両親は彼女を呼ぶと、中が空洞になった丸太に1羽のハトと一緒に彼女を入れ、多少の食料も持たせ、穴の入り口をピッチで閉じて洪水の流れに浮かべたのである。

こうして、彼女はすべての仲間が死んだ後にも生き延びることになった。やがて丸太はとある高地に流れ着き、陸地にぶつかって、穴の入り口を塞いでいたふたが取れた。そして彼女は太陽と結婚し、すべてのインディアンの祖になったのだが、このとき彼女が流れ着いたのが、現在のセドナにあるボイントン・キャニオンという谷だったといわれているのだ。

このため、ボイントン・キャニオンは聖なるセドナの中でも最も神聖な場所とされ、現在でも毎年春にネイティブ・インディアンたちの儀式が執り行われるのである。

しかも、カマラプクウィアはすべてのインディアンの祖というだけではない。カマラプクウィアは超自然的な力を持った一種の医療の女神でもあって、彼女の信者やメディスン・マン（インディアンの呪医）はこの地で彼女の幻覚を見て、様々な指示や励ましを受けたりするのだという。

どうだろうか。こうした神話を知れば、セドナにあるパワーは決して新しいものではないし、ニューエイジャーたちによって新発見されたものでもないということがわかるはずだ。セドナにはもともと強いパワーが存在したが、インディアンたちが去った後にやってきた白人たちは、最初はそのパワーに気づかなかった。それを、1980年代になってから、ニューエイジャーたちが再発見した、というべきなのかもしれない。

☪★ スピリチュアルな部分に働くセドナのパワー

それでは、ネイティブ・インディアンの聖地セドナが発する地球エネルギーのパワーとはいったいどのようなものなのだろうか。

ニューエイジャーたちや実際にそのパワーを体験した人々の報告によると、セドナにはレイライン（P.129参照）のような地球のエネルギー網が数多く集まっており、とくに人々の内面に秘められたスピリチュアルなパワーを増幅させる力があるのだという。その結果として、人々の潜在能力は開花させられ、真の自己発見を促される。また、空虚だった心が幸福感や満足感に満たされるのである。

このようなスピリチュアルな変化は肉体面にも変化を及ぼすようだ。というのは、セドナにやってきた旅行者やこの地に住むようになった人々は、内面のパワーが増幅することで、集中力が高まり、睡眠時間、食料、飲料などの必要量が驚くほど少なくてすむというのだ。

だが、セドナのパワーは相当に強力なので、この地を訪れるにはある注意が必要だといわれている。つまり、セドナでは人々の内面的な部分が増幅されるが、この増幅はその人が持っているよい部分にも悪い部分にも同様に起こる可能性がある。そこで、セドナにやってきたばかりの段階で悪い部分ばかりが強調され、次々と悪いことが起こり、すぐにもセドナにいることに耐えられなくなってしまう人たちもいるのだという。もちろん、辛抱強く待つことで、悪い部分は浄化されてしまうの

だが、そうなるまで待つのは大変なことだ。そんなわけで、セドナにきたものの1、2週間で立ち去ってしまい、二度とこの町にやってこないという人もいるのである。

セドナのパワーが引き起こす影響は、すべての人に一様というのではなく、それぞれの人の内面的な部分によってかなり異なるといっていいのかもしれない。

としても、セドナが相当に強烈なパワー・スポットだということは確からしく思える。実際、スピリチュアルな意味で敏感な人々はセドナにあるいくつものパワー・スポットで、そのパワーの存在を色鮮やかなオーラとしてはっきりと見ることができたと報告している。また、ヒーリングとは関係ないが、パワー・スポットに特徴的なUFOの目撃談もセドナにはけっこう多いのである。

☪★ 陰陽の性質を持つヴォルテックスのパワー

セドナのパワーについては、サイキックやヴォルテックス研究家と呼ばれるような人たちはさらに詳しい解説をしている。

1980年にサイキックのペイジ・ブライアントがそう名づけて以来、セドナではパワー・スポットはヴォルテックスという言葉で呼ばれている。〈ヴォルテックス〉という言葉はもともとは〈渦巻き〉という意味で、セドナのパワー・スポットでは地球エネルギーが渦巻き状に発しているからだという。

このヴォルテックスがセドナ周辺には複数あるというのが通説である。

ヴォルテックスの数については諸説あり、セドナ全体が一つの巨大なヴォルテックスだというものもあれば、セドナ周辺には全部で二十数個のヴォルテックスがあるというものもある。

とはいえ、ヴォルテックスの専門家だけでなく、地元の人々にまで最も一般的に認められているのは、セドナ近辺には四つの大きなヴォルテックスがあるという考えだ。

このようにセドナには複数のヴォルテックスがあるとしたうえで、研究者たちの多くはそのパワーの性質はそれぞれ異なっているとみなしている。最も一般的な考えに従えば、セドナから発しているヴォルテックスには「電気的」、「磁気的」、「電磁気的」なものがあるといわれている。といっても、セドナから発しているパワーがそのような性質を持っていると科学的に実証されているわけではないので、ニューエイジャーに独特の用語法というべきかもしれない。そして、「電気的」エネルギーは男性的なもので、陰陽の陽にあたるとされている。「磁気的」エネルギーは女性的で、陰であり、「電磁気的」エネルギーはそれぞれのエネルギーがミックスされたものである。

エネルギーの性質によってそこから得られる効果も違ってくるという。

男性的とされる「電気的」エネルギーを発するヴォルテックスでは、人はその内面の男性的な部分が増幅され、女性的とされる「磁気的」エネルギーのそれでは人の内面の女性的な部分が増幅されるということだ。

具体的には、男性的というのは、困難に立ち向かう意志力・精神力・決断力とか、自分自身の人生を引き受ける責任感などのことで、女性的というのは他人を許したり受け入れたりする許容力・受容力、また感覚的・感性的な判断力や霊的能力などのこととされている。したがって、仕事に対する自信を喪失しているような人の場合には男性的なヴォルテックス、人を許せずに苦しんでいるような場合には女性的なヴォルテックスを訪ねればよいということになる。

3番目の「電磁気的」エネルギー、つまり男性的エネルギーと女性的エネルギーがミックスされたヴォルテックスはどうかというと、これには人の内面の陰陽のバランスを整える働きがあるという。たとえば、その内面において男性的部分が強く、女性的部分が弱い場合、正義を行使するためなら他人を傷つけてもまったく気にならないというようなことになりかねない。その逆の場合なら、他人を傷つけるのを恐れるあまり正義を行使できないということになる。「電磁気的」エネルギーにはこのようなアンバランスを調整する働きがあるということだ。そして、その結果として大いなる意識の広がりが感じられるようになるという。そのせいかどうか、この種のヴォルテックスでは自分の前世や、それよりもさらに古い過去世を思い出すことさえよくあるといわれている。

☪★ セドナの四大ヴォルテックス

セドナに複数存在するヴォルテックスがそれぞれ異なる性質を持っているとなると、具体的にそれはセドナのどこにあるのかというのが気になるところだ。

ここで、セドナを代表する四つのヴォルテックスがあるポイントを紹介しておこう。

その一つベル・ロックはその名のとおり、ベル（教会の鐘）に似た形をした赤色の岩山で、セドナで最も強力なヴォルテックスを発する場所だといわれている。ヤバパイ族の伝説では鷲の怪物の住処とされており、鷲のような明晰さを与えてくれる場所と信じられていたという。そのヴォルテックスは電気的・男性的エネルギーを有しており、勇気や決断力を与えてくれるといわれている。

エアポート・メサもベル・ロック同様に男性的エネルギーを有するヴォルテックスを発する場所として知られている。メサというのは、周囲が崖場になった台地のことだが、ここはセドナの町からも近く、アクセスが楽なのでけっこう気軽に訪れ

る人々が多いのである。
　まるで天を突き刺すように建築された教会のようだというのでこの名で呼ばれるようになったカセドラル・ロックは、女性的エネルギーを持つヴォルテックスを発する場所として有名である。セドナで最も壮麗な岩山といわれるだけに頂上まで上るのは大変だが、霊性を高めるような瞑想を行うにはうってつけの場所といわれている。
　ヤバパイ族の人々から最も神聖とされていたボイントン・キャニオンも四大ヴォルテックスの一つで、ここからは陰陽のミックスした電磁気的エネルギーが発しているといわれている。インディアンにとって現在でも神聖な場所だけに、セドナで最も神秘的な体験ができる場所といわれている。ここは一種のトワイライトゾーン、つまり昼と夜の中間地帯で、この世とあの世の境の場所だと考える人々も多い。このキャニオンは40km四方に及ぶ広大な場所だが、その入り口近くにカチーナ・ウーマンという岩があり、ここから発するヴォルテックスだけでも十分な効果があるといわれている。

四大ヴォルテックス

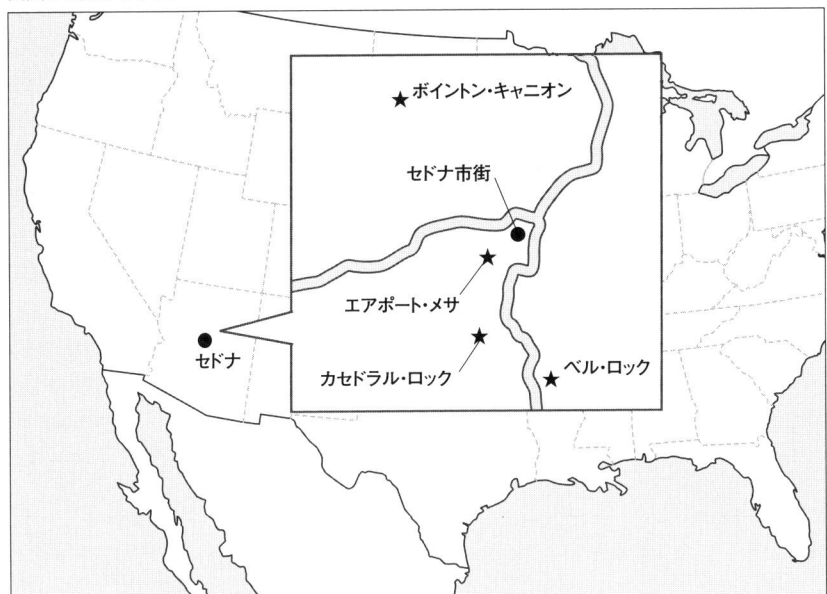

★ ボイントン・キャニオン
セドナ市街
★ エアポート・メサ
★ カセドラル・ロック
★ ベル・ロック
● セドナ

121

いまもシャーマンの伝統が息づくペルーの聖地

☾★ 巨大地上絵カンデラブラの真実のパワー

　A．ビジョルドとS．クリップナーの手になる『シャーマニック・ヒーラー　魂の癒し手』という本の中に、ペルーのいくつかのパワー・スポットに関する興味深い記述がある。

　まず、一例をあげることにしよう。

　ペルーの首都リマから南へ200kmほど、パラカス半島の山の背にカンデラブラ（スペイン語で燭台の意味）と名づけられた巨大な地上絵が海に向かって描かれている。ナスカの地上絵に似たもので、縦が最長193m、幅が最大で70m、線の深さが1m、線の幅が4mもあるという代物だ。

　その名のとおりロウソク立にも見えるが、見ようによってはカバラ魔術の生命の樹のようでもあるし、サボテンだという意見もある。とにかく、いつ誰の手によって、何のために描かれたのかもわからないような、起源不詳の古代の遺産である。

　このような神秘的な古代遺跡が現代人の目に特別なパワー・スポットとして映るのは当然で、このカンデラブラもペルーのパワー・スポットを紹介する様々な情報の中に含まれていることが多い。

　とはいえ、ただパワー・スポットだといわれても、われわれ現代人にはそれがどのようなパワーなのか、その地上絵を見ただけでは到底判断できるものではない。実際にその絵を見れば、感動とともに、ある意味で神秘的なパワーが実感されるのだろうが、多少なりともそのパワーについてのヒントがほしいと思ってしまうのだ。

　ビジョルドとクリップナーの本はこの種の疑問に、非常に納得しやすい答えを与えてくれるのである。

　それによれば、カンデラブラの地上絵は、地域のシャーマンたちにとって、

カンデラブラの地上絵

シャーマンの知識を発見していくための地図を意味していたのである。また、その場所は宇宙のエネルギーを取り込んだり放射したりする一つの力の中枢だと認められていた。そんなわけで、シャーマンの弟子たちは、過去何世紀にもわたって、この地を訪れては超常的なヴィジョンを求めて祈りを捧げてきたのだという。

なるほど、こういわれれば、われわれもまたカンデラブラのパワーについて一層具体的にイメージすることができる。カンデラブラがなぜパワー・スポットとして注目されているのかもよくわかる。

☪★ シャーマニズムの伝統が生きる国

このように、『魂の癒し手』にはペルーのいくつかのパワー・スポットについて非常にわかりやすい記述がある。

実は、『魂の癒し手』の一部で、ビジョルドとその仲間たちは、ドン・エドゥアルドというペルーのシャーマンの弟子として、いくつかの聖地をめぐりながらシャーマンのイニシエーション（通過儀礼）の階梯を学んでいるのだ。

その過程で、ペルーの聖地についてのきわめてシャーマン的な解釈が語られているのである。

『魂の癒し手』は決してパワー・スポットを紹介するための本ではないのだが、こうした事情でペルーの聖地について特別な知識を得ることができるのである。

考えてみれば、ペルーは先住民族の血が混じったインディオたちがいまでも大勢暮らしており、古くからのシャーマニズムの伝統が息づいている国である。そのような国の聖地を語るのにシャーマンほどふさわしい存在はないだろう。

ちなみに、シャーマンの仕事の最も重要な部分は治療すなわちヒーリングである。したがって、シャーマンにとって重要なパワー・スポットはそのままヒーリング・スポットといっていい。

そこで、ここではこの『魂の癒し手』を参考にして、ペルーのパワー・スポット＝ヒーリング・スポットについて紹介することにしよう。その数は多くはないが、ペルーの聖地が持つ真実のパワーに近づけるはずだ。

☪★ パワー・アニマルと出会える地ナスカ高原

ナスカの地上絵といえばミステリーに興味を持つ人なら知らぬ者がいないほど有名な古代遺跡だ。

場所はペルー南海岸地方の高原にある細長い盆地。

その岩石質の広大な大地に、幅1〜2m、深さ20〜30cmほどの線で、直線、二等

辺三角形などの巨大な図形のほか、宇宙人、猿、犬、ハチドリ、コンドル、クモなどの巨大な動物の絵が描かれているのである。しかも、その巨大さは尋常でなく、クモの全長は46m、ハチドリは50m、コンドルは135m、サギは285mもあり、大きなものになると地上からはその全体像がまったく想像できないほどなのだ。

そもそもナスカの地上絵は、インカの遺跡を調査する目的で飛行機でやってきた研究家によって、1939年に偶然にも発見された。つまり、地上に描かれた図形が巨大すぎるために、空を飛ぶ飛行機なしにはその存在を確認できなかったのである。
これらの図形は、紀元前2世紀～後8世紀ころにこの地に栄えたナスカ文化の時代に描かれたとされているが、いまだにその意味するところは未解明である。
いったい、ナスカ文化の人々は何のために、どのようにしてこのような巨大図形を描いたのか？
このように神秘的な謎に満ちた場所なので、そこが古くから特別な聖地であり、巨大なパワーを生み出す土地だったであろうことは、誰にでも想像できる。
だが、より具体的にはそれはどのようなパワーなのだろう。

シャーマンの考えによれば、この地は彼らにとってパワー・アニマルの地とされているのだという。
ペルーを含む南北アメリカ先住民の信仰によれば、人間にはその一人一人に自分を導き、力を与えてくれる動物、つまりパワー・アニマルがいるとされている。
パワー・アニマルはアメリカ先住民たちが信じる偉大なる霊（グレート・スピリット）から贈られたもので、夢や瞑想などによって得られる様々なヴィジョンの中に現れて、人生を導いてくれるといわれている。
つまり、ナスカに来ることで、人は自分のパワー・アニマルと出会い、そこから特別なパワー・を引き出せるということだ。
パワー・アニマルにたくさんの種類があるのは、もちろんそのそれぞれに特長的な意味があるからである。たとえば、ペリカンは愛情、ハチドリは耐久力、アメリカライオンは俊敏さ、クモは忍耐力、鷲は卓見という具合だ。そして、人はパワー・アニマルを持つことでそのパワーを自分のものとして会得することができるのである。
ナスカの地上絵は巨大すぎて地上にいたのではその全体像が捉えられないが、それはシャーマンが行う「魂の飛翔」という儀式によって、最もよく見えるように描かれているからだという。「魂の飛翔」とはシャーマンの魂が体外離脱し、大空を滑空して旅することで、そのような状況において初めてナスカの図形の本当の意味が味わえるというのである。

☾★ 過去の履歴を消してくれる「針と糸」の図形

　ナスカの図形としては、動物を描いたものが有名だが、そうではないただの幾何学図形に見えるものにも特別なパワーが秘められているらしい。

　中でもヒーリングと深い関係のあるものに「針と糸」と呼ばれる図形があると、『魂の癒し手』には書かれている。

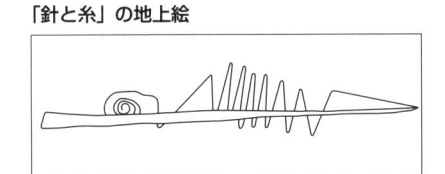

「針と糸」の地上絵

「針と糸」は両側を山に囲まれた細長い谷間に描かれた図形で、「針」の方は全長約800m、底辺の幅約18mという非常に細長い三角形らしき図形である。「糸」はその三角形の下の方でぐるぐると渦巻き、さらに渦巻きの外側から今度はジグザグに「針」の上の方へと走っていく線になっている。

　いかにも不可思議な幾何学模様だが、これだけでは何がヒーリングに役立つのかわからないに違いない。

　シャーマンの考えによれば、この場所は「過去の履歴を消す」のに大いに役立つのだという。これは、人の成長を妨げ、重荷を負わせるような過去の体験を捨て去るということである。

　とくに重要なのは「糸」の部分にある渦巻きである。なぜなら、人はこの場所で過去の体験を呼び出し、その傷跡を癒し、さらにその履歴そのものを渦巻きの中に捨て去ることができるからだ。

　したがって、「針と糸」の図形は、人が新しい自分に生まれ変わるためのパワーを与えてくれるものだったのである。

☾★ 霊力の最も強力な集積地マチュ・ピチュ

　『魂の癒し手』にはナスカのほかにもペルーのいくつかの聖地が紹介されている。その中で、ナスカに優るとも劣らない重要なパワー・スポットとされている場所に、有名なマチュ・ピチュ遺跡がある。

　マチュ・ピチュはインカの遺跡で、その名前は現地語で「老いた峰」を意味している。いくつもの山々がそびえる、ペルーのウルバンバ渓谷山間部の標高2057mの頂上にある。面積は5平方kmほどで、山裾からは見えないその立地条件から、「空中都市」という別名もある。

　インカ人は高度の文明を持ち、15世紀ころにアンデス一帯の広大な領土を支配して大帝国を打ち立てたが、16世紀にスペイン人の侵略にあって滅びた。このとき、

スペイン人たちはインカの都市を手当たり次第に破壊し、マチュ・ピチュの住人たちもその土地を捨て、さらに奥地へと逃げ去ったといわれている。
　ところが、さしものスペイン人たちもまさかそんな山の頂に都市があろうとは考えず、マチュ・ピチュは破壊をまぬかれた。そして、マチュ・ピチュはその後400年間も誰の目にも触れず、当時の面影を残したままの石の廃墟となった。
　1911年、エール大学の歴史家ハイラム・ビンガムがインカの古い道を探検中、偶然にも山頂にあるこの遺跡を発見し、ふたたび注目されることになったのである。

　マチュ・ピチュがどのような性格の都市であったかについてはいろいろな説がある。発見当初は、太陽を崇める神官が統治する都市で、太陽の処女たちがここで生贄にされたともいわれた。歴代皇帝のミイラ置き場だという説もあった。最近では王侯たちの別荘のような場所だったろうとも考えられている。
　いずれにしても、「空中都市」という別名にふさわしい、その息を呑むような圧倒的で神秘的な景観はすばらしく、いまや世界でも指折りのパワー・スポットとして注目されている。
　しかし、現地のシャーマンにとっては、マチュ・ピチュはただのパワー・スポット以上のものであるようだ。それは数多いパワー・スポットの中でも特別に強力なパワーの集積地とみなされているのである。
　そのため、マチュ・ピチュにおいてシャーマンのイニシエーションの儀式などを行う場合、他のパワー・スポット以上に注意する必要があるという。マチュ・ピチュに入る以前に参加者は儀礼的な死を経験していなければならず、また入る際には遺跡の守護霊から許しを得なければならない、というように、様々な決まりを守らなければならないのである。

☾★ 太陽をつなぎとめたインティ・ワタナ

　それ自体が特別強力なパワー・スポットであるマチュ・ピチュ遺跡は、その内部にいくつもの小さなパワー・スポットを持っていると見られている。
　しかし、それぞれの遺跡についてただパワーがあるといっても仕方がない。ここでも『魂の癒し手』を参考に興味深い事例だけを紹介しよう。
　その一つは、墓地の近くにある、西方向を目指すカヌーの形をした石の台である。この石の台は生贄を載せるためのものだったとも、埋葬前の遺体を載せるものだったともいわれる。そして、おそらくそのせいだろうが、この石の上に横たわった人の霊は西に導かれて死と対面することが可能になるのだという。もちろん死ぬということではない。これは死して後に蘇ること、つまり生まれ変わるということなの

★ 127 ★

である。

　現在、マチュ・ピチュにおいて最も人気の高いインティ・ワタナという石にも特別なパワーがあるという。インティ・ワタナは「太陽をつなぐもの」という意味で、一般には日時計だったろうと見られている。その名のとおり、冬至の日に神官たちが太陽が消えてしまわないように石に縛り付ける儀式を行ったといわれている。

　これだけでも、インティ・ワタナには何か特別なパワーがありそうだが、シャーマンのいうところはさらに具体的である。それによれば、かつてインティ・ワタナには異次元の時空に住むシャーマンたちと交信するための水晶が置いてあった。そして、額をその石に当てることで、インティ・ワタナがその人の霊界のヴィジョンを開くのだという。また、インティ・ワタナによって人は太陽のエネルギーと結びつくことができ、それぞれの男性的側面に目覚めることができるという。

　マチュ・ピチュ遺跡の奥（北）にあるパチャママ石のパワーは、シャーマンでなくても理解しやすいものといっていいだろう。パチャママは広大なアンデス一帯で信じられている大地母神、つまり豊穣の女神である。

　そんなわけで、この場所のパワーによって人は女性的側面に目覚め、母なる地球と結びつき、多産や心の豊かさを得られるというのである。

ペルーのパワー・スポット

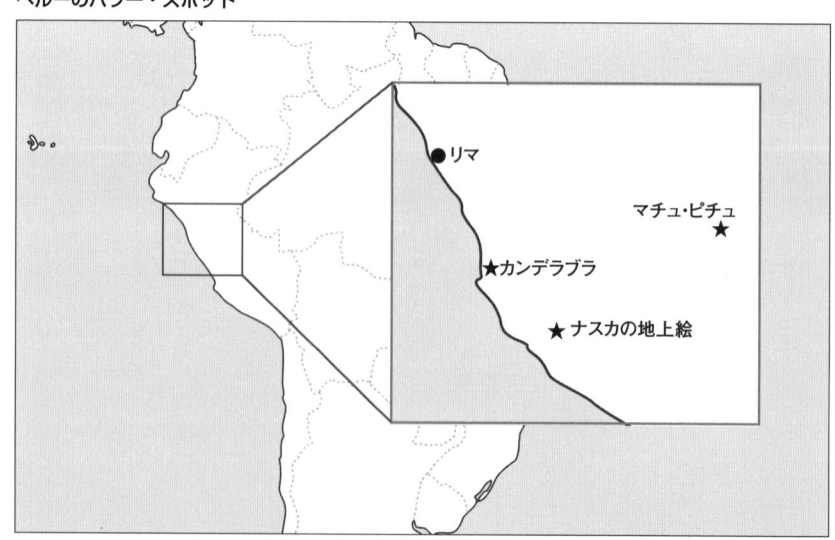

●リマ
★マチュ・ピチュ
★カンデラブラ
★ナスカの地上絵

謎の直線
聖マイケル・レイライン

☪★ イギリスを横断して走る聖マイケル・レイライン

　ニューエイジャーやレイライン研究家の考えによれば、地球の表面にはレイラインという、長短様々の地球エネルギーの直線路が数多く走っているという。このレイライン上にはとくに地球エネルギーの強い地点、というかエネルギーが地上に噴出しているような場所がある。それが一般にパワー・スポットと呼ばれる場所で、古代人たちは正確にその地点を判断する能力があり、そこに彼らの聖地を築いたというのである。

　このような前提に立っているので、レイラインを見つけるのも決して難しいこととはされていない。地図と定規があれば誰にでも簡単に見つけられるという。地図を開き、ストーンサークルのような古代遺跡や塚、神殿、教会などの聖域がある場所を探し、その中から最低3ヶ所が直線で結ばれるものを探し出せば、その直線がレイラインと考えられるからだ。実際、このような方法でレイラインを探す人々は多く、「レイ・ハンター」と呼ばれている。そして、彼らの研究によって、世界中で長短様々の数え切れないほどのレイラインが発見されている。

　だが、それほど数多いレイラインの中でも最も人気が高く、地球ミステリーの愛好家やヒーリングを求める人々を魅了しているものといえば、聖マイケル・レイラインをおいてほかにない。

　イングランドのコーンウォール半島最西端付近の小さな島に、5世紀末に大天使ミカエル（マイケル）が降臨したと伝えられる岩山がある。それ以降聖地となった聖マイケル・マウントである。

　いま地図上で、この聖マイケル・マウントから東方向に、約30度の角度で右肩上がりの直線を引いてみる。すると、ある驚くべきことに気がつく。ボドミン・ムーアのチーズリング（巨石遺構群）、ブレントーの聖マイケル教会、バロー・マンプ（バローブリッジの聖マイケル教会跡）、グラストンベリー、エイヴベリーの巨大ストーンサークル、バーリー・セント・エドモント、ホプトンの聖マーガレット教会といった数多くの聖地がこの直線状に存在し、直線はついにイギリスを横断してしまうのである。

　全長およそ600kmに及ぶこの長大な地球エネルギーのラインこそ聖マイケル・レイラインである。

☾★ 陰陽のエネルギーが絡まり走る道

　レイラインの中でもとりわけ人気の高い聖マイケル・レイラインなので、研究者たちの調査も進んでおり、様々な興味深い結果が出されている。

　1980年代にハミッシュ・ミラーとポール・ブロードハーストがダウジング調査などを行って得た結果によれば、聖マイケル・レイラインにはもう1本の別のレイラインが絡まるようにして走っているという。そのレイラインとは聖メアリ・レイラインである。その名から想像できるように、聖マイケル・レイラインは男性的、聖メアリ・レイラインは女性的エネルギーのレイラインであり、これら陰陽の2本のエネルギーラインが絡まりあうようにして走っているというのである。

　もちろん、こうしたことはあくまでもニューエイジャーやレイライン研究家の意見だが、この意見を補完するような調査結果もある。それによれば、聖マイケル・マウントからホプトンの聖マーガレット教会を結ぶレイライン上には全部で63の教会があるが、このうち10ヶ所は聖マイケルあるいは聖ジョージを祀るものであり、それよりもはるかに多い23ヶ所が聖メアリを祀っているというのである。つまり、これらのレイラインは聖マイケルと聖メアリのゆかりの地を通っていることになるのだ。これらのレイラインに聖マイケル、聖メアリの名がついているのもこのためだ。

聖マイケル・レイライン

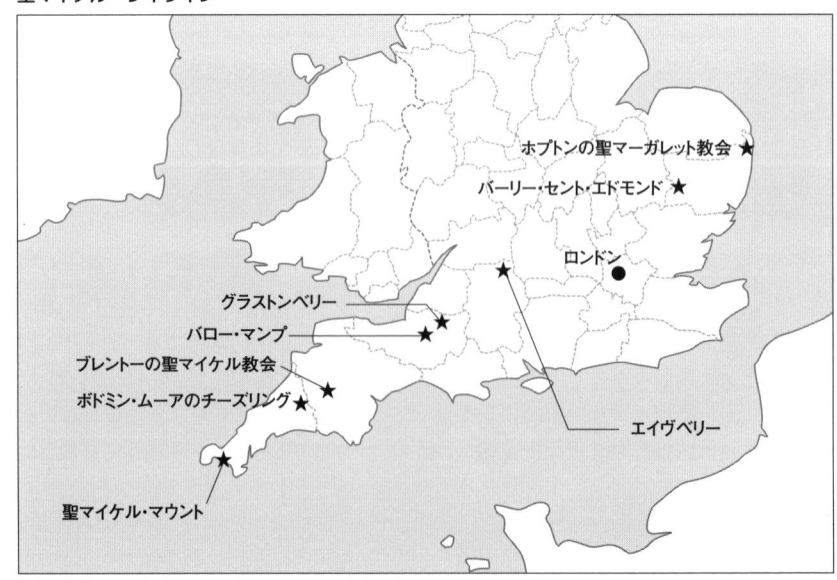

こういう事実があるために、聖マイケル・レイラインはドラゴン退治の聖人の道であり、聖メアリ・レイラインは大地母神の道だともいわれる。

聖マイケルは大天使ミカエルのことだが、このミカエルは数多くのドラゴン退治の伝説を持つことで有名だからだ。

ミカエルは天界で最高の武勇を誇り、大悪魔サタンが謀反を起こしたとき、一騎打ちでサタンを打ち破ったという伝説の持ち主である。このため、ミカエルが各地に現れ、ドラゴン＝サタンを退治したという伝説がいくつも作られたのである。ついでにいえば、聖マイケル・レイライン上の教会で祀られている聖ジョージも聖マーガレットもドラゴン退治の聖人である。

他方、聖メアリはといえば、彼女はいわずと知れたキリストの母、すなわち聖母マリアであり、キリスト教における大地母神といっていい存在なのである。

このように、聖マイケル・レイラインは実に様々な神秘に包まれている。それが、聖マイケル・レイラインを一層魅力的なものにしており、いまではライン上に存在するパワー・スポットを訪れるための巡礼路のようになっているのである。

☪★ 神秘伝説の宝庫グラストンベリー

数多くの魅力的なパワー・スポットが存在しているのも、聖マイケル・レイラインの大きな魅力である。

その一つにグラストンベリーがある。

グラストンベリーは人口1万人以下の小さな町だが、とりわけアーサー王にまつわる神秘伝説の宝庫であり、イギリスで最もスピリッチュアルな町の一つである。パワーストーンや魔法系のショップも多い。

町中にかつては壮大だったに違いないグラストンベリー修道院の廃墟があるが、ここの中央祭壇跡の前にはアーサー王と王妃グィネヴィアのものと伝えられる墓所が残っている。

この墓は1191年に発見されたと伝えられている。その伝説によれば、1189年にヘンリー2世が死ぬ少し前に、グラストンベリー修道院内にアーサー王の墓があるという予言者の言葉があった。

これを伝え聞いた修道院では熱心にアーサー王の墓を探したがなかなか見つからなかった。ヘンリー2世死後の1191年になって教会の南側を掘っていた修道士が地下2mのところに1枚の石板が埋まっているのを発見した。その石板に、「ここにアーサー王が王妃グィネヴィアとともに眠る」と記されていた。

そこでさらに掘り進めるとさらに3m下にアーサー王とグィネヴィア王妃の遺骸が発見されたが、王の骨は非常に大きく、アーサー王が立派な体格の持ち主だった

ことがわかったという。

　その後、1278年にイングランド王エドワード1世が当地に立ち寄った折、アーサー王と王妃の遺骸はあらためて黒大理石の棺に入れられ、中央祭壇前に葬られた。だが、1539年、グラストンベリー修道院が解体されたとき遺骸は失われてしまったのだという。

☪★ グラストンベリー・トールと伝説のアヴァロン島

　グラストンベリーの町を見下ろす、高さ150mの小高い丘グラストンベリー・トールも古くから魔法と神秘に彩られた伝説で人々を魅了する場所だった。

　トールとは先端のとがったピラミッド状の山のことで、そのためかグラストンベリー・トールは人工的に築かれたものだという説がある。

　一方で、このトールは新石器時代にまでさかのぼるもので、太古の時代から特別な儀式に使われ、3世紀にはケルトの聖職者ドルイド僧がこの丘で祭祀を行ったともいわれる。トールには小道が渦巻き状に7周しているが、これは迷路の一部だったろうと見られている。

　民間伝承ではこのトールは冥界への入り口で、ケルトの冥界の王グウィン・アプ・ニズの住む場所だったとされている。

　アーサー王伝説では、王は死の直前に妖精の国であり、リンゴの島とも呼ばれたアヴァロン島に渡ったとされているが、そのアヴァロン島とはグラストンベリー・トールのことだという説もある。

　現在のグラストンベリーは内陸にあるが、いまから1万年以上昔にはこのあたりは海水に囲まれた島だったので、その可能性もあるのだという。『ウェールズ旅行記』を書いた12世紀の著名な司祭ジェラルド・オブ・ウェールズ（1146～1223）もそう考えた1人のようで、古来グラストンベリーは「アヴァロン」と呼ばれていたと記している。

　グラストンベリー・トールはずっと昔にアリマタヤのヨセフがこの地で最初のキリスト教の教会となる粗末な木造建築を建てた場所だともいわれている。アリマタヤのヨセフは新約聖書の中でイエスの処刑に立ち会った敬虔なキリスト教徒で、イエスの体から流れ出した血を杯で受け取ったという伝説がある。この杯こそアーサー王の円卓の騎士たちが追い求めることになる聖杯だが、ヨセフはこの聖杯と共にユダヤの地からグラストンベリー・トールまで旅してきたといわれているのである。

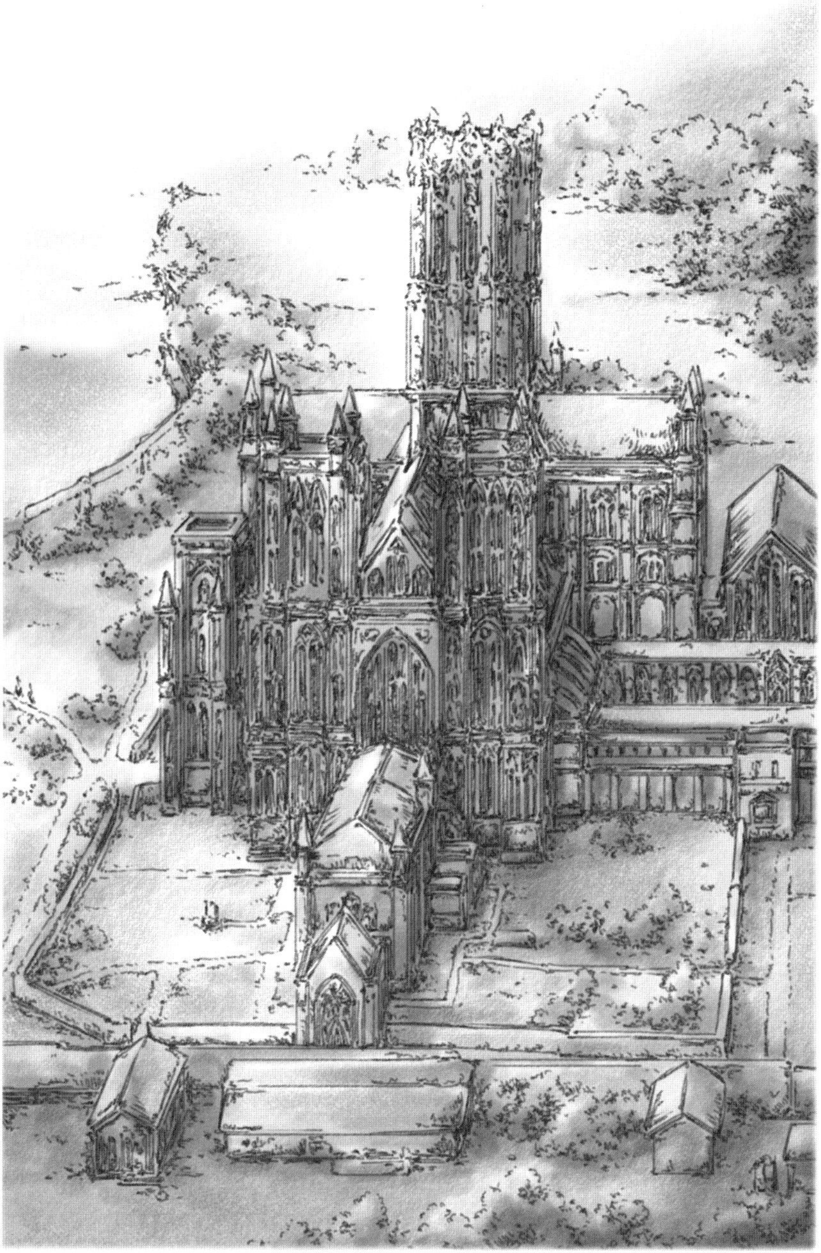

現在のグラストンベリー・トールの上には石造の塔の廃墟があるが、これはかつてここに存在した聖マイケル教会の一部である。1275年の地震で教会が崩壊し、塔だけが残ったのだという。

☪★ 癒しの場だったチャリス・ウェル＝聖杯の泉

グラストンベリー・トールの麓には、ユダヤの地からここまで逃れてきたアリマタヤのヨセフが、その泉の中に持ってきた聖杯を安置したと伝えられているチャリス・ウェル（聖杯の泉）があり、その周囲は現在は公園になっている。

聖杯が安置されたからなのか、この泉は古くからヒーリングの泉としても知られていた。

1750年に有名な出来事が起こった。マシュー・チャンセラーというこの地の男が、毎週日曜日にこの泉の水を飲み続ければ喘息が治るという夢のお告げを受けた。そこで彼がそのとおりにすると、喘息の病は完全に癒されたというのである。

このように、グラストンベリーには神秘的な伝説が満ち満ちている。このため、グラストンベリーはとりわけ強力なパワーを発するスポットとされている。そして、レイ・ハンターたちによれば、それはグラストンベリーを通るレイラインが聖マイケル＝メアリ・レイラインだけでなく、ほかにも数多くのレイラインがこの地で交差しているからなのだという。

☪★ エイヴベリーの巨大ストーンサークール

聖マイケル・レイライン上にある強力なパワー・スポットはもちろんグラストンベリーだけではない。レイライン上をグラストンベリーから東に移動していくとやがてエイヴベリーという町に着く。このエイヴベリーもまた特別に神秘的なパワー・スポットとして人気の高い場所になっている。

イギリスのストーンサークルといえばストーン・ヘンジが有名だが、エイヴベリーには規模の点でそれをはるかに上回る、イギリス最大のストーンサークルがあるのだ。

その直径はおよそ350m、ストーンサークルの中を道路が横切り、パブ、教会、インフォメーションセンターなどまであるという大きさである。ストーンサークルの外側は溝、そのすぐ外側は土手で囲まれており、大地は全体的に短い緑の草に覆われている。

歴史的には、このストーンサークルは紀元前2500年ころ作られ、古代人たちが様々な神事を行ったと見られている。もともとは巨大なストーンサークルのほぼ中

央付近に、直径50mほどの小型のストーンサークルが二つ南北に並んでいたという。

　残念なのは、現在残っているストーンサークルは完全なものではないということだ。中世にはキリスト教徒たちが異教徒の建造物だというので、巨石を倒したり破壊したりしてしまったし、17～18世紀にも新たな建造物を作るために巨石遺構の大規模な破壊が行われてしまったのである。

　とはいえ、18世紀の古物研究者ウィリアム・ストゥークリーはこのストーンサークルの価値に気づつき、保存のために尽力し、かつ興味深い研究をしたことで知られている。

　その研究によればエイヴベリーのストーンサークルはそれだけで孤立したものではなかったという。つまり、巨大なストーンサークルの西側からはベックハンプトン・アヴェニュー、南側からはウェスト・ケネット・アヴェニューという列石に挟まれた小道が、それぞれ2～3kmも続いていた。そして、ウェスト・ケネット・アヴェニューの先にはサンクチュアリーと名づけられた別のストーンサークルがあり、その全体がまるで蛇の姿のようになっていたというのだ。

　ストゥークリーはさらに巨大ストーンサークル内部の二つのサークルについても研究し、南のものを「太陽の神殿」、北のものを「月の神殿」と命名している。

　ここで興味深いのは、この研究の中に早くも蛇＝ドラゴン、太陽＝男性エネルギー、月＝女性エネルギーがすべて出そろっているということだ。断っておくが、この時代にはまだ「レイライン」という発想は存在していなかったのである。やはり、特別な力が働いて、ストゥークリーをそのような結論に導いたのだろうか。

　パワー・スポットではしばしばUFOが目撃されるといわれているが、最近のエイヴベリーは頻繁にクロップサークル（青々とした小麦畑に突如として奇妙な形が作り出される現象）が発見される場所としても有名である。それだけ、神秘と縁の深い場所といっていいのだろう。

☾★ レイライン発見の歴史

　最後にレイラインそのものについてちょっと補足的な解説をしておこう。

　現在では少しでも神秘的なことがらに興味のある人ならば、レイラインが地球エネルギーの通り道であることは常識といっていいが、実はこのような考えが生まれたのはそれほど古いことではない。

　この種の直線の最初の発見者として一般に認められているのは、イングランドの実業家、アルフレッド・ワトキンス（1855～1935）である。

　1921年6月20日のことだ。故郷のヘリフォーシャー州（現ヘリフォード・アンド・ウースター州）にあるブラックウォーダインを旅していた彼は、持っていた地図を

眺めるうちに、古代から伝わる聖地や遺跡を結びつける1本のラインがあることに気がついた。その後研究を続けた彼は、このラインは古代人の交易路だと考え、それに"レイ"という名をつけた。彼が研究対象とした地域に、ウォーブレイ、アーディスレイのように「＊＊レイ」という地名が多かったからである。

　ワトキンスによって発見された"レイ"は、1960年代になってさらに新しいものに生まれ変わった。このころから、"レイ"はUFOの飛行経路と関係づけられ、特別なエネルギーの集積地と考えられるようになったのである。そして、様々な議論や研究の末に、"レイ"はパワー・スポットを結びつける神秘的な地球エネルギーのラインだと考えられるようになったのである。"レイ"がレイラインと呼ばれるようになったのもこのころだった。

　欧米のレイライン研究者たちが、これを地球エネルギーと結びつけたのには、中国に古くから伝わる風水の影響もあるようだ。風水では、宇宙の根源的エネルギーともいうべき「気」は伝説的に西方にあるとされた崑崙山に発し、山脈の尾根に沿うように流れるとされる。そして、その通り道は「竜脈」と呼ばれる。つまり、レイラインは風水における竜脈のようなものといえるのである。また、風水では気に満たされる場所を「竜穴」と呼び、その土地は繁栄すると考えられているが、レイラインにあっては、この「竜穴」にあたるのがパワー・スポットということになるのである。

第5章
伝統医療

ホメオパシー
「西洋の漢方」の不思議な効力

☾★ 似たものが似たものを癒す神秘の力

　ホメオパシーは「似たものが似たものを癒す」という考えに基づいた、西洋起源のヒーリングであり、代替医療の一つである。ホメオは「似たもの」、パシーは「療法」という意味で、「同種療法」「類似療法」と訳されることが多い。
　「似たものが似たものを癒す」というのは、わかりやすくいうと次のようになる。
　健康な人に投与すると、ある病気の症状と類似の症状を引き起こす薬がある。この薬を、実際にその症状を起こす病気にかかっている患者に少しずつ投与することで患者は癒される。
　ただし、このことに科学的根拠はないということは注意しておきたい。
　そもそも、「似たものが似たものを癒す」という考え、あるいは信仰は非常に古くから存在していた。
　たとえば、ギリシア神話に次のような物語がある。
　ヘラクレスの息子テレポスが英雄アキレウスと戦い、その槍で傷ついたときのことだ。傷が治らず苦しんでいるテレポスに「傷を負わせた者だけがその傷を癒す」という神託が下った。そこで、テレポスはわざわざ小アジアのミュシアからギリシアにいるアキレウスを訪ねた。そして、アキレウスの槍についていたサビをその傷につけることで癒されたという。
　ここで語られている「傷を負わせた者だけがその傷を癒す」という信仰こそ、ホメオパシーの原型といっていいものだ。つまり、ホメオパシーはどこか神話的で、ある意味で魔術的でさえあるわけだ。

☾★ ホメオパシーの創始者ハーネマン

　ホメオパシーの原理自体は非常に古くからあるが、ホメオパシーという医療そのものが生まれたのはそれほど古い時代のことではない。
　ホメオパシーは陶磁器で有名なドイツのマイセンで生まれた医師クリスチャン・フリードリヒ・ザムエル・ハーネマン（1755～1843）によって、18世紀の終わり頃に創始された。
　あるとき、イギリスの医師ウィリアム・カレンの著作『医薬品について』を翻訳していたハーネマンは、そこに書かれていたキナ皮についての記述に引っかかった。

キナ皮はもともとマラリアの特効薬として有名だったが、そこにはキナ皮には胃の活動を強化する働きもあると書かれていたのだ。

これに疑問を感じたハーネマンは実際に自分でキナ皮を服用してみることにした。彼は1日に2回、1回に約15gの良質なキナ皮を飲んでみた。

すると、手足の指先が冷たくなり、眠気をもよおし、さらには心臓の鼓動が速く激しくなり、頭痛がし、頬は赤くなり、のどが渇くという、まるでマラリアのような症状が現れ、それが2、3時間続いた。ハーネマンは再度キナ皮を服用してみたが、結果は同じだった。

このことから、ハーネマンはマラリアの治療薬であるキナ皮を健康な人間が服用すると、まるでマラリアと同じような症状を引き起こすことを知った。そして、彼はそこからさらに、「健康な人に投与するとある病気と類似の症状を起こす薬が、その病気の治療薬になる」というホメオパシーの基本的な考えを作り上げたのである。

☪★ ホメオパシーの基本法則「類似物の法則」

「健康な人に投与するとある病気と類似の症状を起こす薬が、その病気の治療薬になる」というハーネマンの発見した法則が、とにかくホメオパシーの第一の法則といってよい。この法則は「類似物の法則」と呼ばれる。

この法則が、本当に成立するのかどうか、ということについては、当初から疑問視する者が多かった。

そこで、ハーネマンやその弟子たちはさらに実験を続けた。そこから得られた結論は次のようなものだった。

ある薬を患者に投与する場合、その薬によって引き起こされる症状が、治すべき病気の症状に近ければ近いほど、治療効果は高いものとなる。また、薬の引き起こす症状が限定されており、その症状がはっきりしていて激しいほど、その薬の効果は大きい。

どうしてそうなるのか？　それは、ハーネマンの病気に対する考え方を知れば、ある程度納得できる。

ハーネマンは、病気によって引き起こされるすべての症候は、それ自体は病気ではなく、病因となる作用に対抗するために身体が動員する防衛反応だと捉えていた。

病因となる作用には、バクテリアやウィルスのようなものもあれば、気候の変化、環境汚染、精神的・情緒的混乱のようなものもある。そして、病因によって引き起こされる症候は、病因にさらされた生物が病因に対抗し、健康を取り戻すための最良の手段なのである。したがって、医師は病因に対する患者の防衛反応を抑えるの

ではなく、それを助け、強化しなければならない。
　こうして、患者の防衛反応（＝症候）を強化するために、その症候を引き起こす薬を投与するという結論が得られるのである。

☾★ 患者にあった単一治療薬の採用

　ホメオパシーを創始したハーネマンは、その後も研究を重ね、現在のホメオパシーでも基本となっているいくつかの法則を確立した。
　ホメオパシーにおいては、もし患者を真に治癒させたいのであれば、その患者に最適なただひとつの薬を見つけなければならない、というのもその法則の一つである。その薬というのは、もちろん、患者の身体に起こっている様々な症候に最も類似した症候を実験で生み出した薬物である。
　このようなただひとつの薬を見つけることが、とてつもなく大変なことであることはいうまでもないだろう。
　このため、優れたホメオパス（ホメオパシーの医師）になるのは相当な努力を要する。そのためには患者の症候がどのようなものか正確に見抜く能力を磨かなければならないし、さらに数多くの薬物の引き起こす症候について熟知しなければならないのである。
　だが、患者に必要なただひとつの薬が発見されさえすれば、ホメオパシーにおける最も重要な段階は終わっているといってもよい。

☾★ 無限に希釈されたレメディーが効果を発揮

　さて、患者に最適な薬が発見されたら、あとはそれを投与することになるが、ここでホメオパシーにはその薬の最小有効量だけを用いるという法則がある。
　そして、この最小有効量を用いるという法則についても、ホメオパシーはかなり神秘的で魔術的な雰囲気を持っている。
　ホメオパシーでは薬の最小有効量を用いるために、その薬を水や酒精（エチルアルコール）で希釈（薄めること）する。希釈された薬、つまり実際に患者に投与される薬のことをレメディーと呼ぶ。
　ホメオパシーがレメディーの原料として用いる薬は、鉱物・動物・植物などでその種類は現在では全部で2000〜3000種あるといわれている。ただ、このうちで、応用範囲が広いことからよく用いられるのは40種ほどだという。
　これらの薬を希釈するときには、10倍または100倍の希釈を行い、瓶の中でそれ

をよく振って混ぜ合わせる。そして、この作業の全体を何度も繰り返す。(最近は機械化されている)。その結果、最終的に使用されるレメディーでは、最初の物質は最低でも1000倍、ときには10の400乗倍も希釈されてしまっているのである。(ホメオパシーでは、100倍希釈を1回行った液体を1cと表す。つまり、1cは100倍希釈、2cは10000倍希釈である。)

ところで、このように物質を希釈した場合、10の24乗倍以上に希釈すると、結果として得られた液体の中に、もとの物質の分子が1分子も含まれない状態になるという一般的な法則がある。つまり、ある物質を水で10の24乗倍以上に薄めると、得られた液体はただの水になってしまうのである。

だが、ホメオパシーでは10の24乗倍以上に薄められた物質もレメディーとして用いられることがある。しかも、薄めれば薄めるほど、レメディーの効果は高まり、人間の精神面にも効果が現れるとみなされているのである。

しかも、患者に投与されるのはこのようにして得られた希釈液のごく少量に過ぎない。現在のホメオパシーでは、希釈して得られた液体を小さな砂糖粒に染み込ませたものがレメディーとして用いられている。

そんなレメディーを用いてどうして病気が治るのか。ハーネマン自身は薬物はたんなる物質ではなく、その本質は内に秘められた霊であり、その霊力は希釈され、混ぜ合わされることで強力化されるからだと考えた。したがって、霊力が薬の本質

レメディーの作り方

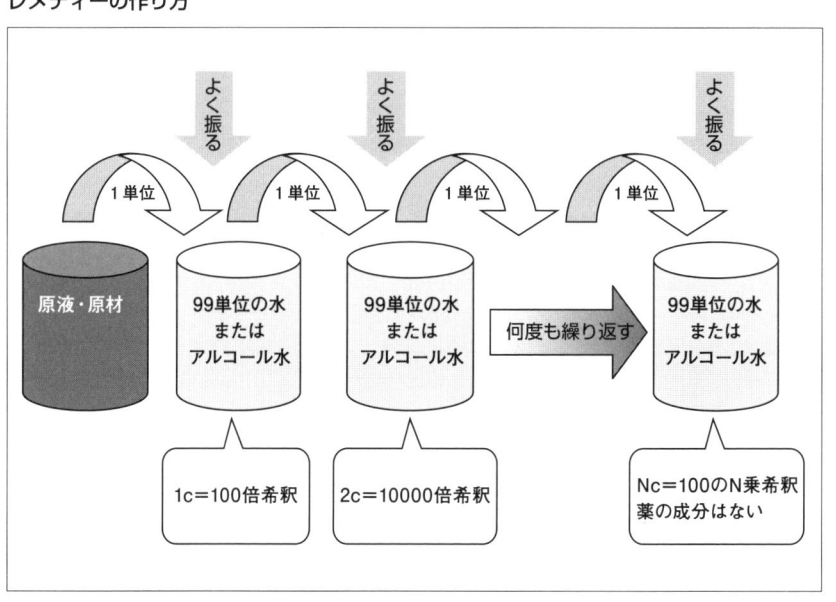

である以上は、レメディーの中にもとの物質が含まれている必要はないというわけだ。

確かに魔術的な説明だが、実は、投与したレメディーが患者の体内でどのように作用しているのか、生理的に説明する必要がないのがホメオパシーの特徴だということもできるだろう。ホメオパシーはあくまでも経験を重視した治療医学なので、治療の効果について自然科学的な裏づけがなくてもかまわないといっていいのである。

☪★ 病名をつけないヒーリング手法

薬のことばかり述べてきたが、そのほかにもホメオパシーには通常の医学とは異なる、ユニークな点がある。

中でも特徴的なのは、ホメオパシーには通常の医学で用いられているような「病名」というものが存在しないということだ。これは「病気」というものが存在しないといいかえることもできる。では何が存在するかというと、それぞれの患者の「症状」だけがあるということだ。

これはホメオパシーが最初から持っていた特徴で、創始者のハーネマン自身が、病気を分類することは不可能だと考えていた。というのも、たとえ同じ病因でも、人それぞれに独特な反応が現れるからだ。

そこで、ホメオパシーではすべての患者が特別な一個人として扱われることになる。

ここで大切なことは、それぞれの患者が病気に反応する独特な仕方を探り出すことだとされている。そのため、ホメオパシーの医師は、患者の精神、情緒、身体のすべてを考慮しながら、時間をかけて、ホメオパシーに基づく問診を行うのである。現在でも、最初は最低でも1〜2時間の問診が行われるという。このとき、通常の医学のように、いろいろな検査をするということはない。とにかく、ホメオパシーの医師による注意深い観察と、患者の訴えから、患者固有の症状の全体像を描き出すことが大事になる。たとえば、1日のうちのいつごろになるとどのような症状が現れるとか、患者がどのような生活習慣を持っているかといった、非常に細かな情報から、患者の全体像を得ようとするのである。この意味で、ホメオパシーはホリスティック（全人的）なアプローチをする医療の一つといっていいだろう。

こうして、それぞれの患者独自の症状の全体像が把握されたとき、それに対してレメディーが投与されるのである。

☾★ ホメオパシーの神秘的な力

「似たものが似たものを癒す」という考え方や、実際に使用されるレメディーに原料となる薬の成分がまったく含まれていない場合があるということからもわかるように、ホメオパシーはかなり神秘的な部類に属する医療である。

しかし、どんな神秘的なヒーリングであってもそうであるように、ホメオパシーにもその効力を認める人たちは存在している。

とくに欧米諸国ではホメオパシーの有効性を認める人は多いようで、もちろん少数派ではあるが、いくつかの国では現在ではすでにある程度の市民権を得ているといってよい。ドイツには多くの町にホメオパシーのレメディーを扱っている薬局が何軒もあるし、イギリスではホメオパス（ホメオパシーの医師）が国家資格になっているほどである。

とすれば、なおのことホメオパシーの効力が気になるところだ。いったいホメオパシーはどのような病気に効くのだろうか。

この点について、ホメオパシーの療法は近代医学ではなかなか決定的な治療効果の見られない慢性病に対して、最大の効果を発揮するといわれている。

糖尿病・関節炎・気管支喘息・アレルギー症状や、精神または情緒障害のような再発性の疾患に対して、とくに罹患初期に用いることで効果があるという。

しかも、ホメオパシーの目的はたんに病気の症状を改善することにあるのではない。その目的は病因に対して強い身体を作り上げることなので、ホメオパシーの療法を受けた患者は、仮にもう一度同じ病因に出会ったとしても、病気になりにくいという利益があるという。

フナ
ハワイに伝わる癒しの教え

★ 最高の調和をもたらすためのフナの教え

フナは古代からハワイ人たちが実践してきた神秘的なヒーリングの教えである。

ハワイに限らず、ポリネシアの人々は古くから"調和（ポノ）"こそが人生にとって最も必要なものだと考えてきた。一個人の心と身体の調和もそうだし、世界全体の調和もそうである。

この調和をもたらすための秘密の知恵の全体、それがフナである。

話を一個人にしぼるなら、人が病気になるのは、フナの考え方によれば心の調和、そして心と身体の調和が乱れているからだとされる。病気だけでなく、生きていくうえでの様々な障害が起こるのも、心と身体の調和が乱れているからである。また、その人と世界との調和が乱れていても様々な問題が起こる。

このような場合、その人の心と身体の調和、そしてその人と世界との調和が回復すれば病気や障害も消え去ることになる。それを達成するための教えがフナなのである。

★ ハワイ文化の研究者ロングとフナ

フナはその起源がわからないほど古くからハワイ人たちの間に受け継がれてきたが、ハワイ以外の人々に知られるようになったのはそれほど古いことではない。

これには次のようなわけがある。

フナはハワイに伝統的な魔術的な教えだが、ハワイ人すべてがその内容を知っているという性質の教えではなかった。ハワイには少数の、カフナと呼ばれる様々な種類の専門家がおり、その専門家だけがその教えを伝えてきたのである。そして一般のハワイ人たちは何か必要なことが起こったとき、カフナのもとを訪ね、助けを求める習慣だった。つまり、フナはカフナたちだけが知っている秘密の知恵といってもいいものだったのである。

その秘密の知恵が始めてハワイ以外の人々にも知られるようになったのは、ハワイ文化の研究者マックス・フリーダム・ロング（1890〜1970）の著作を通してだった。

ロングは1917年に教師としてハワイにやってきて、カフナたちが伝えている教えに出会った。そして、長年にわたる研究を経て徐々にその教えを解明し、それに

フナという名前をつけた。フナはハワイ語で「秘密」という意味だった。

したがって、フナという名前自体が新しいものなのである。だが、フナの教えがハワイに古くから伝わる伝統的なものであることは間違いないので、この文章ではハワイの伝統的な教えにもその名を用いることにしたい。

こうして、ロングによってフナは有名になり、ヒーリングや魔術に興味を持つ人々から注目され、盛んに研究されるようになったのである。

☪★ フナの教えを伝えたカフナとは？

ここで、秘密の教えフナを伝えてきたカフナとはどういう人たちなのか、ということについても簡単に触れておくことにしよう。

要約してしまえば、カフナとは様々な専門分野に分かれた魔術師のことといっていい。

古代ハワイ人たちは人間の魂と現実の世界は密接に関係しており、心の持ち方一つで現実の世界を変えられると考えていた。しかし、それは誰にでもできるというものではなかった。それができるのが、フナの教えを身につけたカフナだった。

事実、古代ハワイではカフナたちは超自然的な方法によって、人々の病を癒したり、天候を変えたり、獲物となる魚を呼び寄せたりしていたと伝えられている。また、カフナたちは超能力者のようにテレパシーを使うこともあったという。もちろん、フナの教えがそれを可能にしたのである。

こういう存在だから、カフナの社会的地位は高く、カフナになるためにはカフナの師匠に入門し、長期にわたる広範な厳しい訓練を受ける必要があった。

そうやってフナを身につけたカフナの持つ専門にはヒーリング、祭司、大工、航海など数多くの種類があった。それぞれのカフナを区別するためにはカフナ・ラパアウ（ヒーリング）、カフナ・キロラニ（天文・気象）、カフナ・ホオウルアイ（農業）というようないい方をした。

ということは、フナの教えも全体としてみれば非常に多方面にわたり、専門ごとに様々なヴァリエーションがあるということだ。

したがって、以下に紹介するのはそのように多方面にわたるフナの教えのうち、とりわけヒーリングに関係する教えである。

☪★ フナの基本となる魂の３分類

ヒーリングといえば、問題になるのは人間の心と身体の問題であるのは当然であ

る。
　この点に関してフナの教えは、心にはアウマクア、ウハネ、ウニヒピリという三つの部分があるということから出発する。
　これら三つの部分にはそれぞれ独自の働きと意味があり、本来は協力しあうべきものである。その協力関係がうまくいき、この三つの心の調和が取れていれば人は健康だが、どこかに不調和があれば人は病気になると考えるのである。
　しかも、心の三つの部分は人の身体だけに関わるのではない。これらがしっかり協力しあえば、人は現実の世界を変えることもでき、十分な幸福を手にすることもできるのだという。
　いったいどうしてなのか。その秘密は心の三つの部分の働きに隠されている。

☪★ アウマクア──個人を導く霊的ガイド

　アウマクアは人の心の三つの部分のうち最高位にあたるもので、一般的にはハイアー・セルフあるいはハイ・セルフなどと呼ばれることもある。
　アウマクアという言葉はハワイ語で"先祖の霊"という意味があり、心のアウマクアはまさに先祖の霊としてその人を導く霊的なガイドとなる性質がある。別ないい方をすれば、その人の中に住んでいる神である。
　神だから、アウマクアはより高い次元とつながることが可能で、望みさえすればすべてを知ることができる。俗な話だが、大金持ちになる方法さえ、アウマクアには知ることができるし、実はすでに知っているといっていい。
　アウマクアには神として現実を作り出すという働きもある。人間にとって最も身近な現実は肉体だが、アウマクアは絶えずその肉体を作り続けているのだという。だから、アウマクアの働きが邪魔されなければ、人は健康に暮らすことができるのである。

　その人の心が調和の取れた状態であれば、アウマクアが得た情報は予感やインスピレーション、あるいは何かのきっかけで他人から教えられるという形で、通常の意識（次に説明するウハネ）に提供される。
　ただ、アウマクアは決してその人に命令を下したりしない。つまり、絶対こうしなければならないとはいわないのである。それはあくまでも予感であって、その人がそれを信じなければ何にもならない。
　また、その人が、たとえば、"人生は絶対にうまくいかない"というような思い込みを持っていたとしよう。こうした思いはアウマクアが調子よく働くのを邪魔する原因になる。この結果として、アウマクアから発信された予感やインスピレーショ

ンが通常の意識まで届かなくなったり、アウマクアが思い通りの現実を作ることができなくなったりするのである。もちろん、肉体的な病気もこのために起こるのである。

では、もしその人の心の調和が取れていれば、アウマクアは何でも制限なく可能かといえば、そうともいえない。アウマクアはより高い次元で他の人々のアウマクアとつながっており、その全体が"集合的アウマクア"というべきものを形成している。だから、全体としての制限を受けなければならず、勝手に大きな季節の流れを変えてしまうというようなことはできないとされている。だが、ある一地域の天候を変えるくらいのことはできるのだという。

☾★ ウハネ──頭に宿る自我

ウハネは通常の意味での人の意識、すなわち顕在意識と同じような働きを持つ部分で、一般的にはミドル・セルフなどと呼ばれることもある。

ウハネという言葉はハワイ語では"魂""霊"といった意味がある。

普通の意味で何か思ったり、筋道だてて考えたり、意見や信念を持ったり、外部から入る情報を判断したり、意志として行動を指示するのがウハネの働きである。

通常の意識の働きをする部分ではあるが、フナの教えではこの部分の働きが最も重要視される。なぜなら、ウハネの考えていることが心のほかの二つの部分に大きな影響を与えるからだ。そして、人がはっきりと意識でき、ある程度自由に働かせることができるのは心の三つの部分のうち、このウハネだけなのである。

ウハネは様々な形で心のほかの二つの部分に影響を与える。

先述したように、人が何か自分に不利な信念を持っていれば、それによってハイアー・セルフであるアウマクアの働きは邪魔されてしまうが、ウハネこそそのような信念を持つ部分である。

また、ウハネの形づくる意志や信念は心の3部分の中でも最も基本的な部分(次に紹介するウニヒピリ)に、習慣などの形で刷り込まれてしまう。

こんなわけで、フナの教えでは何事もウハネから出発することになる。病気を治したいときも、夢をかなえたいときも、とにかく出発点はウハネなのである。

☾★ ウニヒピリ――肉体に宿る自我

　ウニヒピリは心の三つの部分の中で、人間にとって最もベーシックな、基本的な働きを支配している部分である。
　普通に潜在意識と呼ばれているものもここに含まれるが、それだけではなく、身体の成長とか自律神経など、肉体全般を支配する働きまでウニヒピリは持っている。ある意味、意識されない意識、習慣的意識、本能的意識を支配する部分といえる。
　また、ウニヒピリには身体が外界から摂取したエネルギーや感覚をウハネに伝える働きもあるとされる。それで、一般的にはベーシック・セルフなどと呼ばれることもある。
　ウニヒピリという言葉は"骨に住む霊""死者の霊"という意味があるという。

　ところで、本能というのは生き物が生まれながらに持っており、基本的に変わらないものだが、習慣というのは生まれた後で身につけるものである。したがって、ウニヒピリも生きている間にどんどん変化する。たとえば、悪い習慣、幼少期に与えられた悪い記憶、トラウマなどがウニヒピリの一部となるのである。
　これがウニヒピリの主な問題点で、もしそのような障害が発生すると、ミドル・セルフの意志が素直に行動に反映されなくなってしまうことがある。というのは、何らかの行動をしようというミドル・セルフの意志はウニヒピリを経て、肉体に伝えられるからだ。また、ウニヒピリに問題があると、外界から得られる感覚をゆがめてミドル・セルフに伝えてしまったり、外界から得られたエネルギー（マナ）の流れを邪魔してしまうことにもなるのである。

☾★ マナ――何より重要な神秘的生命エネルギー

　さて、フナの教えによれば人の心はアウマクア、ウハネ、ウニヒピリという三つの部分からなっており、目的はその調和であることはわかった。これはフナの教えの中でも最も基本的で、重要な部分である。
　だが、フナの教えの中には心の3分類と同じくらい重要な概念がほかにもある。その代表がマナである。

　マナはハワイ、ニュージーランド、ニューギニアなどを含むポリネシアやメラネシアの人々が信じる超自然的なエネルギーのことで、すべてのものに宿っているとされる。人間はもちろん、動物、植物、石、山、川、人工的に作られた様々な道具、そして死霊にもマナは宿っている。しかし、マナはそのもの固有のものではなく、

あるものから別なものに移動するという特徴がある。そのため、あるもののマナは強力だが、別なもののマナは弱いということが起こる。

当然のように、強力なマナを持つものはそれ自体が強力な力を発揮すると信じられている。ある戦士が戦場で立派な働きをすれば、それは彼の槍が強力なマナを宿していたからだとされる。部族のリーダーが立派な働きをすれば、それは彼が大量のマナを所有していたからだと説明されるのである。

このような性質を持つものだから、ポリネシア、メラネシアの人々はマナを非常に重要視してきた。1810年にハワイ諸島全域を完全統一したカメハメハ大王（1758～1819）が死んだときには、誰かが大王のマナを奪ったりしないようにその墓は秘密にされたほどだった。このため、現在でも大王の墓はどこにあるかわからないのである。また、ハワイでは王の影を踏んだ者は死刑という決まりがあった。これもまた影を踏むことで王のマナが奪われてしまうと考えられていたからだった。

王のように特別な存在でなくても、もちろんマナは重要なものである。とにかくマナは根源的エネルギーなのだから、マナがなければ人間は生きていけない。

心の働きにおいてもマナは重要な働きをする。人の心には三つの部分があり、それらは互いに絶えずコミュニケーションをとっているが、その情報はマナの流れに乗って運ばれるといっていいからだ。

人の心にあっては、マナは最もベーシックなウニヒピリによって外界から摂取され、顕在意識であるウハネ、個人の霊的ガイドであるアウマクアへ運ばれる。そういう形でマナは人の心の中を循環し、消費される。だから、十分なマナが摂取されないと、三つの心のコミュニケーションがうまく取れなくなり、それだけでも心の調和が乱れるからだ。

また、アウマクアが現実世界を変えるとき、肉体を健康にしようとするとき、そのパワーとして働くのもマナである。だから、心の願いを実現しようと思うなら、それに見合っただけの十分な量のマナが必要になるのである。

フナが教える心の3部分とマナの流れ

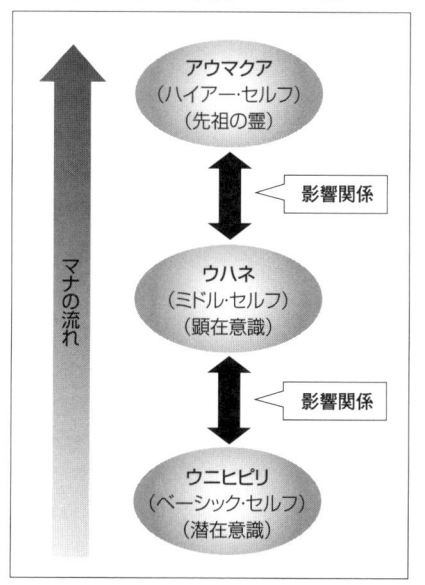

マナの流れ

- アウマクア（ハイアー・セルフ）（先祖の霊）
- ウハネ（ミドル・セルフ）（顕在意識）
- ウニヒピリ（ベーシック・セルフ）（潜在意識）

アウマクア ⇔ ウハネ：影響関係
ウハネ ⇔ ウニヒピリ：影響関係

このため、フナのヒーリングにおいては外界にあるマナをいかにして取り入れるかということも重要視されるのである。そのうえで、心の三つの部分を調和させ、もし肉体的にも病気があるならその治療を目指すというのがフナのヒーリングの基本といってよい。そのためにどうすればいいか、教えてくれるのがフナなのである。

☾★ 考え方を重視するフナのヒーリング

では、ここに具体的な病気を持った人がいた場合、フナの教えではどのようにしてその人の病気を治そうとするのだろうか。

ここで注意したいのは、表面的な治療方法にあまり惑わされてはいけないということだ。なぜなら、フナの教えは、西洋医学の医師に診てもらうことや市販の薬を飲むことを禁止してはいないからだ。つまり、もし利用したいのであれば、利用できるものは何でも利用してよいのである。このため、もし表面だけを見ていると、どうしてこれがフナの教えなのか、と疑問を呈したくなるような治療法が用いられることもあるからだ。

もちろん、昔のハワイには西洋医学などなかったが、カフナたちはハーブや魚介類などを調合した薬を患者に服用させて治療することはあった。

だが、たとえそうだとしても薬を用いるということはフナの教えにあっては決して本質的なことではないのである。

フナの教えによれば、病気の原因はあくまでもその人の信念、考え方にあるとされている。例えば、現在の西洋医学ならウィルス性の病気とされるものでも、その原因は考え方にあるのだという。というのは仮に同じウィルスに感染しても、発病する人もいればしない人もいる。それを分けるのがその人の考え方というわけだ。

したがって、病気を治す場合も、大切なのは考え方である。どういうことかというと、とにかく顕在意識であるウハネが病気を治したいという意志を持つことである。そしてその意志が、ウニヒピリやアウマクアにも共有されれば、それによって肉体的な病気も治るというのだ。

にもかかわらず、薬のようなものが使用されることがあるのは、薬を飲むという行為が病気を治したいという意志の表明になるからだという。実際、人間というのはただ心に思うだけよりは、薬を飲んだ方が病気は治るのではないかと思い込まされているところがある。もしそうであるなら、何も薬を遠ざける必要はない。そういう場合は、病気を治したいというウハネの意志は、薬を飲むという行為を通してより一層はっきりと潜在意識であるウニヒピリに伝わることになるからだ。いうなれば、ここでは薬を飲むという行為が病気治しの儀式のような働きをするのである。

こんなわけなので、ヒーラーとしてのカフナは実に様々な治療法を用いる。だが、その根本にあるのは、心のあり方によって人は病になるし、心のあり方を変えることで病は治るというフナの教えなのである。

☪★ より多くのマナを体内に取り込む

フナのヒーリングでは、マナが宿っているとされる物質もしばしば使用される。そして、これは薬を飲むといった表面的な行為よりも重要視されている。なぜなら、マナは心の働きを含むすべての行為のエネルギー源であり、心の3部分を調和させるためにもマナは不可欠のものだからだ。また、マナには心の中にある悪い思い込み、たとえば、ウニヒピリに刻まれた幼少時代のトラウマなどを和らげる力があるという。

マナは空気中や飲料水にも含まれているので、人間は普段からマナを取り込んでいることは確かである。とはいえ、病気を治すような場合には、それだけ大量のマナが必要になるので、一層効果的にマナを取り込む必要が出てくる。

マナを集める方法としては、最も基本的なものに呼吸法がある。ハワイでは呼吸は"ハ"と呼ばれる。そして"ハ"には4という意味もある。そこで、この呼吸法は4回を一組にして、それを繰り返すという方法で行われる。場所は十分な酸素が取り込めるように広々としていた方がよく、室内ならば窓を開けた方がよいという。その状態で、ゆっくりと深く呼吸するのである。

もちろん、この場合も心の調和は取れていた方がそれだけたくさんのマナが取り込めるといわれている。だから、呼吸法を実践している間、それによってマナがたくさん取り込めると信じた方がよいし、そうなるように祈った方がよい。

マナはすべてのものに宿っているが、マナがより大量に宿っているとされるものはそれだけ利用価値が高い。

ハワイでは古くから洞窟、谷、滝などには他の場所よりも大量のマナがあると考えられている。したがって、そういう場所に行って自然の風景を見ながら心を落ち着かせ、たくさんの時間を過ごせば、それだけたくさんのマナを取り入れることができるのである。この意味で、フナの教えは、現代のスピリチュアリストやニューエイジャーたちがパワー・スポットと呼ぶような場所を古くから重要視していたことがわかる。

さらに、現代人がヒーリングに利用するような宝石、貴金属、樹木や花などの植物もマナを取り入れるために利用される。

☾★ マナの流れを活性化するマッサージ

　ヒーラーとしてのカフナたちは、人が体内に取り入れたマナの流れをスムーズにするために、マッサージに似た治療法を用いることもある。
　人の体内のマナの流れを活性化するマッサージ類にはいろいろな方法がある。
　普通のマッサージのように筋肉に触れて緊張をもみほぐす方法は"ロミ"と呼ばれている。ちなみに、筋肉や精神の緊張はマナが凝り固まった状態なので、これをもみほぐすというのはまさにマナをもみほぐすことだと考えられているのである。
　身体のツボを押さえる、指圧に似たものは"カオミ"、また外気功のように手を患者の身体に触れないでマナを送り込む"マナマナ"という方法もある。
　マッサージとはちょっと違うが、フラ・ダンスの"フラ"はハワイ人たちが昔から行ってきた神聖な踊りを指す言葉で、フラ・ダンスを踊ることによっても身体の緊張をほぐし、マナの流れをよくすることが可能だといわれている。

☾★ 心の３部分を調和させる方法

　マナを取り込むこと、そして取り込んだマナの流れをスムーズにすることはフナの教えの中でも重要な部類に属する。
　だが、たとえ大量のマナを取り込もうとしても、また取り込んだマナの流れをスムーズにしようとしても、心の調和が取れていなければすべてが無駄になる可能性もある。
　そこで、フナの教えではマナを取り込むこと、その流れをスムーズにすることと同様に、心そのものを直接扱うような心理的・精神的な手法も重要視されている。
　そもそも、心の３部分が調和しており、健康ならば、人は十分なマナを取り込むことができ、その流れもスムーズなのだから、この三つのことがらはフナの教えの中ではどれも同じくらい重要だといっていい。
　では、フナが教える心理的・精神的手法とはどのようなものなのか。その基本的な流れはおよそ次のようなものといっていいようだ。

☾★ 心のヒーリングその１──自分をよく知る

　フナの教えによれば、人が人生で何か障害やつまずきを感じたり、ストレスを感じたり、病気になったりするのは、たとえそれが肉体的病気であっても、その根本原因は心のありよう、つまりその人が間違った信念とか考え方を持っているからだとされる。そこで、ヒーリングを望む人は、何よりもまず自分自身の心と向き合い、

自分の考え方にはっきりと気がつく必要があるとされる。

　非常に卑近な例だが、恋人がほしいにもかかわらず得られない人がいたとしよう。その場合、顕在意識であるウハネ、あるいはとくに潜在意識であるウニヒピリが恋人を得るという現実に対して何か否定的、悲観的な思いを抱いているのではないかと、ゆっくりと時間をかけて内省してみる必要がある。というのは、過去に異性と付き合うということについて苦い経験があり、ウニヒピリがそれについて否定的な思いを持っていれば、それによって恋人を得るという希望の実現が妨げられることになるからだという。つまり、自分でも気づかないうちに、恋人が得られないように振舞ってしまうことになるということだ。

　このことを、よりフナ的にいえばこうなるだろう。心の調和が取れていれば、外界から得られたマナはウニヒピリから、ウハネへ、そしてアウマクアへと流れ、アウマクアの超自然的な働きによって、恋人を得るための行為や現実が形成される。しかし、ウニヒピリが否定的な思いを持っているためにマナの流れが邪魔され、ゆがんだ形で伝わってしまうのだと。

☾★ 心のヒーリングその2──自分の目標をよく知る

　ゆっくりと時間をかけて自分自身を見つめ、自分の問題点に気づいたら、次に大切なのは、自分の目標をよく知ること、はっきりと定めることである。

　もし恋人を得て幸せになりたいなら、どのような幸せを求めているのかできるだけ具体的に思い描いた方がよい。健康を望んでいる場合も同じで、どのような健康状態を望んでいるのかできるだけ具体的に思い描くのがよいという。

　このように、自分で思い描くというのは顕在意識であるウハネの働きだが、とにかくウハネを働かせることがウニヒピリを変えていく第一歩になるのである。

　自分の望みを具体的に思い描くことと同時に、その望みが実現するようにアウマクアに働きかけることも大切なこととされている。アウマクアは個人に宿る神なので、これは祈ることといってもよい。

☾★ 心のヒーリングその3──目標に向けて改善する

　顕在意識であるウハネがはっきりとした目標を持つことは、ヒーリングに限らず夢を実現するための第一歩である。

　だが、いくらウハネで思ったからといって、一朝一夕にウニヒピリの習慣を変えられるものではない。

　そこで、はっきりした目標を定めた後は、それなりに時間をかけてウニヒピリの

習慣、思い込みなどを変化させる必要がある。この段階にはある程度注意と忍耐がいるといっていい。
　ここで大切なのは、物事をポジティブに考え、ネガティブに考えないようにするということだ。たとえ、ウハネがはっきりした目標を定めても、長い間の習慣から、物事は決してそんなにうまくはいかないのではないかといった疑いが起こるものだ。だが、そんなネガティブな考えに耳を貸してはいけない。そして、常に物事をポジティブに捉えていく必要があるのだという。
　それと同時に、人を許したり、許しを請うこともとても重要なこととされている。人を許せないとか、あるいは罪の意識があるということは心の中に大きなしこりがあるのと同じで、それだけでマナの流れは大きく邪魔されてしまうからだ。逆に、人を許し、人に許されることは、心の障害を取り除くことになるし、それまでの心のあり方を大きく変えることにつながるからだという。
　先に薬を飲むという行為が病気を治したいというはっきりとした宣言になると書いたが、この場合も心で思うだけよりも実際に行為に表した方がよいということはよく覚えておいた方がいいだろう。もしどこかに自分を傷つけ、どうしても許せない人がいるなら、実際にその人に会って相手を許すと伝えること。もし誰を傷つけたことがあり、その人に許してほしいなら、実際にその人に会って許しを請うこと。心の調和を取り戻すためには、それが一番の方法なのである。

　このようにして、やがてウハネとウニヒピリが協力し合えるようになれば、アウマクアはその人の望みを必ず実現してくれるし、病気も癒される。それがフナの教えの基本なのである。

アーユル・ヴェーダ
インド古来の「生命の科学」

☪ **世界三大伝統医学の一つとされるアーユル・ヴェーダ**

　アーユル・ヴェーダはインドの伝統医学である。
　その名前はサンスクリット語（インドの古語）の「アーユス（生命・寿命）」と「ヴェーダ（科学・知識）」が合わさったもので、日本語にすると「生命の科学」「長寿についての知識」という意味がある。
　アーユル・ヴェーダの起源については、『チャラカ・サンヒター』という重要な古典医書の冒頭に次のような説明がある。
　それによると、アーユル・ヴェーダを最初に説いたのはブラフマー神（梵天）であり、それから順次、プラジャーパティ神、アシュヴィン双神、インドラ神へと伝えられた。そこに、人間界の代表として仙人のバラドヴァージャが訪ねていってインドラ神から教えを受け、アーユル・ヴェーダを体得した。こうしてアーユル・ヴェーダは人間界に伝えられたのだという。

　もちろんこれは神話であって歴史的事実ではない。歴史的には、アーユル・ヴェーダは非常に長い時間をかけて発達したものである。
　インド医学の歴史はとにかく古い。紀元前2300年～前1800年頃のインダス文明の時代に、インドにはすでに呪術的医療が存在していたとみられている。その後、薬草の知識や病気治療に関する経験が積み重ねられ、医学は呪術から切り離された。そして、紀元前5、6世紀ころには医学は合理的な知の体系と見られるようになり、さらに10世紀という長い年月をかけて理論的にも哲学的にも大いに発達した。紀元後2～5世紀ころにはインドの二大古典医書である『チャラカ・サンヒター』と『スシュルタ・サンヒター』が成立した。また、7世紀にはこれら二大医書が統合された『アシュターンガフリダヤ・サンヒター（医学八科精髄集成）』も成立した。
　こうしてできあがったのがアーユル・ヴェーダで、その時代に大いに隆盛することになった。いまでは、医学といえば多くの場合に西洋医学を意味するが、紀元10世紀ころは違っていた。当時の世界には三つの大きな医学体系があったが、それはアラブ・イスラム医学、中国医学、アーユル・ヴェーダであり、現在ではこれらが世界三大伝統医学といわれるのである。

　その後、インドにはアラブ・イスラム医学や西洋医学も伝えられたが、インドの

ヒンズー教徒にとってはアーユル・ヴェーダが主流の医学であり続けた。19世紀には西洋医学は大いに発展したうえ、その世紀の終わりから20世紀の前半にかけてインドはイギリスに統治された。そのため、この時代にはアーユル・ヴェーダは古臭い民間医療のように考えられることもあった。しかし、1947年の独立後は状況は大いに変化し、アーユル・ヴェーダを教える大学も増え続けた。そのような大学がいまでは100以上も存在している。また、1980年には議会においてアーユル・ヴェーダを西洋医学と同等のものとみなすことも決まった。

こういうわけで、アーユル・ヴェーダは世界的な伝統医学というだけではない。少なくともインドにおいては、いまでも利用されている重要な医学となっているのである。

☾★ 欧米・日本におけるアーユル・ヴェーダの人気

本家本元のインドだけでなく、いまでは欧米や日本でもアーユル・ヴェーダに対する関心は高まっている。これらの地域では、1970年頃から東洋の伝統医学を再評価する動きが起こり、中国医学と同じように、アーユル・ヴェーダに対する注目度も高まり始めた。

日本に関していえば、1970年に当時の大阪大学医学部教授丸山博氏によってアーユル・ヴェーダ研究会が設立され、その活動は年々盛んになっている。そして、現在ではとくにヒーリングの分野で、アーユル・ヴェーダの療法が積極的に取り入れられるようになった。そのような療法には、アロマ・セラピー、オイル・マッサージ、ハーブ療法、解毒療法（デトックス）などがある。

同じ東洋医学であるためか、アーユル・ヴェーダと中国医学には相通じるところがある。医学である限りは人の病気を治療するのが目的なのは当然だが、それ以上に、病気にならない身体をつくることが目的とされている。つまり、病気がまだ病気にならないうちに治してしまう"未病の医学"ということだ。また、多くの伝統医学がそうであるように、アーユル・ヴェーダもホリスティック（全体論的）な医学理論に支えられている。

さらに、アーユル・ヴェーダには、人間の身体だけでなく精神や霊までも含めた健康（幸福）を目指すという特徴がある。そして、そのような健康を得るためにどのような生活を送ればいいか、日常生活についての細かな行動規範や精神生活についてのアドバイスまで与えてくれるのである。

このような健康観は現代人には確かに魅力的なので、それでアーユル・ヴェーダの人気も高まっているのだろう。

☪★ アーユル・ヴェーダの8部門と基本原理

　世界の三大伝統医学に数えられるだけに、アーユル・ヴェーダの体系は非常に大きなものである。

　アーユル・ヴェーダは初期の二大古典医書の時代から、はっきりと専門化された次の8部門に分かれていた。

①内科学（カーヤチキッツァー）
②小児科学（バラーチキッツァー）
③精神科学・鬼神学（グラハチキッツァー）
④耳鼻咽喉科および眼科学（シャーラーキャタントラ）
⑤外科学（一般外科学・専門外科学）（シャーリヤタントラ）
⑥毒物学（ダムシュトラチキッツァー）
⑦老年医学（ラサーヤナタントラ）
⑧強精法（ヴァージーカラーナタントラ）

　これだけ見ても、アーユル・ヴェーダがきわめて発達した壮大な医学システムだということがわかる。

　しかし、アーユル・ヴェーダはホリスティックな医学であり、中国医学が気の理論（経絡の理論）に貫かれているように、全体を貫く一貫した理論を持っている。

　その理論とはドーシャの理論である。

　アーユル・ヴェーダでは健康の定義を次のように考えている。

　①ドーシャのバランスが取れている、②身体の組織が正常に発達している、③人体の老廃物（マラ）が順調に生成され排泄されている、④消化の火（アグニ）が順調で、消化吸収が正常である、⑤感覚と精神と霊魂が幸福に満たされている、ことである。

　この中でも、とりわけ重要視されるのがドーシャという概念なのである。

アーユル・ヴェーダの健康の定義
①ドーシャのバランスが取れている
②身体の組織が正常に発達している
③人体の老廃物（マラ）が順調に生成され排泄されている
④消化の火（アグニ）が順調で、消化吸収が正常である
⑤感覚と精神と霊魂が幸福に満たされている

☪★ 五元素から構成されるドーシャの働きと特徴

アーユル・ヴェーダによれば宇宙の創造過程は次のように説明されている。

まずはじめに、宇宙そのものがプラクリティ（根本物質）とプルシャ（純粋精神）からなるアヴヤクタ（現れざるもの）から生じる。この段階では宇宙には何も存在していない。

次にアヴヤクタからマハーン（思惟機能）が、それに続いてアハンカーラ（自我意識）が生じる。アハンカーラには三つの異なった属性がある。サットヴァ（純質）、ラジャス（激質）、タマス（翳質）である。

サットヴァとラジャスから11のインドリヤ（感覚器官と行為器官）が生じる。
タマスとラジャスからタンマートラ（エネルギー的微細物質）が生じる。
タンマートラからパンチャ・マハーブータ（五つの元素）が生じる。
このマハーブータこそ、空・風・火・水・地という五大元素であり、宇宙にある

アーユル・ヴェーダによる創造過程

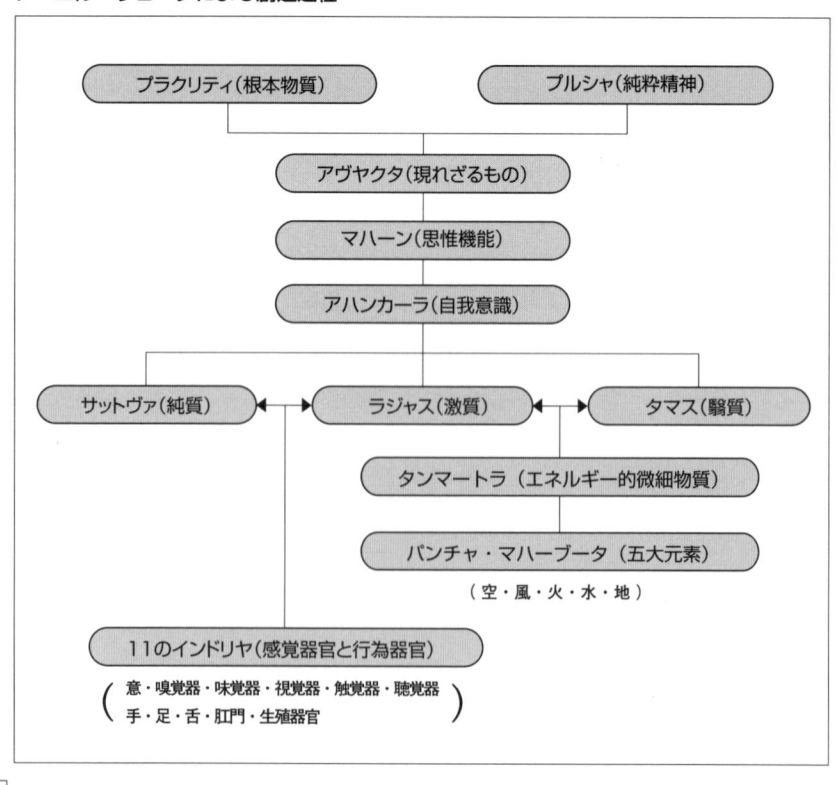

```
         プラクリティ(根本物質)        プルシャ(純粋精神)
                      ↓
              アヴヤクタ(現れざるもの)
                      ↓
              マハーン(思惟機能)
                      ↓
              アハンカーラ(自我意識)
                      ↓
   サットヴァ(純質) ← ラジャス(激質) → タマス(翳質)
                      ↓
         タンマートラ（エネルギー的微細物質)
                      ↓
         パンチャ・マハーブータ (五大元素)
              （空・風・火・水・地）

   11のインドリヤ(感覚器官と行為器官)
   （意・嗅覚器・味覚器・視覚器・触覚器・聴覚器
    手・足・舌・肛門・生殖器官）
```

万物はすべてマハーブータによってできているのである。

　この五元素が組み合わさることで人体も作られているが、人体にはダートゥ、マラ、ドーシャという三つの構成要素がある。
　ダートゥは粗大な組織のことで、ラサ（リンパ）、ラクタ（血液）、マーンサ（筋肉）、メーダス（脂肪）、アスティ（骨）、マッジャー（神経組織・骨髄）、シュクラ（精液、卵巣）の七つがある。
　マラは排泄物（尿・糞便・汗など）である。
　最後のドーシャは「汚れたもの」という意味であるが、目に見えない微細な要素で、生命エネルギーに近い概念だという人もいる。
　ドーシャにはヴァータ、ピッタ、カパの3種類があり、トリ・ドーシャ（三つのドーシャ）と呼ばれることもある。

　トリ・ドーシャはいずれも五元素の組み合わせでできており、それぞれに人間の健康を司る特別な働きと特徴がある。
　ヴァータは「風」と「空」から構成されており、呼吸・排泄など細胞や器官の代謝活動のためのエネルギーの調節を行うものである。また、身体のすべての機能の活動の源となるだけでなく、ピッタとカパの活動の調節も行うので、ドーシャの中

アーユル・ヴェーダによる人体の構成

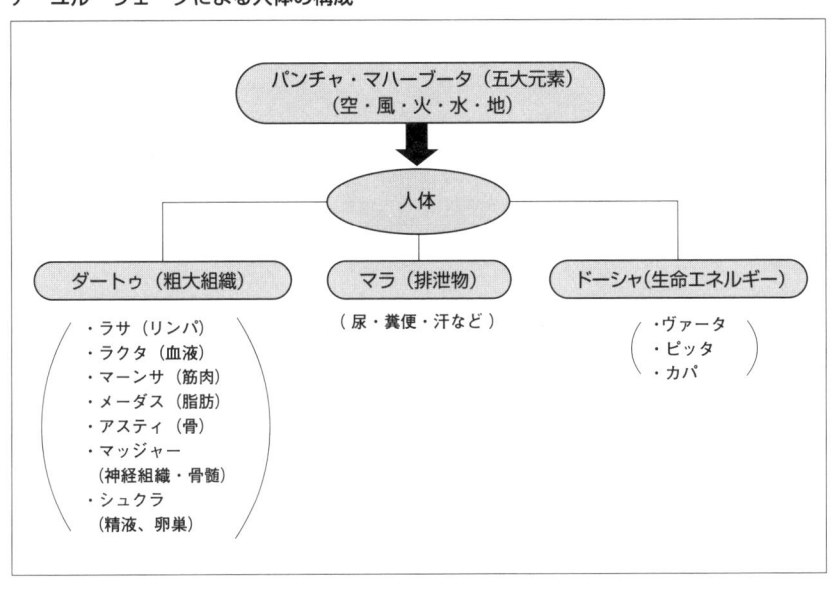

```
            パンチャ・マハーブータ（五大元素）
                （空・風・火・水・地）
                        ↓
                       人体
        ┌────────────────┼────────────────┐
  ダートゥ（粗大組織）      マラ（排泄物）      ドーシャ(生命エネルギー)
   ・ラサ（リンパ）       （尿・糞便・汗など）    ・ヴァータ
   ・ラクタ（血液）                           ・ピッタ
   ・マーンサ（筋肉）                          ・カパ
   ・メーダス（脂肪）
   ・アスティ（骨）
   ・マッジャー
    （神経組織・骨髄）
   ・シュクラ
    （精液、卵巣）
```

で最も影響力を持つものである。

ピッタは「火」と「水」から構成されており、体内の生化学的反応と代謝過程のすべてをつかさどり、熱とエネルギーの源となるものである。

カパは「水」と「土」から構成されており、細胞や細胞内の組織を形作り、体の内部の環境を維持するものである。

これらのドーシャの細かな特徴や働きは下表のようになっている。

ここで大切なのは、トリ・ドーシャ間のバランスが取れていれば人間は健康であり、バランスが崩れたときに人間は病気となり、様々な症状が現れるということだ。したがって、病気を治すというのは、ヴァータ、ピッタ、カパのバランスの乱れを正確に把握し、適切な方法を用いてバランスを取り戻すことなのである。

もちろん、ここでいうドーシャは科学的な形で存在を証明できるような物質ではなく、それは中国医学でいう"気"のごときものである。

だが、アーユル・ヴェーダのトリ・ドーシャ理論は精緻を極めており、何がどのようにドーシャの増減に影響を与えるか、ほとんどすべての事柄について考え抜かれている。その結果、中心となる理論の神秘性にもかかわらず、全体的にみると、とても現実的な医学の体系になっているのである。

それがどういうものなのかさらに詳しく見ていくことにしよう。

トリ・ドーシャの特徴と働き

	ヴァータ	ピッタ	カパ
五元素の組成	「風」と「空」	「火」と「水」	「水」と「土」
性質	乾、軽、動、冷、粗、硬など	温、流動、鋭、軽など	湿、重、緩、柔、冷、粘、遅など
正常時の作用	随意・不随意運動、排泄分泌作用、知覚作用促進、臓器保持、呼吸、血液循環、食物のえん下など	視覚、消化、体温調節、知力促進、関節の柔軟性保持、心臓保護、造血、色つやの保持など	骨の強化、皮下脂肪の維持、体力・抵抗力増強、満足感、活気、寛容力など
増大時の症状	しわがれ声、手指の震え、便秘、不眠、体力減退、やせ、精神不安、呼吸困難、四肢の麻痺、白髪、脱毛、疼痛など	黄疸、視力低下、発汗、発熱、めまい、貧血、排尿困難、結石、飢餓感、口渇、出血、化膿、下痢など	肥満、過眠、食欲不振、消化力減退、鼻炎、無気力、思考力低下、嘔吐、水腫など
主たる存在部位	臍より下	臍と心臓の間	心臓より上
関連部位	小腸、大腸など	肝臓、脾臓、胆嚢、胃、十二指腸、すい臓など	副鼻腔、鼻孔、喉、気管支、肺など
性格・身体的特徴	厳格、敏感、痩せ型、乾燥肌	誠実、中庸、若禿げ、若白髪	寛容、鈍感、肥満

☾★ トリ・ドーシャとプラクリティ（体質）

アーユル・ヴェーダでは、トリ・ドーシャのバランスには、人それぞれに、生まれながらに固有の傾向があると考えている。つまり、生まれたときからヴァータが優勢で、かつヴァータが増大しやすい人、生まれたときからピッタが優勢で、かつピッタが増大しやすい人などがいるということだ。

この傾向のことをその人のプラクリティ（体質）と呼ぶ。

プラクリティにはいろいろなタイプがあるが、基本となるのは生まれながらにヴァータが優勢になりやすいヴァータ体質、ピッタが優勢になりやすいピッタ体質、カパが優勢になりやすいカパ体質の3種である。

このほかに複合的なタイプとして、ヴァータ・ピッタ体質、ヴァータ・カパ体質、ピッタ・カパ体質、ヴァータ・ピッタ・カパ体質がある。

このうち、二つのドーシャの複合体質については、二つのうちのどちらが優勢かでさらに細分化することもできる。

そこで、細かく分けるとプラクリティには次の10タイプがあることになる。

①ヴァータ体質………………ヴァータが優勢
②ピッタ体質…………………ピッタが優勢
③カパ体質……………………カパが優勢
④ヴァータ・ピッタ体質………ヴァータとピッタが優勢だが、ヴァータの方がより優勢
⑤ピッタ・ヴァータ体質………ヴァータとピッタが優勢だが、ピッタの方がより優勢
⑥ヴァータ・カパ体質…………ヴァータとカパが優勢だが、ヴァータの方がより優勢
⑦カパ・ヴァータ体質…………ヴァータとカパが優勢だが、カパの方がより優勢
⑧ピッタ・カパ体質……………ピッタとカパが優勢だが、ピッタの方がより優勢
⑨カパ・ピッタ体質……………ピッタとカパが優勢だが、カパの方がより優勢
⑩ヴァータ・ピッタ・カパ体質…ヴァータ、ピッタ、カパが均衡している

☾★ プラクリティ（体質）と心身の特徴

トリ・ドーシャのバランスに大きな影響を与える個人のプラクリティ（体質）は、その人の外見や性格にも大きな影響を与える。まったく同じ暮らし方をしていても、ある人の場合はヴァータが優勢になり、別の人の場合にはピッタが優勢になるわけだから、それは当然のことだ。

したがって、プラクリティとその人の外見や性格には強い結びつきがあることに

なる。そこで、外見や性格から自分のプラクリティを知ることも可能になる。

　自分のプラクリティを正確に知ることは、健康な生活を送るうえでとても重要なこととされる。健康の尺度となるトリ・ドーシャのバランスとは、人それぞれに異なるプラクリティを考慮したうえでのバランスだからだ。また、仮にその人がヴァータ体質だとすれば、それはヴァータが増大しやすい傾向があるということなので、ヴァータが度を超えて増大しないようにとくに注意しなければならないということだからだ。
　では、プラクリティによって人はどのような外見や性格になりやすいのだろう。プラクリティの基本であるヴァータ体質、ピッタ体質、カパ体質に関していえば、アーユル・ヴェーダでは次のような傾向があるとしている。

◎ヴァータ体質
　身体は細く、どちらかというと骨ばっている。髪やまつげが細く、目は小さい。肌は乾燥しやすく、髪はぱさぱさしている。行動は素早く、活動的で、瞬発力もあり、若いときは運動家タイプだが、スタミナには乏しい。自由奔放なところがあり、独創性に富んでおり、理解力も早い。また、過ぎたことにはこだわらない。睡眠時間は短く、排泄は少ない。だが、ヴァータの「動」と「軽」の性質が悪い方に出ると、いろいろなことに不安になり、緊張や恐怖といった感情で精神が落ち着かなくなる傾向がある。

◎ピッタ体質
　心身の状態が中くらいになりやすいタイプで、中肉中背であって、顔は卵形になりやすい。肌は滑らか、髪はやわらかく、関節も柔軟だが、若白髪になりやすく、男性は禿げやすい。身体が熱っぽく、汗をかきやすいため、暑さには弱く寒さに強い。好奇心旺盛、情熱的で、創造性もあり自分に自信を持っており、望みが高く、何事においてもリーダーシップをとりたがるが、怒りっぽいところがある。また、根性には欠けるところがある。

◎カパ体質
　体格はよいかわりに、肥満になりやすい。大きな目、大きな歯、長いまつげで、皮膚や爪も厚く、脂っこく、髪の色つやもよい。動きはゆっくりで、どっしりしており、体力、持久力、忍耐力がある。精神的にもゆったりしており、寛容、寛大であまり怒ることはない。だが、カパ体質が悪く出ると、鈍重で執着が強く、欲深いうえに大雑把で怠慢になりやすい。

☾★ 時刻・季節・年齢とトリ・ドーシャ

人それぞれに生まれながらに持っているプラクリティとともに、トリ・ドーシャのバランスに大きく影響するものとして、アーユル・ヴェーダでは時刻・季節・年齢といった外的環境をあげている。

これらの外的要因とトリ・ドーシャの間にはだいたい次のような関係があるとされている。

1日の中では、午前と午後の6時から10時まではカパが、午前10時から午後2時まで、午後10時から午前2時まではピッタが、午後2時から6時まで、午前2時から6時まではヴァータが優勢になる時間帯である。

季節との関係では、春にはカパが、夏にはピッタが、秋・冬にはヴァータが優勢になる傾向がある。

年齢との関係では、若年期（2、30歳以下）にはカパが、壮年期（2、30〜5、60歳）にはピッタが、老年期（5、60歳以上）ではヴァータが増加しやすくなる。

時刻・季節・年齢とトリ・ドーシャの関係

	カパ増大	ピッタ増大	ヴァータ増大
時刻	午前6時〜午前10時	午前10時〜午後2時	午後2時〜午後6時
	午後6時〜午後10時	午後10時〜午前2時	午前2時〜午前6時
季節	春	夏〜初秋	秋〜冬
年齢	若年期	壮年期	老年期

☾★ 正しい食事・正しい睡眠・正しい性生活

このように、ドーシャのバランスに影響を与える要因はいろいろある。その結果、ドーシャのバランスが崩れるとその崩れ方に応じた病気が引き起こされるのである。

病気になってしまった場合は当然治療が必要ということになるが、アーユル・ヴェーダにおける治療の目的とはたんに病気を治すことではない。大切なのは、強い生命力を持った、病気にならない身体を作ることである。

そこで、アーユル・ヴェーダでは、生命力を向上させ、病気にならない身体を作るために守るべき生活の原則を規定している。これはいうなれば健康増進のためのライフスタイルの規定であって、病気でない人も守るべきものである。

このような規定は様々あるが、中でも重要な三つの柱として、正しい食事、正しい睡眠、正しい性生活がある。
そして、ここでもドーシャの理論が重要な判断基準とされている。

◎正しい食事

現在、様々な病気の治療に食餌（食事）療法が用いられているが、アーユル・ヴェーダでは古くから食物はたんに栄養的価値を持つだけでなく、薬としての価値があると考えていた。

それだけ、食事は健康増進や病気予防に重要な要素となるが、アーユル・ヴェーダでは食事に関して、次のことを三大原則としている。
①有用な食物を食べること
②適量を食べること
③前回の食べ物が消化された後で食べること

これは、摂取した食物が人体の組織（ダートゥ）に養分を補給し、免疫力を高め、機能を維持するためにぜひ必要なことである。この過程でオージャス（活力素）が生成されるが、これがうまくいかないとドーシャのバランスが崩れて、病気になってしまうのである。

そのうえで、より具体的な食物の選び方については、ある法則性に基づいて実に詳細な規定が定められている。その法則性がどのようなものか、とくに主要なものについて見ておこう。

アーユル・ヴェーダによれば、すべての食物はどれも6種類の味（ラサ）のうちの一つ以上を持っている。6種類の味とは、甘味、酸味、塩味、辛味、苦味、渋味である。また、2種類の薬力源（ヴィールヤ）のいずれかを持っている。薬力源には熱性と冷性がある。

これらの性質はドーシャのバランスに独自の影響を与える。

ラサに関しては、甘味、酸味、塩味はカパを増加させ、ヴァータを減少させる。辛味、苦味、渋味はヴァータを増加させ、カパを減少させる。ピッタは甘味、苦味、渋味で減少し、酸味、塩味、辛味で増加する。ヴィールヤについては、熱性はピッタを増加させ、冷性はヴァータとカパを増加させるのである。

そして、たとえば、体質（プラクリティ）・年齢・季節・時刻などを考慮して、ヴァータが増加しやすい傾向にある場合には、ヴァータを増加させるような食物を避け、カパとピッタを増加させるような食物を摂取するようにするのである。

どの食物がどのような影響をトリ・ドーシャに与えるかについては、アーユル・

食物とトリ・ドーシャの関係一覧表

		ヴァータ	ピッタ	カパ			ヴァータ	ピッタ	カパ
肉類	牛肉	▼	△	△	乳製品	バター	▼	△	△
	鶏肉	△	—	▼		牛乳	▼	▼	△
	子羊	△	—	▼		ギー	—	▼	—
	肝臓（レバー）	△	△	▼		ヨーグルト	▼	△	△
	キジ	△	△	▼	野菜	アスパラガス	▼	▼	▼
	ブタ	△	△	△		ナス	△	△	△
	ウサギ	△	△	—		ブロッコリー	△	▼	▼
魚類	トビウオ	▼	△	△		キャベツ	△	▼	▼
	カニ	△	△	▼		タマネギ	△	△	▼
	ニシン	▼	△	△		ジャガイモ	△	▼	▼
	サバ	▼	△	△		ホウレンソウ	△	△	▼
	サケ	△	△	—	果実	リンゴ	△	—	▼
	マグロ	▼	△	▼		バナナ	△	▼	▼
穀物	大麦	—	▼	—		ブドウ	▼	▼	—
	豆	△	▼	△		レモン	—	△	△
	トウモロコシ	△	▼	▼		メロン	▼	△	△
	バスマティ米	▼	▼	—		オレンジ	▼	△	—
	玄米	▼	△	△					
	精白米	▼	▼	—					
	胚芽米	▼	▼	—					
	ライ麦	△	△	▼					
	大豆	△	△	▼					
	小麦	▼	▼	△					

【凡例】
△：増加
▼：減少
—：無関係

ヴェーダには膨大なデータの蓄積がある。その一例を少数だが一覧表にあげておこう。

こうして、アーユル・ヴェーダの専門家によってそのときどきのドーシャの状態を正確に診断してもらうことで、何をどのように食べればよいか、アドバイスを得ることができるのである。

◎正しい睡眠

睡眠もまた心身の健康に不可欠な要因だが、アーユル・ヴェーダではこれについてもドーシャとの影響関係によって考えている。

それによれば、カパの増大が睡眠をもたらす（＝睡眠がカパを増大させ）、ピッタの増大が睡眠を減少させる（＝睡眠不足がピッタを増大させ）、ヴァータの増大

によって睡眠は不規則となり不眠となる（不規則な睡眠がヴァータを増大させる）のである。

そこで、たとえば、ピッタが増大する夏には睡眠量を増やすべきだが、夏は夜が短いので、昼寝をすることでカパを増大させ、心身の疲労を回復する必要があるとされるのである。とはいえ、カパが増大しやすい状態の者にとっては悪影響を及ぼすので、注意する必要があることになる。

また、不眠で睡眠不足なら、食事を改善したり、適切なオイルマッサージをしたりして、カパを増大させ、ピッタを減少させるようにすればいいのである。オイルマッサージに使用されるオイルには、種類によって、いずれかのドーシャを鎮静化させる効果があるので、その種のオイルを適切に用いればいいわけだ。

このようにして、アーユル・ヴェーダではドーシャのバランスを整え、適度な睡眠が得られるように工夫するのである。

◎正しい性生活

インドでは古くから性の問題は重要なものと考えられ、古代サンスクリット語で書かれた『カーマ・スートラ』という性愛のテクニック書もあり、ヴェーダの経典の一つになっている。アーユル・ヴェーダもこの伝統を受け継いでおり、性的問題を重視している。

アーユル・ヴェーダによれば、性行為は生物の本能であり、生理的欲求の満足と種族保持という二つの大きな目的がある。

健康維持や幸福のためにはこの二つを理想的にコントロールする必要があるが、ここでも考慮されるのはドーシャへの影響である。

基本となるのは、性行為はヴァータとピッタを増大し、カパを減少するということである。

そこで、カパが増大傾向にある若い世代の方が性行為には向いていることになる。ただ、十代の場合には身体成長のためのエネルギーを浪費してしまうので、避けた方がよいとされる。老人もヴァータが増大傾向にあるので性行為は避けた方がよい。

同様の考え方で、性行為を行ってよい季節や時間も決定されてくる。インドでは季節を六つに分ける習慣がある。シシラ（冬）、ヴァサンタ（春）、グリーシュマ（夏）、ヴァルシャー（雨季）、シャラダ（秋）、ヘマンタ（冬の前の寒い時期）である。このうち、夏と雨季は体力は減退するし、ヴァータとピッタが蓄積または増大する傾向にあるので性行為は減らした方がよいとされる。カパは冬に蓄積し、春に増大するので、この季節には性行為の回数は増やしてもよく、春は4日に1度くらいが望ましいとされている。そして、性行為は夜早くに行うのがよく、ヴァータやピッタ

が増大する夜明け、真昼、夕方、真夜中は避けなければならないのである。

このように、アーユル・ヴェーダでは人間が健康かつ幸福に暮らすために必要な指針をライフスタイルの様々な局面において規定している。このことからも、アーユル・ヴェーダがたんなる医学を超えたもので、人の生き方そのものに指針を与えるものだということがわかる。

☪★ アーユル・ヴェーダの診察

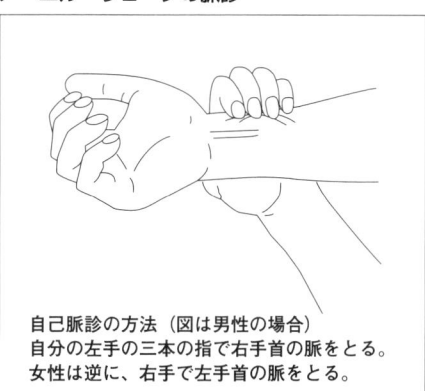

アーユル・ヴェーダではドーシャのバランスの乱れから病気の様々な症状が起こると考えている。

そこで、病気の治療にあたっては、まずドーシャのバランスがどのような状態にあるか医師による診察が行われる。

診察は様々な角度（脈診・尿検査・糞便検査・舌診・目の検査・聴診・触覚検査・身体検査など）から行われ、総合的に診断が下されるが、中でも主要なものとして脈診と問診がある。

◎脈診

アーユル・ヴェーダでは脈診においてもその基本はトリ・ドーシャのバランスを見極めることにある。

脈診は橈骨(とうこつ)（手首の親指側にある骨の出っ張り）動脈上の3ヶ所で診断する。この脈の上に手首の側から人差し指・中指・薬指を並べて脈を測る。その3ヶ所が順に、ヴァータ、ピッタ、カパの優勢な脈とされる。それぞれ、「蛇脈」「蛙脈」「白鳥脈」と呼ばれる。「蛇脈」はくねくねと揺れ動くようであり、「蛙脈」はぴょんぴょん跳ねるようであり、「白鳥脈」は穏やかで安定したやわらかい感じだと説明されている。

この脈診によって医師はドーシャの状態を知るのだが、優れた医師になるとこれだけで患者の現在の状態ばかりか、過去の病歴まで細かく言い当ててしまうことがあるという。

アーユル・ヴェーダの脈診

自己脈診の方法（図は男性の場合）
自分の左手の三本の指で右手首の脈をとる。
女性は逆に、右手で左手首の脈をとる。

◎問診

アーユル・ヴェーダでは問診は非常に丁寧に時間をかけて行われる。

問診のテーマの一つは患者の健康状態である。アーユル・ヴェーダの考え方では、トリ・ドーシャの状態によって様々な症状が現れる。逆にいえば、詳しい症状を知ることでドーシャの状態も把握できる。だから、患者の健康状態について出来るだけ情報を得ようとするのは当然といっていい。

食事、睡眠、性生活などの患者のライフスタイルもドーシャのバランスに大きく影響するので、当然、問診の重要なテーマである。

このほか、患者の両親や祖父母についての質問もある。患者はこれらの人たちから基本的な身体のタイプを受け継いでいると考えられるからだ。

西洋医学では考えられないことだが、患者のカルマまでが問題になる。カルマはサンスクリット語で「行為、運命」という意味で、前世の行為の集約というべきものだ。インドのヒンズー教ではこのカルマが今世と来世の運命を決定すると信じられており、アーユル・ヴェーダでもカルマは患者の体質に大きく影響すると考えられている。それで、患者のカルマを探るために、患者の過去についての情報も必要になるのである。

☪ アーユル・ヴェーダに特徴的な治療：パンチャ・カルマ

診察に続いて治療が行われる。

アーユル・ヴェーダの治療には様々な手法がある。

食事やライフスタイルはドーシャのバランスに影響するので、それについて指導するのも治療の一環である。ヨーガのような運動を取り入れることもある。ハーブなどの薬品も使用される。アーユル・ヴェーダでは薬品も食物とまったく同じような仕方でドーシャに影響すると考えられており、研究者たちは薬や治療用途に関する膨大なデータを収集しており、そこには8000種に上る処方があるという。

数多い治療法の中でもアーユル・ヴェーダに特徴的なものとして浄化療法（ショーダナ）がある。

この療法は、前処置＋主処置＋後処置という流れで行われるが、その主処置として五つの浄化法が用意されていることからパンチャ・カルマ（五つの浄化法）とも呼ばれる。

その内容は右表のとおりである。

浄化療法（ショーダナ）の流れと内容

前処置	オイルマッサージ（スネーハナ）	オイルを使用したマッサージで、体内の不純物の排除、筋肉や関節の浄化、血液循環の改善などの効果がある。
	発汗療法（スウェーダナ）	熱を利用するもの、運動・衣服を利用するものがある。汗は身体の不純物であり、発汗は病気を治すのに役立つと考えられている。
主処置	催吐療法（ヴァマナ）	嘔吐を誘発するハーブを用いる方法で、カパの鎮静化に役立つとされる。
	瀉下療法（ヴィレーチャナ）	瀉下（排便）作用のあるハーブを用いる方法で、ピッタの鎮静化に役立つとされる。
	瀉血療法（ラクタモークシャ）	血管から血を抜く方法で、ピッタの鎮静化に役立つとされる。
	経鼻療法（ナスヤ）	点鼻薬で鼻を浄化する方法で、カパの鎮静化に役立つとされる。
	浣腸療法（バスティ）	浣腸を用いて腸をきれいにする方法で、ヴァータの鎮静化に役立つとされる。
後処置	食事療法	主処置後の体力回復のための軽い食事療法。
	薬物投与	主処置後の体力回復のための薬物投与。

☪ アーユル・ヴェーダと占星術

　インドの伝統医学であるアーユル・ヴェーダには輪廻転生やカルマといった神秘的な思想も含まれているが、占星術とも深い関係にあるので最後に触れておこう。

　アーユル・ヴェーダでは人間は小さな宇宙であり、大きな宇宙（実際の宇宙）のレプリカのようなものだと考えている。したがって、十二宮や九つの惑星といった天体の動きも人間の健康と密接な関係を持つことになる。

　たとえば、太陽はピッタを、金星と月と火星はカパを、土星と冥王星はヴァータを増加させる。また、水星は人体の組織であるダートゥの働きを乱すのである。

　天体の運動は人間の身体ばかりでなく、精神の働きにも作用するとされている。アーユル・ヴェーダや占星術では人間の精神を素質によって3種類に分類している。サトヴィック（善良）、ラジャスティック（高貴）、タマシック（邪悪）である。そして、太陽、月、木星はサトヴィックな特質の人間に、金星と水星はラジャスティックな特質の人間に、土星と火星はタマシックな特質の人間に影響を与えると考えている。

　そこで、アーユル・ヴェーダでは天体の運行と人間の関係を扱う学問である占星術も重要なものと認めている。アーユル・ヴェーダの考えでは、占星術を研究することによって、正しい診断、病気の根本原因の究明、適切な処方などが可能になるし、特定の人がこれからかかる病気まで予言できるというのである。

中国医学
全宇宙と人間を貫く「気」の理論

☪★ 近年になって再評価された中国医学

　中国医学（中国の伝統医学）というと、日本では非常に古い時代から現在まで、常に人々に親しまれ続けてきた医学、という印象がある。

　なんといっても日本の場合、中国医学は6世紀ころには伝えられていたし、平和な江戸時代には大いに盛んだった。そのころ、中国医学は「漢方」「漢方医学」と呼ばれるようになったが、これは江戸時代にオランダから伝えられた医学を「蘭方」と呼んだのに対して、そう呼ばれるようになったのである。そして、誰もが知っているように、現在の日本でも鍼灸、按摩、漢方薬など、中国医学は近代西洋医学を補完する重要な医療の一環として、さらには心身を癒すヒーリングとして大勢の人々に利用されているのである。

　また、2、30年ほど前からは、外気功という超能力めいた治療法もよく知られるようになってきた。これは、気功師と呼ばれる治療者が、「気」のパワーを自由に操り、手のひらなどから放出して患者に浴びせることで、その病気を治すというものである。このような治療法は伝統的な中国医学のものではないが、やはり中国からやってきたものである。

　しかし、そんな日本でも中国医学は常に注目されていたわけではなかった。
　とくに明治時代以降はそうだった。明治16年、政府は近代的な西洋医学を修めたものだけが医師になれるという法律を作った。このため、漢方医学は制度的に排除され、時代遅れの医学として衰退することになったのだ。その後も中国医学は民間医療としてどうにか生き残り、完全に消え去ったわけではなかったが、江戸時代の隆盛とは比べようがなかったのである。

　そんな中国医学があらためて注目されるようになったのは、実はそれほど古い時代のことではなく、1970年ころからの傾向なのである。

☪★ 西洋医学と異なる見方をする中国医学

　では、一度は衰退した中国医学が、近年になって再評価された背景には、いったいどのような理由があるのだろうか？
　そこでよくいわれるのは、そのころから近代科学に対する反省や批判が起こり始

めたが、近代医学の分野ではそうした動きはとくに活発だったということだ。その結果として、多くの人々が近代医学の限界について語るようになったのである。

たとえば、近代医学では人間を物質として扱ううえ、病気の部分を治すという要素論的見方をするが、はたしてそれで十分なのだろうか？　という疑問がある。人間は機械ではないし、たんなる物質でもない。有機体として全体がまとまった存在なのだから、もっと違ったアプローチが必要なのではないかということだ。

そして、このことと同時に重要なのは、近代医学に欠けている、人間の心身を全体的なものとして見る視線が、中国医学をはじめとする伝統医学には備わっていたということだ。人間の存在を全体的なものとして捉えるという態度は、多くの伝統医学に共通の特徴といっていいものなのである。

しかも、中国医学やインドのアーユル・ヴェーダといった伝統医学には近代医学よりもはるかに長い、千年を超える歴史があり、それに根ざした経験と蓄積がある。そこから多くのことを学べるということに人々は気がついたのである。

こうして、近代医学の不十分さを補うものとして、世界的規模で様々な伝統医学が再評価されることになった。

このような動きの中で、数多い伝統医学の中でも日本人が一番に関心を引き付けられたのが中国医学だったということは、過去の歴史から考えても当然のことといっていいだろう。

★ 鍼灸治療を中心にして確立した中国医学

では、中国医学とはどのようなものなのか。

中国医学とはもちろん中国で生まれた医学のことだが、中国で生まれた医学のすべてが中国医学というわけではない。

いま、一般的に中国医学と呼ばれているものが生まれる以前から、中国には医学が存在していた。たとえば、紀元前11世紀以前の殷王朝時代の中国でも医療行為は行われていた。ただ、その時代の医療行為は多くの部分をお払いの儀式などに頼る呪術的なものだった。今日、中国医学と呼ばれているのは、この種の呪術的なものとは別のものである。

ここでその全体像を簡単に説明するなら、中国医学は漢代のころに、鍼灸療法と結びついてその基本が成立したものである。

この時代に鍼灸療法の中でもとくに鍼療法が大いに発達し、独自の医学理論が形成された。「気」「陰陽論」「五行説」「経絡」「経穴（ツボ）」などを前提とした医学理論である。

鍼療法の医師たちはその理論を『黄帝内経』という書にまとめ上げた。これは『素問』と『霊枢』という2書から成る論文集のようなもので、中国医学最古の古典とされるものである。
　続いて、『黄帝内経』の不備を補い、発展させる形で『黄帝八十一難経』が後漢代に作られた。この2書によって鍼灸医学の理論的枠組みが整えられたのである。黄帝は中国神話上の帝王で、題名にその名があるのは一種の権威づけのためである。

　この理論が後に薬物療法（湯液＝せんじ薬）の基礎理論としても採用されることになった。
　中国の薬物書としては後漢代に成立した『神農本草経』が最古のものとして特別な権威を与えられている。これは古くからある生薬（漢方）の知識を集大成したものである。神農は黄帝と同様に神話上の帝王である。
　後漢末期には張仲景の手になる『傷寒雑病論』が成立した。これは湯液（せんじ薬やエキス剤）を中心とする療法と薬の処方を集成したもので、今日の漢方湯液療法の原典というべき古典である。そして、『黄帝内経』『神農本草経』『傷寒雑病論』は中国伝統医学の三大古典ともいわれる。
　ここでとくに注目しなければならないのは『傷寒雑病論』で、この書によって鍼灸医学の脈診を中心とした診断法と薬物による治療法が緊密に結びつけられたのである。この時代にはまだ鍼灸療法と薬物療法の医学理論は統合されたわけではなかったが、『傷寒雑病論』が踏み出した方向は後の中国医学に大きな影響を与えた。その結果、金・元の時代になって鍼灸療法・薬物療法を含む中国伝統医学の基礎理論が統合されることになったのである。
　こんなわけなので、中国医学を理解しようとするなら、とにかく鍼灸療法とは何かを知るのがよいだろう。つまり、「気」「陰陽論」「五行説」「経絡」「経穴（ツボ）」というのはいったいどういうものかということである。

☾★ 中国医学の大前提である「気」とは何か

　第一に理解したいのは気である。
　中国医学は気の存在を前提としており、何を語るにもとにかく気という言葉を用いる。これは鍼灸療法に限ったことではなく薬物療法でもそうである。中国には伝統的に導引（健康体操）、行気（呼吸法）などの様々な養生法があり、広い意味で医学の一種ともいえるが、これもまた気を前提としている。
　また、中国医学では人間の存在を自然界と結びついた有機体として全体的に把握し、健康について考えるわけだが、このような見方が可能になるのも気を前提とし

ているからなのである。
　中国医学にとって、気とはそれくらい重要なものである。

　そんな気の概念が古代中国でいつ誕生したかははっきりしないが、戦国時代（紀元前4世紀〜前3世紀ころ）には誰もが気の存在を前提に議論していたほどで、中国医学だけでなく、中国文化全般の前提条件になっていた。
　それらの議論からわかるのは、気とは宇宙にある森羅万象の最も基本的な構成要素だということだ。それは微細な粒子のようなものともエネルギーのようなものともいうことができる。
　気をイメージする場合、基本的には風のような気体、水のような液体と考えるのがよいだろう。それが宇宙に充満しており、絶えず流れて変化している。そして、天体の運行、季節や天候、動植物の成長など、すべての原因に気があるのである。

　気は流体だといったが、固体になることもできる。気体である気が凝集すると液体になり、それがさらに凝集すると固体になるのである。逆に、固体が液体になり、液体が気体になることもある。そして、宇宙にある万物は気でできている。ただ、固体になるとそれはそれ自身の名前で呼ばれるので、気といった場合、気体や液体のような流体であることが多いのである。
　人間の肉体も気が凝集してできたものである。また、宇宙がそうであるように人間の体内にも気が充満し、流れている。人間の肉体は宇宙の縮図なのである。人間の体内にあるこの液体状の気は「気血」と呼ばれる。
　この気血の流れが順調でバランスが取れていれば人間は健康だが、その流れが塞がり滞ると病気になる。それで、鍼灸療法でも薬物療法でも、中国医学では気血の流れの塞がった部分を流通させ、それを順調にすることが病気治療の目的となるのである。

☪★ 陰陽五行説という気の科学

　このように、中国医学ではすべての前提に気があるが、これまでの話からわかるように、気はそれ自体が非常にあいまいでつかみどころがない。
　人間の病気の説明はいうまでもないが、自然界の様々な現象を気だけで説明しようとすれば、気の運動、変化、性質、状態を把握するためのより厳密な理論が必要になるのは当然である。
　この目的で作られた気の科学とでも呼ぶべきものが陰陽五行説である。
　陰陽説と五行説はもともとはまったく別に誕生したものだが、漢代ころまでに一

つの理論として統合された。そして、人間の肉体を扱うという、より厳密な理論を必要とする医学に取り入れられたことで、陰陽五行説はさらに発展することになったのである。

以下のような考え方である。

◎陰陽説

陰陽説は陰と陽という対立・比較によって、気を把握しようというものである。陰陽の対立・比較の項目はいくらでもあげられる。

陰陽の対立・比較

陽	男	雄	日	天	山	上	高	昼	表	動	速	急	熱	臓	気
↕	↕	↕	↕	↕	↕	↕	↕	↕	↕	↕	↕	↕	↕	↕	↕
陰	女	雌	月	地	谷	下	低	夜	裏	静	遅	緩	寒	腑	血

応用するのもそれほど難しくないだろう。上が陽、下が陰なのだから、上半身は陽、下半身は陰である。頭は陽、足は陰である。液体は陽、固体は陰である。また、軽い病気は陽、重い病気は陰である。

『黄帝内経(こうていだいけい)』では人間の主要な内臓を五臓（肝・心・脾・肺・腎）と六腑（大腸・小腸・胆・胃・三焦(さんしょう)・膀胱(ぼうこう)）に分けているが、このうち五臓は中身が詰まっているので陰、六腑は中空器官なので陽となる。ちなみに、現在も内臓のことを五臓六腑というのはこの影響である。

ただし、陰陽は固定したものでないということは大切である。

高い山と低い山があれば、高い方が陽、低い方が陰である。しかし、その間にある谷と比較するなら、低い山でも陽であり、谷が陰である。夏と冬は陽と陰だが、冬の中でも暖かい日と寒い日は陽と陰になる。また、川の流れの波には山と谷があり、陽と陰だが、この山と谷は絶えず変化している。

こうして、陰陽説によって、昼・夜、暑い・寒いのように対立するものが交代する現象が説明できるのである。

また、陰陽説は生き物や物の誕生や生成を説明する原理ともなる。それは男女の組み合わせから子供が生まれるという当たり前のことがらを自然界に応用したもので、陰と陽の組み合わせからこの世のすべてが生まれると考えるのである。

◎五行説

五行説はこの世界にある事物や現象を木・火・土・金・水の五大要素に分類し、かつそれぞれを関係づける原理である。

中国では、古くからあらゆる事物や現象がこれらの五行に分類され、関係づけられてきた。中国医学でもこの原理を利用して、様々な医学的現象や事物を五行に配当している。

　五行それぞれの関係には相生と相克がある。
　相生とは、木⇒火⇒土⇒金⇒水（⇒木…）という順番でそれぞれの要素が次なる要素を生じていくという関係である。つまり、木が火を生じ、火が土を生じる……以下同様というものである。
　相克とは、五行の各要素を一つおきにした水→火→金→木→土（→水）という順番でそれぞれの要素が次なる要素に克つという関係である。つまり、水は火に克ち、火は金に克ちという具合に続くのである。
　相生と相克のほかに、同じ分類の者同士には親和力があるというのも大切な関係になっている。
　ここから、中国医学でいうところの五宜や五禁の関係を導くことができる。
　たとえば、同類の親和力によって、同じ木属の肝と目の健康は通じており、肝がよくなれば目もよくなるとされている。酸味のもの、麻、李、韮なども目や肝によいとされる。そこで、肝病ならば酸味のもの、麻、李、韮などを食べればよいということになる。このような関係が五宜である。すべての食品だけでなく、すべての漢方薬にも酸っぱい、苦い、甘い、辛い、鹹い、という五味があるので、この性質は薬物療法の分野にも応用されるのである。
　また、相生関係にあるので、木属の食品を食べても火属の心には悪い影響は出ない。
　だが、木属は相克関係によって土属に克つので、脾には悪影響を与える。（脾は現在の脾臓ではなく、およそすい臓の機能を持つとされていた臓器）。だから、脾を病んでいるものは木属のものは避ける必要があるのだ。この関係が五禁である。
　こうした全体的な関係を重要視するので、中国医学は病気の部分を治すのではなく、身体全体を見て、人間の自然治癒力を高めるといわれるのである。

五行の関係図

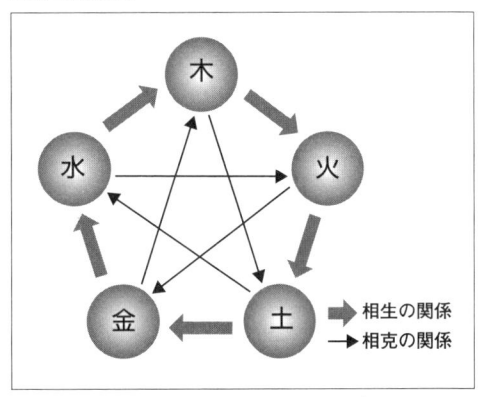

　　　　　木
　　水　　　　火
　　　金　　土

→ 相生の関係
→ 相克の関係

五行の配当

	五行	木	火	土	金	水
一般的なもの	方位	東	南	中	西	北
	季節	春	夏	長夏	秋	冬
	気候	風	熱	湿	燥	寒
	色彩	青	赤	黄	白	黒
	音階	角	徴	宮	商	羽
	惑星	木星	火星	土星	金星	水星
	動物	鶏	羊	牛	馬	猪
	感情	怒	喜	思	憂	恐
	味覚	酸	苦	甘	辛	鹹
	穀物	麻	麦	粳米	黄黍	大豆
	果物	李	杏	棗	桃	栗
	家畜	犬	羊	牛	雞	猪
	菜	韮	薤	葵	葱	藿（豆の葉）
医学と関係深いもの	臓	肝	心	脾	肺	腎
	腑	胆	小腸	胃	大腸	膀胱
	感覚器	眼	舌	唇	鼻	耳
	組織	筋	血脈	肌肉	皮毛	骨
五宜と五禁	五宜	肝病	心病	脾病	肺病	腎病
	五禁	脾病	肺病	腎病	肝病	心病

☾★ 流体となって人体の隅々まで浸透する気

　陰陽五行説という気の理論によって宇宙と人間を有機的に結び付けた古代の鍼灸療法の医師たちは、人間の体内の気についても細かく考察している。

　古代中国では人間の体内にある気を「先天の気」（生まれながらに持っている気）と「後天の気」（生まれた後で手に入れた気）に大別した。

　先天の気とは両親から受け継いだ先天的な気である。

　後天の気は呼吸や飲食物から摂取される後天的な気である。これが体内にあっては基本的に液体状の気となってさまざまな器官をとりまき、かつ流れているのである。そして、中国医学では先天の気と後天の気が結びついて真気となり、人間の生命活動の原動力になるとしている。

　ところで、宇宙の万物はすべて気でできているのだから、人体もすべて気であることは間違いない。しかし、骨や内臓などの固体的な部分はそれぞれその名前で呼

ばれる。したがって、人体内の気といった場合、その基本は液体なのである。

この体内で流れる液体状の気も働きによって細分化されている。

飲食物は胃で消化されて気となるが、その一定の部分は脾の働きによって肺にいき、澄んだ陽の性質を持つ営気と濁った陰の性質を持つ衛気に分かれる。営気は血液を生じて、経脈及び絡脈と呼ばれる脈に入り込んで人体を循環していく。つまり、脈を循環する気は営気と呼ばれ、それはほとんど血液と同義なのである。

一方、衛気は脈の外に出て、血液以外の体液となる。これらの液体には精（精液）・気（リンパ液）・津（唾液・汗）・液（脳脊髄液）などがあるとされている。

飲食物の気のうちで、営気にも衛気にもならなかった残ったものがあるが、そのうち濁ったものは下って排泄物となる。清らかなものは肺に入り、呼吸によって入り込んできた気と結合して宗気となる。宗気は心臓の脈動や肺の活動を促して呼吸を起こさせる力となる気である。そして、呼吸が営気と衛気の運行を支えるのである。

こうして営気は経絡脈の中を循環し、衛気は体内の隅々まで浸透するのである。

人体内の主要な気

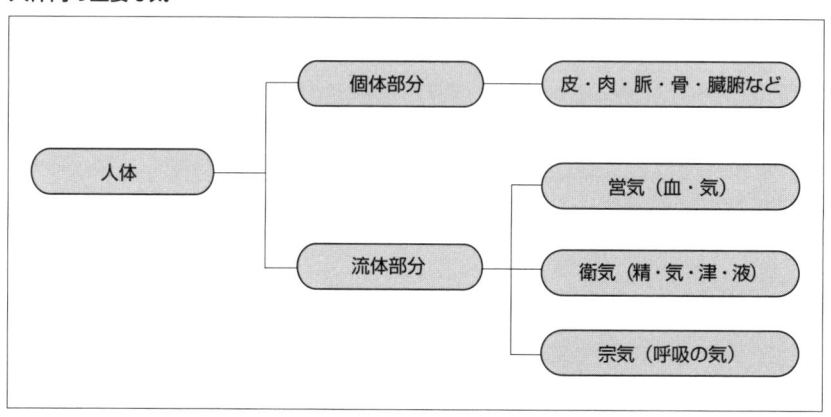

```
人体 ─┬─ 個体部分 ─── 皮・肉・脈・骨・臓腑など
       │
       └─ 流体部分 ─┬─ 営気（血・気）
                     ├─ 衛気（精・気・津・液）
                     └─ 宗気（呼吸の気）
```

☾★ 診断と治療の基礎となる経絡理論

中国古代の鍼灸療法の医師たちは、気の存在を大前提にして人間の健康を考え、人間の体内には「経絡」というものが張り巡らされており、その中を営気という気が循環していると考えた。

ここに登場した経絡こそ、中国医学のキモとなる最も重要な概念である。

なぜ重要なのか。

それは経絡こそが中国医学における病気の診断と治療の基礎になるものだからである。

経絡とは経脈と絡脈のことで、それぞれ気の通り道であり、気の脈である。

この経脈や絡脈は基本的には血管とは違うものである。古代中国人も血管の中を血液が流れていることは知っていたが、彼らは血管を重要視しなかった。それとは別に経絡脈があり、その中を気や血が流れると考えたのである。このような脈は解剖学的に確認できるものではないので、ある種のフィクションといってもいいだろう。ただ、脈によって患者を診察する場合のように、経絡脈が血管と一致していることもある。とにかく、この経絡脈が人間の全身を覆っていると考えるのである。

経脈と絡脈の性質はだいたい次のようなものとされている。

十二経脈と気の流れの順路

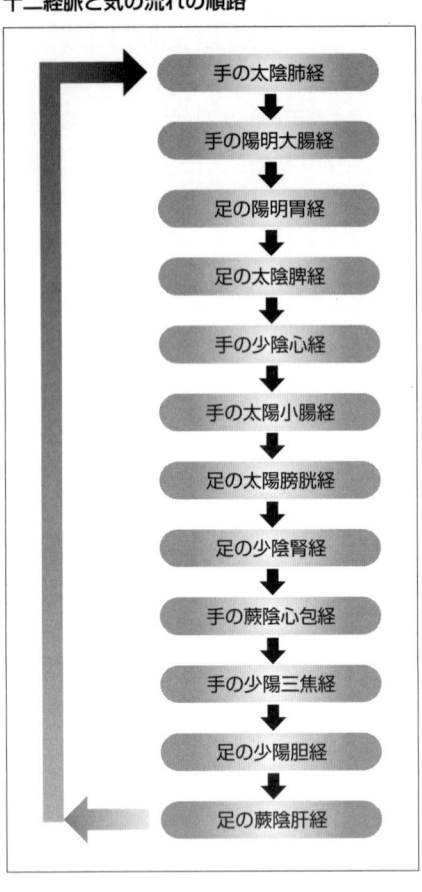

手の太陰肺経
↓
手の陽明大腸経
↓
足の陽明胃経
↓
足の太陰脾経
↓
手の少陰心経
↓
手の太陽小腸経
↓
足の太陽膀胱経
↓
足の少陰腎経
↓
手の厥陰心包経
↓
手の少陽三焦経
↓
足の少陽胆経
↓
足の厥陰肝経

経脈は人間の体を縦に走る大河のようなものであり、12本あり、十二経脈といわれる。

絡脈は経脈から枝分かれし、横方向に広がり、他の経脈からの分枝と結びついて経脈間を連絡する、いうなれば中小河川のようなものである。

経脈は一つの脈の終点が他の経脈の始点となっている。その結果として、十二経脈はつながり、全体が大循環ルートになるのである。また、それぞれの経脈は特定の臓腑と強い結びつきを持っている。

十二経脈それぞれの名と、気の流れの順番は上図のようになっている。

十二経脈の名前の付け方には意味がある。

名前に手・足とあるのはその経脈が手・足のいずれを出発点とするかを示してい

る。

　陰・陽はその領域の区別で、陽経は上部・背部・体表を、陰経は下部・腹部・体内を主な領域にするのである。
　また、陽明－太陰、太陽－少陰、少陽－厥陰という対応関係があり、それぞれが表裏の関係をなすとされており、三陰三陽と呼ばれる。
　それぞれの臓器の名前はもちろん該当する経脈と強い結びつきを持っているものだが、その数は六臓六腑である。『黄帝内経』の段階では経脈は11本であり、人間の臓器は五臓六腑だったのだが、それが進化発展した『黄帝八十一難経』になって経脈は12本となり、それに合わせて臓器は六臓六腑となったのである。六臓とは以前からある五臓（肝・心・脾・肺・腎）と心包である。六腑は大腸・小腸・胆・胃・三焦・膀胱である。
　ただ、このうち心包と三焦は現実には存在しないもので、心包は心臓を保護するもの、三焦は飲食物などから変換された気を体内に送り出す部分である。
　経脈にはほかに奇経と呼ばれるものが何本かあるが、それは十二経脈からあふれた気を蓄える非常用の貯水池のようなものであり、経脈の働きを制御するものとされている。
　奇経のうち背部正中線を通るものを督脈、腹部正中線を通るものを任脈といい、この2本と十二経脈を合わせたものを十四経と呼んだ。後述する経穴（ツボ）はみなこの十四経上にあるとされるのである。

　このように経絡を中心に考えることで、人間の体は十二経脈によって12の領域に分かれることになる。
　だから、体のどこかに病気があり、ある症候が現れたならば、それは必ず十二経脈のどれかと結びついているので、その脈が乱れるのである。人間の体は流体状の気に満たされているといえるので、何かの異常は必ず波動となって伝わっていくからである。
　しかし、注意しなければいけないのは、ある特定の病気があるから、それに対応した十二経脈の脈が乱れるという順番で考えてはいけない、ということだ。これは、逆に、ある経脈の気の流れに乱れが生じたときに、それに応じた症候や病気が現れるといっても同じことなのである。中国医学的には、ある病気と脈の乱れは互いに呼応しあっているといっていいのである。
　したがって、中国医学における病気とは、ある特定の臓腑の病気であるとしても、それは同時にその臓腑が属する経脈の気の流れの病気なのである。

☾★ 病気を引き起こす外因・内因・不内外因

　病気の原因についても見ておくことにしよう。
　中国医学では病気の主要な原因について、外因、内因、不内外因の三つがあると考えている。
　外因とは外部的影響のことだが、これは気象や天候に関係するものである。天には風、寒、暑、湿、燥、火の六気があり、理想的には季節とともに穏やかに推移すべきものだが、それが急激に変化したときなど、邪気として人体に悪影響を与えるのである。この邪気は皮膚から体内に入り、どんどん内部へ進み、経絡へ入り、ついに臓腑にいたるとされている。
　内因は精神状態に関係するものである。つまり、大きな驚愕、積もる怨恨などが病気を引き起こすとするもので、そのような心的作用には喜、怒、悲、恐、驚、憂、思があるとしている。怒れば気が逆上し、喜べば気は弛緩し、悲しめば気は消沈するというように、強い心的作用が気の流れに影響を与えるからである。この場合、気の乱れは臓腑に発し、経絡を通り、だんだんと外に向かって肢体に現れるとされている。
　不内外因は内因でも外因でもないもので、飲酒や性などに起因するものだとされている。

☾★ 脈を重要視する中国医学の診断

　ある特定の病気がある特定の脈の乱れと呼応しあっていると考える中国医学では、病気の診断においてもそれにふさわしい方法が重要視されることになった。その方法というのが脈診である。
　もちろん、中国医学には脈診以外の診断方法もある。
　中国医学の診断方法は四診と呼ばれ、望・聞・問・切の4種がある。その内容は以下のとおりである。また、臨床的には症状そのものの診断も重要視される。これ

四診──中国医学の四つの診断方法

診断法	内容
望	顔の色つやなどから状態を判断する。(視診・舌診)
聞	咳や呼吸音、腹部の振水音、口臭、体臭によって判断する。(聴診・嗅診)
問	家族や自身の病歴、生活状況、病気の状態などを患者自身から聞く。(問診)
切	患者の体に触れて判断する。(脈診・腹診・触診)

らの診断法の中で、とくに切に含まれる脈診が理論的に重要視されたということである。

脈診の方法は『黄帝内経(こうていだいけい)』の時代からいろいろ考案されたが、現在では手首部だけですべての経絡脈を診断するという方法が一般的になっている。この方法は『黄帝八十一難経(こうていはちじゅういちなんぎょう)』に原型があり、西晋時代に作られた『脈経』に集大成された方法を基本にしたものである。飲食物が営気に変化して十二経脈を巡行する際に始点となり終点となるのは肺経だが、手首部にはその肺経を含む手太陰肺経が流れている。それで、臓腑経絡のすべての情報が集中的にこの部分に表示されると考えられているのである。

具体的には左右手首の橈骨(とうこつ)動脈の寸・関・尺と名づけられた3部位で脈を測る。これらの部位はそれぞれ六臓六腑と結びついており、それによってどの部位の問題であるかがわかるようになっている。脈の状態は強さ・速さ・順調さなどによって区別され、主要なタイプが24または28あり、浮・沈・遅・数・虚・実などと名前がついている。これらの脈のタイプの組み合わせにより、脈の状態が判断され、どんな病気であるか診断が下されるのである。

脈診の部位

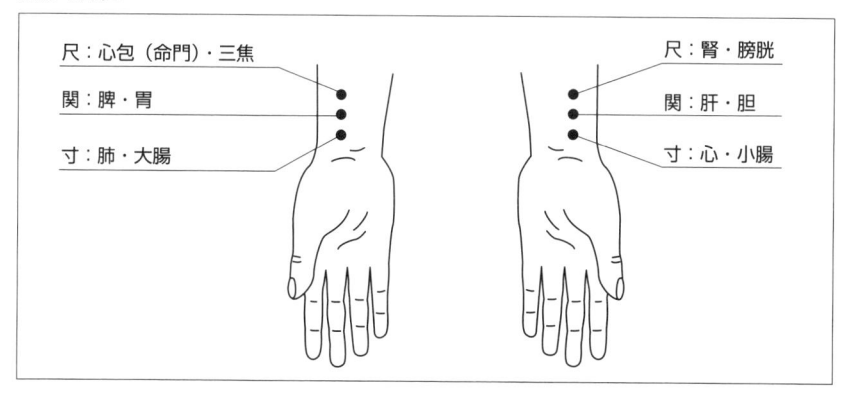

尺：心包（命門）・三焦
関：脾・胃
寸：肺・大腸

尺：腎・膀胱
関：肝・胆
寸：心・小腸

☪★ 鍼灸(しんきゅう)療法における経穴(けいけつ)（ツボ）と治療

鍼灸療法については、日本人ならば多くの人がおよそのことを知っているかもしれない。それは人体の表面に数多くある特別なポイント（経穴＝ツボと呼ばれる）に専用の針を刺したり、灸によって熱を加えることで病気を治すというもので、世界に類のない、特異な医療である。

それにしても、体の表面の特定の点の刺激によって、どうしてそこから遠く離れた体の奥深くにある内臓の病気などが治ったりするのだろうか。確かに不思議な感じがする。
　だが、この不思議もまた経絡(けいらく)理論で説明できるのである。というか、この不思議を理論的に説明するために経絡理論があるのである。

　先述したように人間の体には縦に十二の経脈が走っており、人体全体が十二の領域に分かれている。それは人体の表面においても同じことである。この結果、体の表面に分布する特定の点への刺激が十二経脈のどれかの気の流れに影響を与え、治療にとって効果的な作用を及ぼすことになるのである。
　古代の鍼灸療法の医師たちは人体表面のある点への刺激が、特定の病気に効果的であることを発見し、その経験を積み重ねた。そして、経絡理論によってその経験を理論的に説明したということだろう。

手陽明大腸経の経穴図　　　　**足陽明胃経の経穴図**

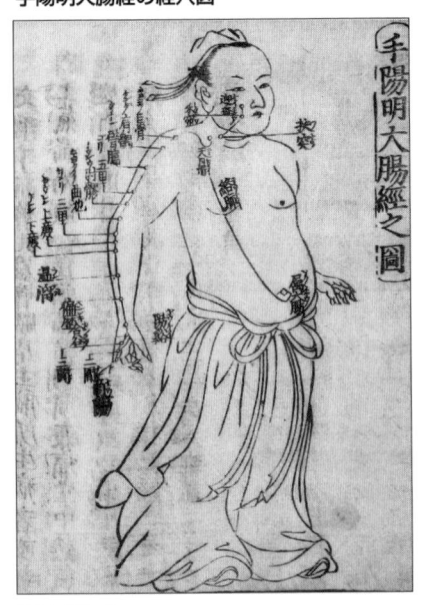

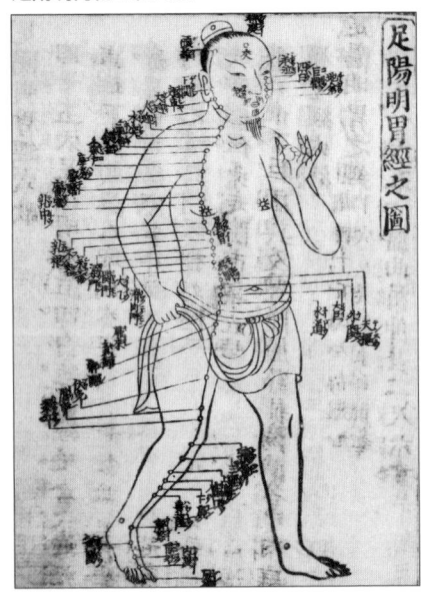

『十四経発揮(じゅうしけいはっき)』の図。
『十四経発揮』は1341年成立。全3巻。元代(1260~1368)の滑寿が著した経絡・経穴についての教科書的な書である。

このように、治療にとって効果的な点を経穴=ツボというわけだが、それは基本的には「手陽明大腸経の経穴図」にあるように経脈上に分布しており、独自の名前がついている。とはいえ、経脈は一部だけが体の表面を走り、それ以外は体内を走っているので、経穴は経脈そのものにあるというより、密接に経脈と関係づけられているといった方がいいだろう。
　経穴の数は1年が365日であることから、古くから全部で360とか365とか、だいたいそれに近い数に定められている。しかし、時代によって諸説あるし、中国と日本で経穴の位置が違っていることもある。また、経穴の中にはあまりに危険なので使われない場所もある。

　これらの経穴に灸による熱を与えたり、鍼による刺激を与えることで、気血の補瀉を行うというのが鍼灸療法の治療の基本である。補とは気を補うことであり、瀉とは気を体外に排出したり、別の場所に移すことである。
　病気は気の流れの乱れによって起こるが、それの原因を突き詰めれば、気血の虚実に分けられる。虚とは気が足りないことであり、実とは気が余分にあるということである。
　そこで、気血が虚の状態ならば補の手法を用い、実の状態ならば瀉の手法を用いるのである。鍼の場合ならば、素早く刺す、ゆっくり刺す、素早く抜く、ゆっくり抜く、しばらく刺したままにしておく、などを組み合わせることで補の効果や瀉の効果を持つのだといわれている。

　治療にあたっては陰陽五行の気の理論も重要な意味を持つ。
　たとえば、十二経脈にはそれぞれに井・栄・兪・経・合に分類される五つの経穴があり、五兪穴と呼ばれている。これは気の流れを川の流れにたとえたもので、井=水源・泉、栄=泉から出た流れ、兪=中流域のよどみない流れ、経=川下の大きな流れ、合=湖に入る流れとされている。この五兪穴も五行に配当されており、春は栄、夏は兪、秋は合、冬は井という具合に季節や症候に応じて適切なツボが選ばれるのである。
　しかし、灸に比べて鍼ははるかに危険な療法である。『黄帝内経』に「上手な医者は気を順調にし、病気を治せるが、中くらいの医者は気を乱し、かえって病気を悪くしてしまう。へたくそな医者になると気を断ち切って患者を殺してしまう」という内容のことが書かれている。このような療法は特別な知識と技量を持った専門家だけができるものなのである。

陰経の五兪穴

五兪穴（陰経）	肺経	脾経	心経	腎経	心包経	肝経	五行
井	少商	隠白	少衝	湧泉	中衝	大敦	木
栄	魚際	大都	少府	然谷	労宮	行間	火
兪	太淵	太白	神門	太谿	大陵	太衝	土
経	経渠	商丘	霊道	復溜	間使	中封	金
合	尺沢	陰陵泉	少海	陰谷	曲沢	曲泉	水

陽経の五兪穴

五兪穴（陽経）	大腸経	胃経	小腸経	膀胱経	三焦経	胆経	五行
井	商陽	厲兌	少沢	至陰	関衝	足竅陰	金
栄	二間	内庭	前谷	通谷	液門	侠谿	水
兪	三間	陥谷	後谿	束骨	中渚	足臨泣	木
経	陽谿	解谿	陽谷	崑崙	支溝	陽輔	火
合	曲池	足三里	少海	委中	天井	陽陵泉	土

☾★『神農本草経』と薬物学の始まり

　中国では漢代に鍼灸療法の医師たちによって医学の基礎理論が作られたが、薬物学の基礎も同じころに作られることになった。

　中国には薬物療法にも長い歴史があった。鍼灸療法は中国北方の黄河流域で発達したのに対して、薬物療法は南方の揚子江付近で発達したとみられている。北方は不毛の地で薬用にすべき植物が乏しかったが、南方はそうではなかったというのがその理由である。

　こうして蓄えられた薬物の知識が前漢末から後漢にかけて整理され、『神農本草経』という本草書が成立した。本草というのは薬物学のことで、このころに薬物学が学問として認められたのである。

　神農は中国神話中の帝王、医薬神で、各地からあらゆる草木を集め、自ら嘗めてその効果を探り、1日に70種の毒にあたったこともあるが、これによって薬草の効用を極めたという伝説がある。

　『神農本草経』には1年にちなんで365種の生薬（動・植・鉱物薬）が収録され、薬効によって上品（上薬）・中品（中薬）・下品（下薬）に分類されている。この分

類の特徴と取り上げられている生薬はだいたい以下のようなものである。

薬の分類	種　数	特徴	生薬
上薬	120種	健康維持のために普段から長期間服用できる毒性のないもの	霊芝・人参・地黄・甘草・茯苓・沢瀉・黄連・大棗・枸杞など
中薬	120種	虚弱な者の体力増強、病気予防を目的とし、使用法によって毒にも薬にもなるもの	黄連・黄芩・乾姜・麻黄・葛根・芍薬・牡丹・当帰・山梔子など
下薬	125種	有毒であり、病気治療に使用される薬であり、長期間服用してはいけないもの	附子・桃仁・杏仁・大黄・半夏・蜀椒・常山・甘遂・水蛭など

　興味深いのは、健康維持、病気予防などの薬が上位に、病気を治す薬が下位におかれているところだ。したがって、現在の西洋医学の薬は中国医学的にはほとんどが下位の薬になってしまうのである。
　鍼灸医療の書である『黄帝内経』には「聖人（良い医者）は既病を治さずして、未病を治す」という言葉があり、現在もよく中国医学は未病の医学といわれるが、『神農本草経』にも同じ思想があることがわかる。
　薬物学の書なので、薬の性質・効能・配合法・製造法・服用法なども網羅されている。また、薬物の説明には酸、鹹、苦、甘、辛という五味、寒、熱、温、涼という四気の記述もあり、やはり陰陽五行説を取り入れたものになっているのである。

☪★『傷寒雑病論』と薬物学の体系化

　中国の薬物療法は『神農本草経』の内容からもうかがえるように、生薬を使用するものである。生薬とは自然の産物に簡単な加工を施しただけの薬品のことで、有効成分だけを取り出すというような加工はしていないものである。自然の産物なので、植物だけでなく、動物や鉱物も利用される。ただ、そのほとんどは薬草なので、本草という言葉があるのである。
　ところで、生薬を利用するこのような医学は世界的に見てとくに珍しいわけではない。
　それがいかにも中国の薬物学らしい独自性を持つのはその内部に中国独特の理論があるからである。『神農本草経』でいえば、その内容に見える陰陽五行的な思想ということだ。
　その意味で、中国の薬物学にさらに大きな一歩を踏み出すきっかけを与えたのが後漢末に登場した『傷寒雑病論』である。

『傷寒雑病論』は張仲景(ちょうちゅうけい)が作ったとされる医書で、題名のとおり「傷寒」と「雑病」という病気の治療法を扱ったものである。ただし、その当時傷寒で急死するものが多かったことから、内容の中心は「傷寒」におかれている。「傷寒」とは腸チフスのような急性熱性病であり、風邪とかインフルエンザもこれに含まれるらしい。「雑病」とはそのほかの様々な疾病ということなので、扱っている病気は多い。循環器・呼吸器・泌尿器・消化器などの障害や皮膚病、婦人病、精神病、救急治療法などまで扱っている。

　この書が注目される理由はいろいろある。
　その一つは、この書が湯液（せんじ薬）を中心とする療法と薬の処方を集成したものだということだ。湯液は生薬を煮出して作る飲み薬で、現在の漢方で主流となっているものである。つまり、『傷寒雑病論』は漢方湯液療法の原点というべき古典であり、現在も高い価値を持っており、そこに書かれた漢方処方には今日でも頻用されているものが多いのである。
　とはいえ、ここでとくに強調したいのは、今日の漢方の診療体系の基本となっている弁証論治という方法の基礎がこの書によって提出されているということだ。
　弁証とは診断のことで、中国医学では患者の症候を詳しく見極めて病気を判定することを「証を見る」というのである。論治とは、その証に合わせた治療をすることである。証にしたがって治療するということなので、日本の漢方ではこれを随証療法と呼んでいる。
　そのために張仲景が行ったのは、鍼灸(しんきゅう)治療によって確立された脈診を中心とした診断法と治療法を緊密に結びつけることだった。
　そして、数多くの証を類型化するのに三陰三陽の枠組みを利用した。三陰三陽とは十二経脈の陽明ー太陰、太陽ー少陰、少陽ー厥陰(けっちん)という対応関係のことである。
　つまり、張仲景は傷寒をその進行状態によって次のように分類したのである。

　　太陽病→陽明病→少陽病→太陰病→少陰病→厥陰病

　これを六経病というが、このそれぞれが病状によって多数の証に細分化され、それに対応する処方が記載されているのである。
　しかも、それぞれの証は処方と密接な関係にあり、だいたいが証が決まると処方が決まる仕組みになっている。たとえば、太陽病の脈証名（脈診によって得られた証の名）に桂枝湯証(けいしとう)、麻黄湯証(まおうとう)、葛根湯証(かっこんとう)、十棗湯証(じっそうとう)などという名前が並んでいるが、葛根湯証という名前がついた病気には、葛根湯が処方されるという具合である。
　このように六経病と結びつけて病証を診断する方法を六経弁証という。現在の漢

方では、陰－陽、虚－実、表－裏、寒－熱という4対の指標を用いた八綱弁証という病証の診断が行われるが、これは六経弁証を発展させたようなもので、16世紀に生まれたのである。

　こうして、『傷寒雑病論』の登場で中国医学全般が体系化される方向へ進み始めたが、この傾向は北宋時代に一層加速した。春秋戦国時代がそうだったように、この時代にも気の理論が隆盛したからだった。その結果として、中国医学の理論的傾向がより確固としたものになったのである。
　ただし、日本の漢方はそのような方向に進まなかったということは知っておきたい。北宋代以降に高度に理論化した中国医学は同時代に日本にも入ってきたが、江戸時代にはそれがあまりにも煩瑣であることを嫌って、古方派という漢方医学の流派が生まれた。理論の細かすぎる部分はあまり重んじず、経験的部分を重視するという一派だが、これが日本漢方の主流となったのである。中国医学にとって理論的部分は重要ではあるが、それをどこまで厳密に適用するかは中国医学の実践者によって異なってくるのである。

☾★ 気を養うことを目指した養生法

　養生術とは長生きのための健康法である。現在、気功と呼ばれる健康法も養生術の延長にあるものだが、この養生術は古代の中国では医学の一部門に含まれていた。
　中国医学は気を前提にしているが、養生術にとっても気は重要である。
　気の理論では生きることは気を消耗することであり、気が完全に失われれば人は死ぬことになる。そこで、体内の気を失わないようにする、気を強くする、失われた気を外から補うことなどを目的に養生術の技術が開発されたのである。
　それらの技術には、房中術、導引、行気などがある。

◎房中術
　房中術は性の技術で、性を楽しみながら精気を失わないことを目的にしている。
　陰陽論では男性（陽）の精は夕方までに蓄えられ、女性（陰）の精は朝までに満ちるとされた。そして、男性と女性は互いの精によって相互に気を補い養うことができ、それによって体内の気の流れも順調になるのである。中国医学では余った気は瀉し、足りない気は補う必要があるが、それは精気も同じで、性が満ちたら瀉出し、瀉出したら補う必要があるとされた。

◎導引

　導引は健康体操のようなものである。体を動かすことで体内の気を強くしたり、自由にコントロールすることを目的にしている。

　1970年代に湖南省長沙で発掘された紀元前2世紀のものとされる馬王堆漢墓から、『導引図』と呼ばれる帛画（絹に描かれた絵）が発掘され、導引が古代中国で広く行われたことが確認されている。

　伝説では、漢の名医・華佗は五禽戯という体操療法を行ったといわれている。禽戯とは獣の動作のことで、五禽戯は虎・熊・鹿・猿・鳥という5種の動物のポーズをとる体操である。

◎行気

　行気は呼吸法である。呼吸によって天の気を摂取し、それを体内に行き渡らせるのが目的である。

　行気には様々な技法があるが、道教では胎息こそ最も典型的で重要な技法とみなした。これは母体の中にいる胎児の呼吸（無呼吸・へそ呼吸）を理想とし、それを体得しようとするものである。常識的には不可能だが、それができれば仙人になれるといわれた。

ヨーガ
心身の調和を達成する伝統科学

☪★ 様々な目的に利用可能なヨーガの修練システム

いまや一種の健康体操として日本でも大いに流行しているヨーガは、本来はインドで古くから行われていた精神統一のための修行法である。

ヒンズー教、仏教といったインドの宗教では、輪廻転生から逃れて解脱することを最高の目標としているが、それを手に入れるための最も確実な道として、ヨーガを実践してきた歴史がある。

その意味では、ヨーガは決して、いわゆる伝統医学の体系というわけではない。だが、宗教というのでもない。

ヨーガの基本はいまも昔も、「身体の制御」「呼吸の制御」「精神の制御」という3点にある。それで、昔から、ヨーガは宗教目的だけではなく、健康や美容の促進、病気の予防や治療、超自然的な力を得る手段としても利用されてきた。

つまり、ヨーガはもともとただひとつの目的を持つものではなく、様々な目的に利用可能な修練のシステムであり、その中にヒーリングの効能もあったということだ。

そして、ヒーリングの効能という点に関していえば、ヨーガは現在では多くの人々から相当な評価を得ているといえそうである。

ヨーガの実践から得られるヒーリング効果としては、とりわけストレスの解消、精神衛生の促進といったことが強調されている。ヨーガにこのような効能があることは、近年の科学的調査や研究の結果からも明らかになりつつあるという。

具体的には、精神身体的障害の悪化の防止、ストレスへの抵抗力の強化、知能指数や記憶力の上昇、血糖値・脈拍数・血圧・呼吸数・体重の減少といった効果があるという。また、高血圧、不安神経症、粘液性大腸炎、気管支喘息など、ストレス性疾患の患者約600名の治療において、80％近い患者に効果があったという報告もある。

☪★ ヨーガの歴史と種類

ところで、一口にヨーガといってもいろいろな種類がある。現在の日本で一般的に普及しているヨーガにしても、ラージャ・ヨーガとハタ・ヨーガという伝統的な2種類のヨーガがミックスされたようなものになっている。そこで、ヨーガの内容に踏み込む前に、まずヨーガの歴史や種類について紹介しておくことにしよう。

ヨーガの起源は定かではないが、早ければ紀元前2000年以前に栄えたインダス文明の時代までさかのぼる可能性があり、遅くとも紀元前5世紀ころまでにはヨーガが実践されていたことを確認できる文献的な証拠がある。
　こうした伝統を集大成する形で、2世紀～5世紀ころに、パタンジャリ作と伝えられる『ヨーガ・スートラ』という教典が成立した。これはヨーガの実践的マニュアルとして最も古く最も知られたもので、この教典に基づくヨーガの系統がラージャ・ヨーガと呼ばれた。ラージャ・ヨーガは近代的な研究者からは「古典ヨーガ」とも呼ばれるが、その特徴は内面的な心の統一、沈静化によって解脱を目指すところにあった。
　その後、ラージャ・ヨーガを基本として様々なタイプのヨーガが発展した。
　こうして生まれてきたヨーガの種類は現在では主に以下の表のように分類されているが、これらの中でもとくに新しい特徴を示したのが、13世紀ころの聖者ゴーラクナートに始まるとされるハタ・ヨーガだった。
　ラージャ・ヨーガが内面的心理的側面を重視したのに対し、ハタ・ヨーガは様々な身体技法を重要視し、身体の生理的操作によって宇宙そのものとの合一を目指すものだった。ヨーガというとすぐに身体を使った様々なポーズが思い浮かぶが、これは現在世界で流行しているヨーガがハタ・ヨーガを主流としているからである。そもそも「ハタ」は「力を加える」という意味で、ハタ・ヨーガは一種の体操といっ

代表的なヨーガ

①	ラージャ・ヨーガ（王のヨーガ）	教典『ヨーガ・スートラ』の系統に属するもので、内面的に心を統一する手段によって最終的な解脱を目指す。
②	ジュニャーナ・ヨーガ（知恵のヨーガ）	自己の本体が宇宙の原理と同一であるという超越的な真理の認識によって解脱を目指す。
③	カルマ・ヨーガ（行為のヨーガ）	インドの古典叙事詩『バガバット・ギーター』によって最初に強調されたもので、社会的義務の実践によって解脱を目指す。
④	バクティ・ヨーガ（信愛のヨーガ）	これも『バガバッド・ギーター』から始まるもので、神に対する信仰を熱烈な愛情によって表現するヨーガである。
⑤	ハタ・ヨーガ（強制のヨーガ）	様々な座法による身体技法を中心とし、身体の生理的操作によって宇宙との合体を目指す。神秘的な身体論を持ち、クンダリニーという宇宙エネルギーの根源を重要視するので、クンダリニー・ヨーガとも呼ばれる。今日行われているヨーガの多くがこの流れを汲んでいる。
⑥	マントラ・ヨーガ（真言のヨーガ）	神聖な呪文を唱えることで解脱を目指す。
⑦	インテグラル・ヨーガ（総合ヨーガ）	様々なヨーガの伝統に、近代西洋の進歩の観念を取り入れて20世紀に生まれたヨーガで、人格の完成を目指す。

ていいものである。

　ハタ・ヨーガはクンダリニーやチャクラという観念を持つ神秘的な身体論を発達させたことでも注目できる。この身体論はオカルト的ではあるが神秘的なヒーリングの分野では現在も大いに利用されている。

☪★『ヨーガ・スートラ』の8段階

　このようにヨーガには様々な種類があるが、現在的な観点から重要視されているのはやはり「ラージャ・ヨーガ」と「ハタ・ヨーガ」である。

　このうち、ラージャ・ヨーガの根本教典『ヨーガ・スートラ』にあげられている8段階の修行方法はヨーガの基本的な全体像を知るうえで大いに参考になる。その8段階とは右のようなものである。

　つまり、ヨーガを実践するというのは、①から順に修行し、一つずつ上の段階へと進み、⑧の達成を目指すということだ。『ヨーガ・スートラ』によれば、そうすることで解脱が得られるのである。

　そこで、ここではこの段階に沿って、ヨーガの修行方法をより具体的に紹介していくことにしよう。ただし、①②はごく一般的な道徳のようなものなので、ここでは取り扱わない。また、ハタ・ヨーガでは座法と同じように重要なものとして、印

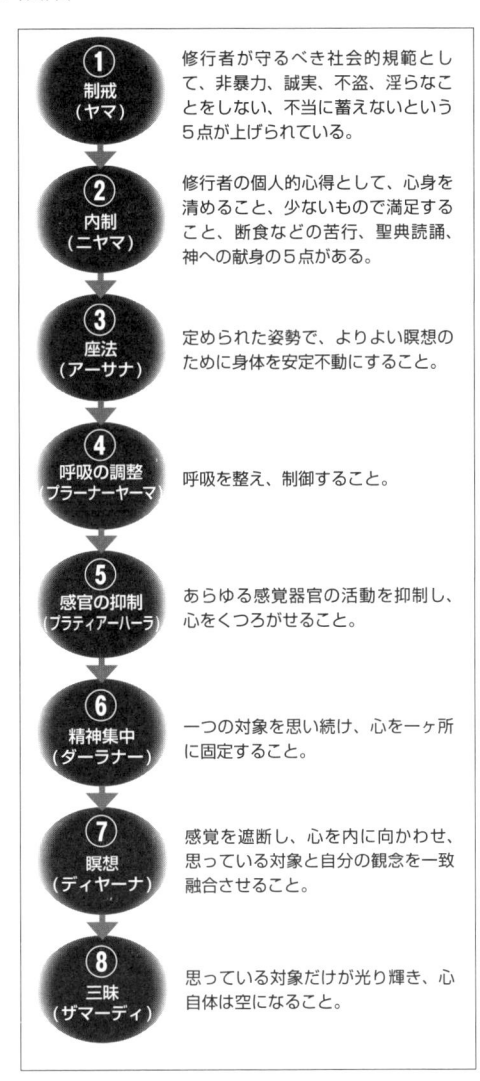

① 制戒（ヤマ）	修行者が守るべき社会的規範として、非暴力、誠実、不盗、淫らなことをしない、不当に蓄えないという5点が上げられている。
② 内制（ニヤマ）	修行者の個人的心得として、心身を清めること、少ないもので満足すること、断食などの苦行、聖典読誦、神への献身の5点がある。
③ 座法（アーサナ）	定められた姿勢で、よりよい瞑想のために身体を安定不動にすること。
④ 呼吸の調整（プラーナーヤマ）	呼吸を整え、制御すること。
⑤ 感官の抑制（プラティアーハーラ）	あらゆる感覚器官の活動を抑制し、心をくつろがせること。
⑥ 精神集中（ダーラナー）	一つの対象を思い続け、心を一ヶ所に固定すること。
⑦ 瞑想（ディヤーナ）	感覚を遮断し、心を内に向かわせ、思っている対象と自分の観念を一致融合させること。
⑧ 三昧（ザマーディ）	思っている対象だけが光り輝き、心自体は空になること。

相（ムドラー）という独特の姿勢や手足の形を説いているので、それについても紹介することにする。

☪★ ヨーガの基本となるアーサナ（座法）

　ヨーガを実践するうえで最も基本となるものはやはり座法である。
　座法は瞑想を得るためのものなので、安定していて、快適であることが必要とされているが、『ヨーガ・スートラ』には具体的な方法は示されていない。それは、師から直接学ぶべきという考え方があったからだという。
　これに対し、身体技法を重要視したハタ・ヨーガでは、座法は心の統一だけでなく、治療法としても意義があるとみなしており、その文献には数多くの座法が具体的に示されている。

　ハタ・ヨーガの開祖であるゴーラクナートが語ったとされる伝説によれば、もともと座法は840万あったが、シヴァ神が厳選して、84種に絞り込んだという。別の説では、座法の数は32、あるいは15だともいわれている。また、現在のハタ・ヨーガ行者の最も標準的な教典である『ハタ・ヨーガ・プラディーピカー』によると、座法を修得することで姿勢の安定、病気の消滅、身体の軽さが即座に得られるとされている。
　次にあげるのは『ハタ・ヨーガ・プラディーピカー』において紹介されている座法の例だが、このうちシッダ座、パドマ座、シンハ座、パドラ座は最も優れた四つの座法とされている。

◎シッダ座（成就の座法）
　一方の足の踵(かかと)を会陰部に置く。他方の足の踵を性器の上部に押し当てる。身体をまっすぐに保ち、あごを胸に引き付け、眉間を凝視する。
　下半身で停滞しているクンダリニーを覚醒させる効果があり、これだけで三昧に達することもできるという。

◎パドマ座（蓮華の座法）
　胡坐をかくように両脚を交差させ、右足を左腿の上に、左足は右腿の上にそれぞれの足の裏を上に向けて置く。上体をまっすぐにし、あごを胸に引き付け、鼻の頭に視線を向ける。両手はそれぞれ手のひらを上に向けて重ねて両腿の中央に置くが、親指と人差し指で輪を作り、両膝の上に置く方法もある。
　深い瞑想を得るのに適した座法だといわれる。

◎シンハ座（獅子の座法）
　両膝を着き、両脚のくるぶしが性器の下で、右くるぶしが左、左くるぶしが右に来るように置く。右手は右ひざ、左手は左ひざの上に置いて指を広げる。口を大きく広げ、舌をたらし、鼻の頭に視線を向ける。

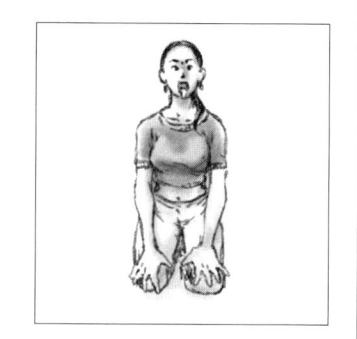

◎パドラ座（吉祥の座法）
　両方のくるぶしを性器の下に、右くるぶしは右側、左くるぶしは左側に置き、両手で両足をつかんで締め付ける。

◎シャヴァ座（しかばねの体位）
　ハタ・ヨーガの実習から来る疲れを取り去り、心のリラックスをもたらす体位だという。死体のように全身の力を抜いて仰向けに横たわる。

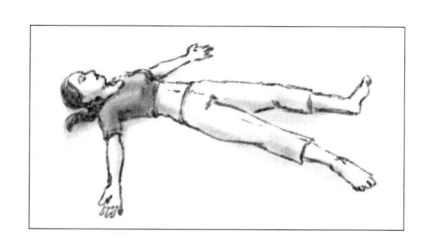

◎マユーラ座（クジャクの体位）

ハタ・ヨーガには曲芸のような体位もある。これもその一つで、両方の手のひらを地面に着け、両腕のひじの上にへその両側をあてがい、それを支えにして身体を宙に浮かしてまっすぐに保持する。脾臓肥大などの疾患すべてを取り除き、体質異常から生じた様々な病気を治すという。

☪★ 呼吸法訓練プラーナーヤーマ

プラーナーヤーマの「プラーナ」は人体内を流れる生命エネルギー（気、気息）を意味しており、身体のあらゆる器官を司る力でもある。インド古来の考え方では、宇宙と人体は相似しており、人体内を流れるプラーナは宇宙を流れる風にあたる。しかも、体内のプラーナは呼吸によって宇宙の風と結びついている。このため、呼吸をすると宇宙の風もプラーナも動き、その結果として心も定まらなくなる。

そこで、呼吸を制御することで精神のあり方を制御できるようにならなければならないとされている。

プラーナーヤーマは、①プーラカ（息を吸い込む過程）、②クンバカ（息を止める過程）、③レーチャカ（息を吐き出す過程）の3段階からなり、ヨーガの実践者は各段階の長さや回数を調節していくべきだとされている。

呼吸は、左の鼻孔から息を吸ったら、右の鼻孔から吐き出す。右の鼻孔から息を吸ったら、左の鼻孔から吐き出す。そして、この過程を何回も繰り返しながら、少しずつクンバカの時間を長くしていく。

こうすることで、不動の安定した精神が得られるという。『ヨーガ・スートラ』の8段階のうちの5番目にあたるプラティアーハーラ（感覚器官の制御）もプラーナーヤーマの結果として得られるとされている。

☪★ 精神を制御する3段階サンヤマ

『ヨーガ・スートラ』の説くヨーガ実践の8段階のうち、⑥～⑧はそれぞれを明確に区別するのが難しい精神的発展で、まとめてサンヤマ（統制）と呼ばれる。この段階はわかりやすくいえば、人間の感覚器官を外部の刺激から遮断し、心を内に向

かわせる精神修養ということである。

ダーラナー、ディヤーナ、ザマーディの各段階はそれぞれ次のようなものとされている。

◎ダーラナー（精神集中）

あらゆる感覚器官の影響から離脱し、精神をある一点、たとえばへそ、鼻の頭、舌の先端とかに集中し、思い続けることである。ヨーガの実践者はこの行為を続けることで、次のディヤーナに達するという。

◎ディヤーナ（瞑想）

前段階のダーラナーを理想的境地に高めた状態で、ディヤーナとは思い続けている対象と観念を統一することである。この状態では、心は思っている対象と同化し始め、精神はより有用で豊かな機能を発揮できるようになるという。

一説によると、プラーナーヤーマのクンバカ（息を止める過程）の時間が12倍になるとダーラナーが得られ、さらに12倍になるとディヤーナが得られるという。

ちなみに、このディヤーナが中国語に音写されたのが「禅那（ぜんな）」、これが日本に入ったのが「禅」である。

◎ザマーディ（三昧（ざんまい））

ディヤーナが発展し、心が思い続けている対象に完全に固定し、ただ対象だけが光り輝くように顕現し、自分の心の能動的な活動は止滅し、自分自身は完全な空虚のごとくなった状態である。これはヨーガの終局の状態で、ハタ・ヨーガの考えではこの状態がヨーガ実践の目的である「ジーヴァンムクティ（生前解脱）」に相当しているという。

☪★ ハタ・ヨーガの伝統ムドラー（印相）

『ヨーガ・スートラ』の8段階には含まれていないが、『ハタ・ヨーガ・プラディーピカー』では、アーサナ、プラーナーヤーマとともに、ムドラーを習得すべきだとされている。

ムドラーは体内に眠る性力（クンダリニー）を目覚めさせるためのもので、様々な姿勢、手足の組み合わせ、特定の筋肉の締め付けなどを組み合わせたものである。座禅のときに指で輪を作ったりする禅定印（ぜんじょういん）もムドラーの一種だが、ハタ・ヨーガのムドラーは身体全体を用いる。

『ハタ・ヨーガ・プラディーピカー』によればムドラーには次の10種類がある。

①マハー・ムドラー
②マハー・バンダ
③マハー・ヴェーダ・ムドラー
④ケーチャリー・ムドラー
⑤ウディーヤナ・バンダ
⑥ムーラ・バンダ
⑦ジャーランダラ・バンダ
⑧ヴィパリータ・カラニー
⑨ヴァジローリ・ムドラー
⑩シャクティ・チャーラナ

このうち代表的なのはマハー・ムドラーとケーチャリー・ムドラーでそれぞれ次のように行うとされている。

◎マハー・ムドラー
　最高レベルのムドラーで、その中に他のムドラーが含まれている。左足の踵(かかと)を会陰部に押し当て、右足を前に伸ばし、その足先を両手でしっかりとにぎる。のどの筋肉を引き締めて息を止め、あごを胸に着ける（これをジャーランダラ・バンダという）。肛門を引き締めて、気を上に引き上げる（これをムーラ・バンダという）。それからゆっくりと丁寧に息を吐き出す。

◎ケーチャリー・ムドラー
　舌を巻き返して上アゴの口腔の穴の中に入れ、視線を眉間に向けるものである。信じられない話だが、舌の舌小帯（舌の裏と下アゴをつないでいるひだ）の部分を切断し、指で舌を引き出して次第に舌を長くして、最終的に舌が眉間に触れるほどになったらケーチャリー・ムドラーは有効になるという。

☪★ チャクラとクンダリニーの身体論

　ヨーガは一種の健康体操、瞑想法として実践的なヒーリングの技法を作り上げたが、ただそれだけではない。ヨーガの中でもとくにハタ・ヨーガに代表される後代のヨーガは、インド中世に興ったタントラの教義にのっとった、特別に神秘的な身体論を持っていたことで知られている。その身体論は、現在でもある特定のヒーリングの分野では重要視されているものなので、いったいどのようなものなのか、ここで紹介しておくことにしよう。

◎男性原理シヴァと女性原理シャクティの二元論

　ハタ・ヨーガやタントラの考えでは、宇宙に起こることがらはすべて男性原理シヴァ（男神）と女性原理シャクティ（女神）という二元論に基づいているとされる。そして、シヴァとシャクティが結合して一つになることが理想的状態であり、解脱だとされる。

　このことはそのまま人間の身体にもあてはまる。つまり、人間の身体にもシヴァとシャクティが宿っているのである。このとき、人間の身体に宿っているシャクティはクンダリニーと呼ばれる。

　このクンダリニー＝シャクティはシヴァよりも重要視されている。というのは、タントラの考えでは女性原理こそ宇宙の根源的エネルギーだからである。

　ところが、通常の状態ではクンダリニーはシヴァから遠く離れた場所で眠っているとされている。そのため、理想的状態を手に入れるためには眠っているクンダリニーを目覚めさせ、さらにシヴァのいる場所まで旅をさせ、クンダリニーとシヴァを結合させなければならない。

◎微細身（みさいしん）と生命エネルギーの回路ナーディー

　眠っているクンダリニーを目覚めさせ、シヴァとの結合を実現することは当然タントラの目的であり、そのための技法がハタ・ヨーガだといってよい。

　だが、クンダリニーがシヴァのもとにたどり着くためには人間の身体の中にそれにふさわしい道がなければならない。そこで、人間の身体には心臓、肺、血管といった現実の器官を持つ物質的肉体と同時に、クンダリニーや生命エネルギーであるプラーナの通り道となる複雑な回路を持つ霊的な身体があると考えられた。この霊的身体は「微細身」と呼ばれている。

　微細身に張り巡らされた生命エネルギーの回路は〈ナーディー〉といい、人間の健康とも深い関係がある。つまり、何かの原因でナーディーの中で生命エネルギーが循環不良を起こすと病気になるのである。ナーディーはとにかくたくさんあり、『ハタ・ヨーガ・プラディーピカー』によると7万2千本あるという。

　そのうち、ヨーガ実践者にとって重要なのは、〈スシュムナー〉〈イダー〉〈ピンガラー〉の3本である。

主要なナーディー

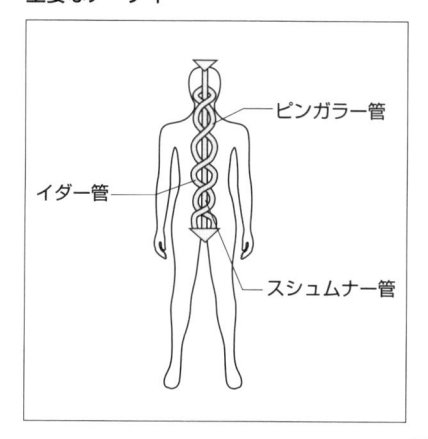

- ピンガラー管
- イダー管
- スシュムナー管

スシュムナー管は最も重要な中軸となるナーディーで、会陰部から頭頂まで脊椎の中央を空洞状に通って走っている。

イダー管とピンガラー管はスシュムナー管の両脇を走るナーディーで、会陰部から発し、スシュムナー管の周りに絡みつくようにしながら、イダー管は左の鼻孔に、ピンガラー管は右の鼻孔に達している。

◎チャクラとクンダリニー

スシュムナー管、イダー管、ピンガラー管はクンダリニーの移動とも深い関係にあるナーディーである。

クンダリニーは象徴的に蛇の姿で表され、スシュムナーの最下部でとぐろを巻いて眠っているとされる。

ヨーガの実践によってイダー管とピンガラー管の働きを止めるとクンダリニーが目覚め、スシュムナー管の中を上方へと移動し始めるのである。イダー管とピンガラー管はいわば二元論の象徴であり、クンダリニーを目覚めさせるには二元論を捨てる必要があるからである。

こうして目を覚ましたクンダリニーはスシュムナー管の中を上方へと移動しながら、さらに新しいエネルギーを吸収する必要がある。

そのためになくてはならない働きをするのがチャクラである。

チャクラは人体におけるエネルギー中枢というべき場所で、スシュムナー管の通り道であるだけでなく、そのほかのナーディーもチャクラにおいて交差している。また、チャクラにおいて宇宙のエネルギーと霊魂のエネルギーが溶け合い、霊魂のエネルギーと現実的な肉体の働きが浸透しあうといわれている。

このようなチャクラが人体には6ヶ所あるいは7ヶ所あるとされている。会陰部にある〈ムーラーダーラ〉、生殖器付近の〈スヴァーディスターナ〉、へそ近くの〈マニプーラ〉、心臓に近い〈アナーハタ〉、のどのそばの〈ヴィシュッダ〉、眉間の〈アージニャー〉、頭頂にある〈サハスラーラ〉である。

チャクラはそれぞれ異なる色と数の花弁を持つ蓮華の花で象徴されるが、それだけでなく様々な生理機能、五大元素（地・水・火・風・空）、音、図形、色などとも何重もの結びつきを持っている。この関係については別表にまとめておこう。

さて、ヨーガの実践によって目覚めたクンダリニーはその後も様々なヨーガの技法によってエネルギー中枢であるチャクラをこじ開けるようにして上昇していく。そして、次なるチャクラに達するたびに新しいエネルギーを吸収し、より高次の存在へと生まれ変わる。ヨーガの実践者も同様である。

やがて、クンダリニーが第6のアージニャー・チャクラに達したとき、人間は初

七つのチャクラ

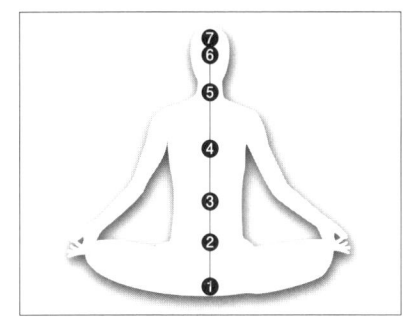

① 第一のチャクラ

名称	ムーラーダーラ・チャクラ
場所	会陰部(性器と肛門の間)
五大元素	大地
色	赤
蓮の花弁の数	4枚
機能	アパーナ気(動物の気)、嗅覚、移動機能(足)と関係する

② 第二のチャクラ

名称	スヴァーディスターナ・チャクラ
場所	生殖器
五大元素	水
色	朱色
蓮の花弁の数	6枚
機能	味覚、補足機能(手)と関係する

③ 第三のチャクラ

名称	マニプーラ・チャクラ
場所	へそ
五大元素	火
色	青
蓮の花弁の数	10枚
機能	サマーナ気(低級霊の気)と視覚を司る

④ 第四のチャクラ

名称	アナーハタ・チャクラ
場所	心臓
五大元素	風
色	金色
蓮の花弁の数	12枚
機能	プラーナ気(人間の気)と触覚に関係する

⑤ 第五のチャクラ

名称	ヴィシュッダ・チャクラ
場所	のど
五大元素	空
色	紫色
蓮の花弁の数	16枚
機能	ウダーナ気(神の気)、聴覚、発音器官(口)に関係している

⑥ 第六のチャクラ

名称	アージニャー・チャクラ
場所	眉間
五大元素	マハット(超五大元素)
色	白
蓮の花弁の数	96枚が重なり、見かけ上2枚
機能	認識し、運動器官へ命令を発する精神作用を行う

⑦ 第七のチャクラ

名称	サハスラーラ・チャクラ
場所	頭頂
五大元素	すべての元素
色	すべての色彩
蓮の花弁の数	千枚
機能	すべての感覚・機能と関係する

めて相対的な二元論の世界から脱することができる。このとき、頭頂のサハスラーラ・チャクラが発動し、クンダリニーは一気にそこまで上昇し、ついに絶対者シヴァと結合する。ここにおいて、ヨーガの実践者もまた宇宙と一体化し、解脱を達成することになるのだという。

シャーマニズム
ネオ・シャーマニズムに見る人類最古の癒しの技

☾★ 人類最古のヒーラーといわれるシャーマン

　シャーマンは、現在でも世界各地にある未開な社会に存在している、まるで魔術師や呪術師のようにも見える、特別な能力を持った人々である。その特別さは、シャーマンたちが自分の意思でトランスと呼ばれる特殊な意識の変容状態に入り、自らの魂を飛ばして天上界や冥界などの異世界を旅することができるという点にある。

　そうすることで、シャーマンは異世界に住む霊の協力を得て、自分が属する社会のために様々な貢献をするのである。

　この貢献の中でもとりわけ重要なものにヒーリングがある。なぜなら、シャーマンにとってヒーリングの能力は不可欠であって、ヒーリングを行わないシャーマンはいないからである。しかも、シャーマンという職業は、いまから数万年も前の石器時代にはすでに存在していたとさえいわれている。つまり、シャーマンは人類最古のヒーラーともいえる存在なのである。

☾★ ネオ・シャーマニズムの流行とシャーマニズム

　では、シャーマンのヒーリングとはどのようなものなのだろう？

　それを知るうえで大いに役立つのがネオ・シャーマニズムという運動である。これは、シャーマニズムのテクニックを凝縮した心理療法というべきもので、1970年頃からアメリカやヨーロッパを中心に盛んになり、現在も流行している運動である。

　現代社会はあまりに物質中心の発展を遂げたことから、心や霊の問題をないがしろにしてきたし、人間は自然から切り離されてきた。これに対し、シャーマニズムでは人間、自然、霊的世界などが輪のように結びついた全体性が確保されている。そこで、シャーマニズムの実践によってこのような全体性を回復することで、健康や癒しをもたらそうというのがネオ・シャーマニズムの狙いといっていい。

　このため、ネオ・シャーマニズムでは世界各地のシャーマニズムを研究し、それらに共通した、普遍的ともいえる部分を取り出すことで、現代人にも参加しやすい形で、シャーマニズムの実践方法（メソッド）を作り上げている。そして、週末のワーク・ショップのような形で、シャーマニズムの実践運動を展開しているのである。

このメソッドを作り上げたのはネオ・シャーマニズムの中心人物である人類学者のマイケル・ハーナーで、その内容は『シャーマンへの道』（日本語版は平河出版社刊）という本にまとめられている。ハーナーは長年の研究によってシャーマニズムを熟知しているだけではない。アマゾン川上流のヒバロ族やコニーボ族と一緒に暮らすことで彼自身が白人シャーマンとなった人物でもある。

こんなわけで、ネオ・シャーマニズムには伝統的なシャーマニズムのエッセンスが部外者にもわかりやすい形で整理されているといえるのだ。

また、現在、ヒーリングの分野でシャーマニズムが注目されているのも、この運動の流行によるところが大きいのである。

そこで、ここではネオ・シャーマニズムのメソッドを通してシャーマンのヒーリングについて紹介することにしよう。

☪★ シャーマンの体験する非日常的リアリティの世界へ

さて、先にも述べたが、ネオ・シャーマニズムは欧米を中心に流行したシャーマニズムの実践運動である。したがって、伝統的なシャーマニズム社会とは無縁の、都市生活者のような人間がシャーマニズムを実践するということを前提にしたものである。また、ここでいうシャーマニズムの実践とは、最終的には、自分自身が優れたシャーマンになり、自分自身はもちろん、他人をも癒せるようになるための一種の訓練（エクササイズ）のことである。

そのために、まず始めになすべきことは何か。

ネオ・シャーマニズムの考えによれば、それはシャーマンが特別な意識状態において体験する非日常的なリアリティを正しく理解することである。

実際、現代社会で生きる人間にとって、異世界を旅して様々な霊とコンタクトするというようなシャーマン的な体験を、何の偏見も持たずに、素直に受け入れるのは難しいことかもしれない。

そこで、ネオ・シャーマニズムではシャーマニズムの実践の第一歩として、とにかくシャーマン的な意識状態となって、シャーマンの異世界への旅を体験することをあげている。自分自身で体験してしまえば、つまらない偏見は消え去ってしまうからだ。

最初から異世界への旅というのはハードすぎるとも思えるが、実際にやってみるとそれがそうでもないらしい。ネオ・シャーマニズム運動の経験からは、みながみなというわけではないが、最初のエクササイズで異世界への旅に成功する者もいるのだという。

では、当たり前の人間がシャーマン的意識状態となり、異世界の旅を体験するにはどのようにすればいいのだろう。

　このとき、ネオ・シャーマニズムのエクササイズで用いられるのはドラムやガラガラといった原始的な楽器である。これは録音したものでも、パートナーが実際に演奏してもよいのだが、心をリラックスさせた状態でドラムやガラガラの単調で反復的なリズムを聞くことによって、わずか2、3分で軽いトランス状態になることができるというのだ。これについては、実験でも確認されているという。

　伝統的なシャーマニズムにあっては、このほかにベニテングダケのようなキノコやヤヘという植物など、幻覚を引き起こす向精神性物質を摂取することもあるが、ネオ・シャーマニズムではこの種の体に害を及ぼすような物質は用いない。先進国の当たり前の人間が利用可能なメソッドになっているのである。

　こうして、シャーマン的意識状態になると、多くの場合、人は自分が目にしていることがらに喜びを見出す。また、非日常的世界がよく見えるという理由で、シャーマンはこの仕事を真っ暗にした家の中とか、夜間に行うことが多いという。

☾★ 異世界におけるシャーマンの旅

　ドラムのリズムによってシャーマン的意識状態になったら、続いて自分の魂を飛ばして異世界への旅を体験することになる。ただし、これについては異世界の構造や旅の仕方についてある程度の予備知識を持っておく必要があるようだ。それがなければ、異世界のどこに行って、どんなパワーを見つければいいのかもわからないからである。それはおよそ次のようなことだ。

　一般的にいって、シャーマンの宇宙は3層構造をしている。日常的な世界がある地上と、天上界および地下界である。これら3層の世界は宇宙を貫く世界樹あるいはトンネルのような穴でつながっている。この通路を使って、日常的世界と非日常的世界の間を自由に行き来できるのがシャーマンなのである。

　異世界への旅の中でも最も基本的であり、容易でもあるのは地下界への旅だという。だから、ネオ・シャーマニズムのエクササイズでも地下界への旅を行うのが基本となる。

　さて、地下世界へ行くには地下世界

シャーマンの宇宙の三層構造

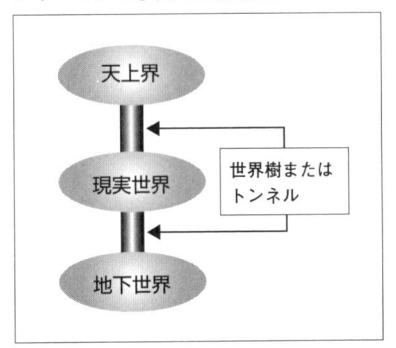

天上界
現実世界 ← 世界樹またはトンネル
地下世界

への入り口となる穴が必要になる。そして、伝統的なシャーマンの場合、誰もが地下世界への入り口となる穴を持っているという。穴というのは、日常世界にも存在する、当たり前の穴である。たとえばあるシャーマンの場合は家の床に穴が開いており、それが地下世界への入り口となる。家の外にある空洞の木に開いた穴、洞穴、動物の掘った穴などを地下世界への入り口にするシャーマンもいるという。

穴に入るとその先はトンネル状の通路になっている。トンネルの太さはまちまちで身体にぴったりの場合もあるが、基本的にはゆったりしており、十分に身動きできる。また、途中に障害物があることもあるが、忍耐力があれば必ず通過できるという。そして、地下世界へと出る。

地下世界はどこまでも広がる、非日常的リアリティの世界であり、いったい何が待ち受けているのか予測はできない。その先は、シャーマンは独自の力で探索し、必要なものを手に入れるのである。

これが伝統的なシャーマンの地下世界への旅の基本である。そこで、ネオ・シャーマニズムのエクササイズでも、まったく同じようにして地下世界への旅を体験することになる。

まず、パートナーに規則的にドラムを叩いてもらう。ドラムの音が始まったら、穴を思い浮かべ、視覚化する。この穴は自分になじみのある穴で、穴ならば何でもよい。それから、その穴の中に入り込み、地下世界への旅に出発する。穴の中のトンネルは急角度だったり曲がりくねったりしていることもある。石などの障害物があることもある。そういうときには迂回して進む道を探す。

トンネルを抜けて地下世界へ着いたら探索を始め、周囲の様子を詳細に観察して記憶する。最初の旅ではそれ以上のことはしてはいけない。そのうちに帰還の合図があったら、やってきたときと同じトンネルを通って引き返すのである。この帰還の合図というのは、ドラムを鋭く4回叩いたら帰還するというように、あらかじめパートナーとの間で決めておくのである。

こんなに簡単に地下世界への旅を体験できるのかと不思議に思う人は多いかもしれない。だが、ネオ・シャーマニズムのワークショップの参加者の中には、最初のエクササイズで地下世界の旅に成功し、その様子を報告する人も多いのだという。また、最初の旅に失敗したとしても、心配することはないらしい。方法を間違えなければ、何回か繰り返すうちに、それほど苦労せずに地下世界へ行けるようになるのだという。

忘れていけないのは、シャーマン的な意識状態にあっては非日常的な世界における見る、聞く、感じるといった体験には完全なリアリティがあるということだ。そ

のリアリティを体験できない間は、シャーマン的な意識状態になったとはいえないのである。

☾★ 「動物の踊り」で守護霊（パワー・アニマル）と接触する

　シャーマンになるために、ネオ・シャーマニズムが掲げる次なるステップは自分自身の守護霊と接触し、その守護霊と親しむことである。
　伝統的シャーマンはヒーリングを含めて様々な仕事をするが、それを成し遂げるには守護霊の力はなくてはならないものだからだ。

　自分自身の守護霊を得る方法としては、人里離れた荒野でたった一人で守護霊を探し続ける、ヴィジョン・クエストという大変厳しい一種の修行が有名である。だが、これはある特定のシャーマニズム社会に固有のもので、基本的には守護霊を得るだけならそんなに大変な修行をしなくてもよいようだ。というのは、すべての人間は、西洋人や日本人も含めて、生まれながらに守護霊を持っているからだという。
　守護霊は多くの場合、動物の姿をしていることが多い。北米インディアンたちはそれを「パワー・アニマル」と呼んでおり、ネオ・シャーマニストたちもこの呼称をよく用いる。
　しかし、たとえそうだとしても、現代社会に生きている人間はみな、何が自分のパワー・アニマルなのかを知らない。
　そこで、そんな現代人が自分のパワー・アニマルと出会うための「開始の踊り」「動物の踊り」というエクササイズがネオ・シャーマニズムには用意されている。このうち「動物の踊り」はおよそ次のようなものだ。
　ガラガラを毎分何回（あるときは60回、あるときは150回）というように規則的に振りながら、ジョギングするように踊る。部屋の中を動き回りながら、自分の中に哺乳類、鳥、魚、爬虫類のどれかがいる感覚をつかむ。それができたら、その動物になりきるように動き、シャーマン的意識状態に入る。そして、心を開き、その動物の感情を体験し、そうしたければ躊躇せずに動物のほえ声や鳴き声を出す。
　このようなエクササイズによって現代社会人でも自分が虎、狐、鷲、イルカなどの動物や、ある場合にはドラゴンになったことを確認できるという。この動物こそ、その人のパワー・アニマルであり、その人を守り、力をもたらしてくれる存在なのである。

☪★ パワー・アニマルに話しかけ、相談する

　ところで、「動物の踊り」によって自分のパワー・アニマルが何かを知ったとしても、その人が現在そのパワー・アニマルを持っているかどうかはわからない。そのパワー・アニマルはすでにどこかに逃げ出していて、失われた状態にあるかもしれない。そして、パワー・アニマルを持っていなければシャーマンにはなれない。その場合には別のシャーマンにパワー・アニマルを連れ戻してもらうことになる。だが、その方法については後で述べることにして、いまのところは、とにかくその人がパワー・アニマルを持っていると仮定して話を進めよう。

　ここで大切なのは、たんにパワー・アニマルを持っているだけではシャーマンとは呼べないということだ。ただパワー・アニマルを持っているだけではなく、パワー・アニマルと言葉を交わし、その力を利用できなければシャーマンの仕事は成し遂げられないからである。そこで、シャーマンになろうという者は、絶えずパワー・アニマルの力を維持し、かつパワー・アニマルと親しんでおく必要が出てくる。

　ネオ・シャーマニズムではパワー・アニマルの力を維持するには「動物の踊り」が有効だとしている。毎週1回、2、3分間動物の踊りを踊るだけでパワー・アニマルの力を維持することができるのである。

　シャーマンたろうとする者はここからさらに一歩進み、何度も地下世界を訪ね、パワー・アニマルに会って助言を求めることができるようにならなければならない。

　地下世界への旅をすれば、パワー・アニマルに会うのは簡単らしい。パワー・アニマルの力が維持されている状態では、それはそんなに遠くへ行ってしまうことはなく、だいたいがトンネルの中かその出口の付近にいるからだ。

　パワー・アニマルへの問いは、最初のうちは、イエス・ノーで答えられるような簡単なものがよいようだ。そうすると、パワー・アニマルはしぐさで答えてくれる。そして、パワー・アニマルの言葉が理解できるようになったら、複雑な質問をするようにするのである。

　こうやってパワー・アニマルとの意思の疎通が可能になったら、その人はシャーマンとして、より複雑な問題に取り組むことができるようになる。自分に関する問題の答えを得られるのはもちろんのこと、患者の病気を癒すにはどうすればいいかも知ることができるのである。

☪★ シャーマニズムにおける病気と霊

　ここで、シャーマンの具体的なヒーリング・テクニックの話題に移る前に、伝

シャーマンの地下世界への旅のイメージ

①穴から地下世界へのトンネルへ

②トンネルを進む

③トンネルを出て地下世界へ入る

④地下世界でパワー・アニマルを見つける

統的シャーマニズムの世界で病気とは何なのかということについて説明しておきたい。

そもそも、患者の病気を治すのになぜ異界への旅が必要になるのかという疑問があるからだ。

これについてはっきりいえることは、伝統的シャーマンが扱う病気とは根本的には霊や魂の問題だということだ。

これは伝統的シャーマンが霊や魂の病気だけを扱うということではない。シャーマンは肉体的な病気や怪我も扱うので、そのために患者の手足をマッサージをしたり、薬草を使ったりもするのである。

だが、それにもかかわらず、病気の本質は霊や魂の問題にあるというのがシャーマンの信念なのである。

ここでいう霊や魂の問題というのは、基本的には、ある人の守護霊や魂が逃げ出して失われてしまうということである。こういう状態のときに、人は重い病気になるのであり、命を失ったりするのである。

このことは、もちろん、守護霊や魂が健康な状態にあれば、人は重い病に侵されたりすることはないということを意味している。

そこで、シャーマンは様々な霊たちの協力を得たり、患者の守護霊や魂を取り戻すために異界を旅することになるのだ。

それで、現在でもシャーマニズムを信仰している社会では次のような現象が起こることになる。仮にその地域の近くに近代的な病院があれば、人々は肉体的な病気を治すために必要とあれば病院に行く。そのうえで、病気の根本的な原因である霊の問題を解決するためにシャーマンのヒーリングを受けるのである。

☾★ パワー・ソングを手に入れる

では、シャーマンのヒーリングとは具体的にどのようなものなのだろうか。それには比較的簡単のものから相当な修行の後でしかできない高度なものまでいろいろなタイプがある。

たとえば、患者がまるで死んでいるかのような昏睡状態にあるのはその患者の魂が失われているからだとされる。この場合、シャーマンは患者の魂を取り戻さなければならないが、これには高度な技術が必要となる。

それに対し、患者が病気になって力を失っていたり憂鬱になっている場合、それは守護霊が逃げてしまったからだとされる。そして、患者の守護霊を取り戻すのは、魂を取り戻すよりも簡単なのである。

ネオ・シャーマニズムのメソッドによれば、非日常的世界にリアリティを感じるというシャーマン的な体験を十分に積んだ後、パワー・ソングを手に入れればパワー・アニマル（守護霊）を取り戻す旅を行うことができるとされている。パワー・ソングはシャーマンがパワー・アニマルなどを目覚めさせ、治療の手伝いをさせるためのものである。

パワー・ソングは人里離れた森林や山岳地帯で１日をひとりで過ごして見つけ出す。その日は朝から断食し、気の向くままに歩き回り、動物の感覚をつかむ。そうやってメロディと歌詞を見つけるのである。

『シャーマンへの道』にはかつてマイケル・ハーナーが取得した歌詞が掲載されているので引用させてもらおう。

●⋯⋯⋯⋯⋯⋯⋯⋯⋯⋯⋯⋯⋯⋯⋯⋯⋯⋯⋯⋯⋯⋯⋯⋯⋯

私には霊がいて／霊には私がいる／私には霊がいて／霊には私がいる／私には霊がいて／霊には私がいる／私、私、私（さらに三回繰り返し、次の連に進む）／私の霊は鳥のよう／そして翼と体は夢／私には霊がいて／霊には私がいる／私、私、私（さらに三回繰り返し、最初の連に戻る）

（『シャーマンへの道』マイケル・ハーナー著／高岡よし子訳／平河出版社）
⋯⋯⋯⋯⋯⋯⋯⋯⋯⋯⋯⋯⋯⋯⋯⋯⋯⋯⋯⋯⋯⋯⋯⋯⋯●

こうしてパワー・ソングが手に入ったらパワー・アニマルを取り戻す旅へ出ることができるのである。

☾★ 患者のパワー・アニマルを取り戻す方法

シャーマンが患者のパワー・アニマルを取り戻す旅は基本的な地下世界への旅の応用である。ネオ・シャーマニズムではその手順を細かく定めているが、その概略は次のようなものだ。

この仕事のためにシャーマンと患者およびドラム係などは一晩一緒に過ごす計画を立て、暗く、騒音のない部屋を用意する。

患者を横たえたそばで、シャーマンは「開始の踊り」「動物の踊り」を完全に踊り、ガラガラを振って霊の注意を引く。

ドラム係はシャーマンのガラガラに合わせてドラムを叩く。パワー・ソングを口笛で吹いて自分のパワー・アニマルを呼び出し、次いでパワー・ソングを声に出して歌う。

やがて意識がトランス状態になり、立っていられなくなったら患者の横に横たわり、ぴったりと体を押し付ける。

横になったままガラガラを振り続け、地下世界への入り口が見えたらガラガラを止めてトンネルを通過する。それから地下世界で患者のパワー・アニマルを探すのである。

　パワー・アニマルがいさえすればそれを見つけるのは簡単で、パワー・アニマルは最低4回は異なる角度で姿を見せるという。
　動物が4回現れたらすぐに片手でつかみ、胸に引き寄せる。それからガラガラをある定められた規則に従って鳴らしながらトンネルを抜けて部屋に戻るのである。
　そして、シャーマンはパワー・アニマルを胸に押し付けたままひざまずき、まるめた両手を患者の胸に置き、両手の上から息を吹き、パワー・アニマルを患者の胸の中に送り込む。さらに、今度は両手を患者の後頭部に置き、残った力のすべてを患者の頭に注ぎ込む。
　それから、持ち帰った動物が何であるのかを患者だけに告げ、旅の様子を詳細に説明するのである。
　シャーマンの旅にはドラムの叩き方や動作など細かな決まりが多いので、そうした部分はハーナーの『シャーマンへの道』などの専門書を読んで覚えるしかないが、およそこのような儀式でパワー・アニマルは連れ戻せる。
　もちろん、1度目の旅から成功する保証はない。だが、失敗してもがっかりせず、次の機会にかければいいという。

☪★ さらに困難なシャーマンのヒーリング

　ここまで、ネオ・シャーマニズムのメソッドから、シャーマンが「患者のパワー・アニマル（守護霊）を取り返す方法」の概略を紹介してきた。これによって、シャーマンのヒーリングの基本的な部分は理解できたのではないだろうか。
　しかし、ネオ・シャーマニズムによって実践されている「患者のパワー・アニマルを取り返す方法」はシャーマンのヒーリングのごく一部分であり、例外的に容易な部類のものといってよい。伝統的シャーマンのヒーリングにはもっと困難なことも多いのである。
　では、守護霊を取り返すほかに伝統的シャーマンの行うヒーリングにはどのようなものがあるのか。簡単に紹介しておこう。

　シャーマン的に見た場合、病気の原因がきわめて限られていることは確かである。
　その一つが守護霊が失われるというものだが、それと類似していながらはるかに困難のなものに、魂が失われるというものがある。

これは異界に住む悪霊が患者の魂を連れ去ったために起こるとされている。このため、失われた魂を取り戻すシャーマンは異世界に旅するだけでなく、そこに住む悪霊と命がけの戦いを繰り広げ、何らかの形で敵を出し抜かなければならないのである。また、患者の魂は悪霊に無理やり連れ去られたのではなく、自ら進んで悪霊のとりこになることもある。この場合、シャーマンは異世界において患者の魂と交渉し、説得したりだましたりしてそれを連れ帰らなければならない。
　このような仕事が、異世界に行ってただ守護霊を捕まえてくるだけの旅よりもはるかに困難なことは誰にでも想像がつくだろう。

　また、病気の原因にはもう一つ、小さな虫や骨の破片などの異物が患者の体内に入り込んだために起こるとされているものがある。このような病気は局部的な痛みや体温の上昇をともなうという特徴があるという。この場合、シャーマンは異界への旅を行う必要はなく、患者の体内から悪い力を吸い出すということを行う。
　この方法については、『シャーマンへの道』にも書かれている。だが、伝統的シャーマニズムの世界では、患者の体内から邪悪なものを吸い出せばそれで治療が終わるというのではない。というのは、その異物は霊によって患者の体内に送り込まれたり、妖術師の放った魔法の矢が入り込んだものである可能性もあるからだ。そして、もし妖術師のように生きている人間が病気の原因だとわかった場合には、シャーマンは魔法を使ってその相手を攻撃する。つまり、敵意ある相手を魔法で弱らせたり、殺したりすることも伝統的シャーマンのヒーリングの一部なのである。

☾★ シャーマンのヒーリングの効果

　それにしても、シャーマンのヒーリングがこのようなものだとすれば、それは本当に効果があるのかということは大いに気にかかる。
　一般論としていえば、シャーマンのヒーリングが有効かどうかについてははっきりしたことは何もいえないのは確かである。実際的なデータがほとんど存在しないからだ。
　とはいえ、心理学者の中には心理療法的な手段として効果があるのではないかと見る人たちもいる。患者にしてみれば、シャーマンだけでなく自分の家族などが、自分の病気を治すために必死に働いてくれているというだけで十分に心強いし、それによって病気に対する治癒力が高まるということは大いにありうることだからだ。
　また、プラセボ効果をあげる人々もいる。プラセボ効果はそれ自体がまだ解明されていない謎のプロセスだが、信念や期待といった心理的要因が、通常の治療と同

じくらい強力な治癒反応を引き起こす現象である。たとえば、ある病気に対する特効薬が開発されたといって何らかの薬を患者に投与した場合、その薬がただの水だったとしても患者の病気が劇的に改善されてしまうことがあるということだ。

　ネオ・シャーマニズムの中心人物であるマイケル・ハーナーは当然のようにシャーマンのヒーリングには効果があるとみなしている。
　シャーマニズムには数千年の歴史がある。しかも世界中に存在し、驚くほどに共通した基本原理を持っている。それは、そのような文化状況に生きた人々が、長い試行錯誤の末に同じ結論に達したからで、それこそシャーマニズムが有効であることの証拠だというのである。そして、シャーマニズムはなぜ機能するかという西欧的な問いは必要ないとさえいっているのである。

エクソシズム
「悪魔つき」を癒す悪魔祓い

☪ 世界中に存在したエクソシズムによるヒーリング

　エクソシズムは「悪魔祓い」のことである。
　悪魔や悪霊は人・物・家・場所などに取りついて様々な悪影響を及ぼすといわれるが、それを特別な儀式によって追い払うのがエクソシズムである。人に取りついた悪魔は様々な病気をもたらすと考えられるので、この場合にエクソシズムがヒーリングの役割を果たすというわけだ。

　悪魔・悪霊の存在が前提だから、それが信じられていた古い時代には、エクソシズムは当然のように世界中で行われていた。
　たとえば、人類最古の文明の一つである古代シュメールでは悪意に満ちた悪霊たちが人間を攻撃することで、苦痛となる飢えや貧困や病気がもたらされると信じられていた。そこで、そのような悪の犠牲者に対しては、専門のエクソシスト（祓魔師）によるエクソシズムの儀式が執り行われた。
　古代インドも似たような状態で、紀元前10世紀ころに成立したバラモン教の呪文集『アタルヴァ・ヴェーダ』には、病気を含め、様々な災厄をもたらす悪霊たちを追い払うためのエクソシズムの呪文や手法が数多く記されている。その後、インドでは医学が発展し、7世紀ころまでに「アーユル・ヴェーダ」という伝統医療の体系がまとめられた。だが、この「アーユル・ヴェーダ」の8つの部門の一つ「グラハチキッツァー」は鬼神論を含んでおり、エクソシズムが医療体系の一部となったことがわかる。
　日本もまたエクソシズムの伝統が顕著に存在した国であり、平安時代の文学作品である『源氏物語』『紫式部日記』『枕草子』などの中に、悪霊を追い払って病気を治すエクソシズムの様子が描かれた場面がある。

　現在ではどうかというと、多くの日本人には意外なことかもしれないが、悪魔や悪霊を信じる伝統が強く残っている社会ではいまでもエクソシズムが行われているといっていい。
　その代表といえるのがローマ・カトリック教のお膝元であるイタリアで、現在でも盛んにエクソシズムが行われている。
　『バチカン・エクソシスト』という本によれば、現在イタリアには約350人のエク

ソシスト（祓魔師）がいるという。タイトルにある「バチカン」という言葉からうかがえるように、ここでいっているエクソシストとは、あくまでもローマ・カトリック教会公認のエクソシストということで、その数が350人ということである。もちろん、それだけイタリアにはエクソシズムを望む人が多いということでもある。

　そこで、ここでは様々な信仰にあるエクソシズムの中でも、とくにローマ・カトリック教のエクソシズムを取り上げ、それがどのようなものなのかを紹介することにしたい。

☪ 近年盛んになったイタリアのエクソシズム

　ローマ・カトリック教会は現在全世界に10億人以上の信者を有するキリスト教の最大教派である。キリスト教は信者数20億人超の世界最大の宗教だが、カトリック信者はそのうちの半数を占めることになる。

　それほど巨大で権威のある宗教団体が21世紀の現在でもこれだけの公式エクソシストを抱えており、エクソシズム（悪魔祓い）の儀式を行っているというのは、確かに奇妙という感じがする。いかにもあやしげな新興宗教やカルトな団体とは違うのである。

　ここで、誤解してほしくないのは、エクソシストが350人もいるというのはあくまでもイタリアの話だということである。それと同じ程度のエクソシストが数多くの国にいるというわけではない。

　『バチカン・エクソシスト』によれば、イタリアはとにかくエクソシズムが盛んな国なのである。もちろん、ローマ・カトリック教会の影響が強いからだ。同じキリスト教でも、ほとんどのプロテスタント教会ではエクソシズムを認めていないので、基本的にはエクソシストは存在しないのである。

　また、現在のイタリアに350人のエクソシストがいるといわれているが、1986年の時点ではその数はわずかに20人だったという。つまり、イタリアにおいてこれほどエクソシズムが盛んになったのは、少なくとも近代という時代に範囲をしぼれば、つい最近のことなのである。

　その背景には、1970年前後から大衆文化の世界で大流行し始めた黒魔術や悪魔カルトなどの影響があるという。その流れの中で、1973年には映画『エクソシスト』が公開され、世界的大ヒットとなった。そして、人々のエクソシズムへの関心も大いに高まった。

　こうした、悪魔的なものの流行をバチカンも無視できなかったのである。1987年には当時の教皇ヨハネ・パウロ2世が次のように語った。

●┈┈┈┈┈┈┈┈┈┈┈┈┈┈┈┈┈┈┈┈
悪魔との戦いは……現在でもまだつづいています。悪魔はまだ生きており、この世界で活動しているのです。現代のわれわれを取り巻く悪や、社会に蔓延する混乱、人間の不調和と衰弱は、すべてが原罪ゆえのものではなく、サタンがのさばって暗い行ないをしている結果でもあるのです。
（『バチカン・エクソシスト』トレイシー・ウィルキンソン著／矢口誠訳／文芸春秋）
┈┈┈┈┈┈┈┈┈┈┈┈┈┈┈┈┈┈┈┈●

　2005年2月からは、ローマの教皇庁立レジーナ・アポストロールム大学で、エクソシズムを専門とするコースが開講しているが、これもまた同じ流れの中にあるといっていいのである。

☪★ エクソシズムの歴史と『ローマ典礼儀式書』

　現在のイタリアにおけるエクソシズムの流行は近年の傾向だといったが、キリスト教とエクソシズムの関係が非常に古い時代にさかのぼることは確かだ。新約聖書を見ればわかるように、すでにイエス・キリストが行っているので、キリスト教には最初からエクソシズムがあったことになる。そうでなければ、近年になってエクソシズムがあらためて流行することもなかっただろう。
　イエス・キリストのヒーリングについては本書では別に紹介しており、そこでもエクソシズムの例を取り上げている。（「マタイ伝」（17章14－18）の例）
　イエスの時代には、盲目、聾唖、狂気などがしばしば悪霊の仕業と考えられたので、新約聖書にはイエスやその弟子たちによる数多くのエクソシズムの例が見られるのである。
　紀元250年以降は、キリスト教会の中にエクソシズムを行う専門の聖職者の階級も設けられた。
　16、17世紀、ヨーロッパでは魔女狩りという悪習が最高潮に達するが、このことは当時の人々がそれほどまでに悪魔を恐れていたということでもある。それで、この時代にはエクソシズムも一層盛んに行われた。
　このころまでにはエクソシズムの形式も確立し、1614年に公布された『ローマ典礼儀式書』の一部分としてエクソシズムの規定が収められた。
　当然のことだが初期のエクソシズムは複雑なものではなかった。それは、連祷、祈り、憑依された者の頭に手を置いて聖別すること、これだけだったという。それが中世の間に発展し、最終的な形に結実したのである。
　1614年以降は、エクソシズムの儀式は長い間変更されていない。
　18世紀ころからは魔女狩りの反省もあり、エクソシズムは人気を失った。そして、

近代的な考え方が主流になるに従い、エクソシズムは迷信的で恥ずべきことのように考えられるようになった。その結果、1960年代の第二バチカン公会議で『ローマ典礼儀式書』のほかの典礼が改訂されたときにも、エクソシズムの項目だけは手つかずのまま放置されたのである。

その後状況が変化したことで、1999年にエクソシズムの改定版として『悪魔祓いとある種の嘆願について』（ラテン語で90ページ）がバチカンによって発行された。これが、1614年以来初めてのエクソシズムに関する典礼の改訂だった。

しかし、このときも祈祷や戒告などの部分はほとんど変更されていないのである。したがって、エクソシズムの儀式そのものは現在でも基本的に1614年の『ローマ典礼儀式書』に従って行われているのである。ただ、1999年の改訂では、エクソシズムを行うのは司教によってエクソシストとして公式に任命された司祭だとされている。

☪★ エクソシズムの対象となる病

1999年の改訂でもエクソシズムの手順の基本は変わらなかったが、大きく変わった部分もある。

それはエクソシズムが対象とするのはいったいどのような病かという規定である。改訂版ではこの部分が変わった、というよりもむしろ新しく追加されたのである。

中世の時代には、狂気のような精神的な病はしばしば悪魔のせいだとみなされたので、エクソシズムの対象となった。悪魔が取りついたというのは精神錯乱を説明するのにとても便利な理論だったのである。

だが、最新の改定版によってそのような考えはあらためられた。

すなわち、エクソシズムの対象となるのは肉体的あるいは精神的な病気であってはならないと定められたのだ。これが、現代のカトリック教会の公式見解であり、絶対に守らなければならない点である。

これは簡単にいうと、次のようになる。

エクソシズムを依頼する人物は基本的には肉体的な病の持ち主ではなく、精神的な病であるような症候を持っている。だが、それだけではエクソシズムは行うことはできない。

エクソシズムを行う前に、エクソシストは精神科医や医師と協力し、依頼者の病気がどのようなものか徹底的に審査するのである。その結果、依頼者の症状が現代医学では説明できないと診断された場合だけ、教会の高位者によってエクソシズムが許可されるのである。

確かに、悪魔の存在を前提としたエクソシズムというのは合理主義者の目には荒唐無稽なものに見える。しかし、悪魔が存在するということはカトリックの教義の一つで、教会としてエクソシズムを完全に否定することはできない。また、教会内にはエクソシズム推進派もいれば、できることならば避けたいと考えている者もいる。こうした様々な事情から、エクソシズムを否定はしないが、できる限り行わないですむという規定が設けられたと想像できる。
　こんなわけなので、エクソシズムを依頼してくる人々は多いものの、その中で本当にそれを必要としている人は少ないといわれている。
　カトリック教会に任命された公式エクソシストのチーフを務め、国際エクソシスト協会の創設者でもあるガブリエル・アモルス神父は現在の最も有名なエクソシストであり、もちろんエクソシズム推進派の人物である。そんなアモルス神父さえ、現在エクソシズムをしてほしいと考えている数千人のイタリア人の中に、本当にそれを必要としているものはごくわずかだと認めているほどである。
　ただ、エクソシストも一個人であって、それぞれが独自の思想を持っている。その中には、教会の規定に従わず、頻繁にエクソシズムを行っている者もいる。だから、本来ならばエクソシズムはごくまれにしか行われないはずものだが、現実にはそうではないという状況も起こるのである。

☪★ エクソシズムの手順

　では、依頼者に本当に悪魔が取りついていると判断された場合、エクソシズムはどのように行われるのだろう。
　その手順は『ローマ典礼儀式書』の1614年版でも、最新版でもほとんど変わっていないと述べたが、『悪魔学大全』(ロッセル・ホープ・ロビンズ著／松田和也訳／青土社) という本に古い版の手順が抄録されているので、ここでその一部を引用して紹介しよう。
　それは次のようなものである。

●..

　司祭は、サープリスと紫の頸垂帯を身につけ、その一端を寄主の首に掛ける。その者が暴れるようなら縛り付け、参集者に聖水を掛ける。そして勤行を始める。
　一、連祷。
　二、『詩編』第五四篇 (「神よ、御名によって私を救い…」)。
　三、「邪悪な竜」と戦うこの悪魔祓いに神の恩寵を嘆願する誓言、および憑依する霊への勧告。「汝が名、および汝が退去する日付と時間とを何らかの合図によりて我に示すべし」。

四、『福音書』(『ヨハネによる福音書』第一章および／あるいは『マルコによる福音書』第十六章、『ルカによる福音書』第十、十一章)。
　五、予備的な祈り
それから司祭は、自分自身と寄主を十字架の印で防御し、頸垂帯の一部をその首に巻き付け、右手を寄主の頭に置き、断固として、また堅い信仰心をもって、以下の文を唱える。
　六、第一の悪魔祓い：
「我汝を祓う、汝最も下劣なる霊よ、我らが敵の具現化よ、全き亡霊よ、我その軍勢のすべてを祓う、イエス・キリストの御名によりて、†これなる神の被造物より出でて去り行くべし††。
「神ご自身が汝に命ず、汝らを天の高みより地の淵へと堕したまいける御方が。神汝に命ず、海に、風に、嵐に命ずる御方が。
「それゆえに、聞きて恐れよ、おお、サタン、信仰の敵よ、人類に仇なす者よ、死を起こし、命を盗み、正義を毀つ者、悪の根源、悪徳を焚き付くる者、人間を誘惑する者、妬みを煽る者、貪欲の源、不調和の因、悲嘆をもたらす者よ。主なるキリストが汝が力を挫きたまうことを知りながら、何ゆえに汝は立ちて逆らうや。彼を恐れよ、イサクとして犠牲となり、ヨセフとして売られ、子羊として屠られ、人間として十字架に掛かり、その後に地獄に打ち勝ち給いたるかの御方を。

(以下に示す十字の印のところで、寄主の額に十字を切る)。「ゆえに、†父と、†子と、†聖霊の御名において退くべし。聖霊に座を譲るべし。父と聖霊と共に一つの神にして、永遠に、終わりなく生きたまい、世を治めたまう†我らが主イエス・キリストの十字の印によりて」。

　さらにエクソシズムは続くが、以下は項目だけを並べておこう。
　七、成功のための祈り、そして寄主の上に十字の印を作る。
　八、第二の悪魔祓い。
　九、祈り。
　十、第三の、最後の悪魔祓い。
　十一、最後の祈り。祈禱書聖歌、使徒信条、様々な詩編など。

　このようにエクソシズムの基本は祈禱であり、神の名による命令である。その際には、悪魔が嫌う聖水や十字架など神聖なものが重要な働きをする。
　キリスト教の考えでは、悪魔といえども神の被造物なのであって、神の命令には最終的には従わなければならないとされているからだ。

☾★ エクソシズムの現実と困難

　ところで、エクソシズムの手順といっても、『ローマ典礼儀式書』にあるのはあくまでも教科書的な手順である。現実のエクソシズムがその手順どおりに行われるとしても、事態は決してスムーズに運ぶわけではない。

　現実のエクソシズムでは、エクソシストが相手にするのは人間ではなくむしろ悪魔である。そして、悪魔は様々な仕方でエクソシストに反応し、抵抗し、戦いを挑むのである。

　そもそも悪魔は嘘つきであり、エクソシストとのやり取りの中でも真実を交えていかにもまことしやかな嘘をつく。だから、エクソシストはその嘘にだまされないように注意しなければならない。悪魔に憑依された人間は火事場の馬鹿力のような超人的な力を出すことがあるから、これにも注意する必要がある。また、被術者が知りえないような秘密の事実も知っており、それでエクソシストを混乱させることもある。

　こうしたことがらは昔も今も悪魔に憑依された人間に特徴的な振る舞いであって、『ローマ典礼儀式書』の中でもエクソシストが注意すべき点として列挙されている。

　しかし、たとえわかってはいても、現実のエクソシズムではそれを見る者を驚かすような事態が連続して起こるのである。

　ここで、現実のエクソシズムでどんなことが起こるのか簡単に紹介しておこう。
　最初に紹介するのは『エクソシストとの対話』（島村菜津著／小学館）で報告されているものである。
　そのエクソシズムは、1997年にイタリアのウンブリア州の山奥にある教会で、ジャコッペ神父と助手のイラリオ修道士が、テレーザという四十代後半の女性に対して行った。テレーザはこれまで、月に1度、17年にわたってエクソシズムを定期的に受けている女性だ。
　その日もエクソシズムはいつもどおりの手順で進んだが、やがて第3のエクソシズムの祈りの部分となり、神父が何度目かの十字を切ったとき、テレーザに変化が現れるのである。

●..............................

　何度めかに十字を切った時、テレーザが急に首を起こすと、神父をきっと睨みつけた。長い睫の奥の大きな瞳は、灰色のヴェールがかかったように暗く、澱んでいた。その表情は、まさに別人のようなという表現がぴったりだった。
　そのうちに彼女の身体中に何かぎらぎらしたエネルギーが漲っていくような印象を

受けたかと思うと、テレーザはやおら両眼を著しくしばたかせながら、背中を後ろに反らしたり、首をくねらせたりし始めた。蛇が鎌首をもたげているような異様な動きだった。上から糸で引っ張られるように、身体が椅子の背にそって上がっていく。そのたびに、神父は額に勢いよく息を吹きかけたり、イラリオ修道士に聖水の滴をかけさせたりする。すると、テレーザの身体はただちに反応して、また椅子に滑り落ちる。静寂の中で繰り返されるその動きは、グロテスクではありながら、ひとつの秩序を持ったパントマイムのようでもあった。

　この場面で、テレーザは蛇のような格好をしているが、それは昔も今も悪魔に憑かれた人間に現れるよくある姿勢である。創世記のアダムとエバの物語で、エバは蛇にそそのかされて知恵の木の実を食べてしまい、それが原因で人間は堕落することになる。つまり、蛇というのは悪魔そのものなのである。

　続いて紹介するのは『バチカン・エクソシスト』で報告されているものである。
　普通、エクソシストは司祭の仕事であり、司教はそれを監督する立場である。したがって、司教のエクソシストはほとんどいないわけだが、イタリアには1人だけ司教であると同時に公式のエクソシストだという人物がいる。モンシニョーレ・アンドレア・ジェンマ司教である。このジェンマ司教が、36歳のエンザという女性に対して行ったエクソシズムの場面だが、ここではジェンマとエンザの激しい対話が生き生きと描かれている。

　エンザから響いてくる声はほとんどが男性的で、怒りに満ちており、とてつもなく下卑ている。数分もすると、エンザは激しく身もだえしながら、嘔吐するような音を出し始めた。
「おれはおまえが嫌いだ！　嫌いだ！」とエンザが叫ぶ。「バスタ、バスタ！　もうじゅうぶんだ、やめてくれ！　おれにかまうな！」
　ジェンマは穏やかに祈祷をつづけ、聖者やキリストや聖母マリアの加護を求める。
「きさまなんぞくたばっちまえ、クソ野郎が！」低い不快な声が叫ぶ。「きさまのせいでキンタマがつぶれそうだ！　きさまが憎い！　ひとりにしろ！」
「ディオ・オニポテンテ。全能の神よ……」
　エンザはやがてすこし静かになり、大きなゲップのような音をつづけざまにたてはじめる。
「きさまが憎い！」彼女は何度も何度も叫ぶ。
「もっと憎め！」ジェンマは負けずに言い返す。「神はエンザを愛している！　彼女が洗礼をうけたがゆえに愛している。彼女は堅信の秘跡をうけた。エンザは善き人間だ！」

「そんなこと知ったことか！」エンザは轟くような声で言い返す。「それがどうしたっていうんだ？」

やがてエンザはかすれた声で「黙れ！」と叫び、ジェンマ司教に唾を吐く。

エクソシズムの間には、悪魔とエクソシストの間にこうした激しいやり取りが、しばしば延々と続くのである。また、エンザの口から出てくる声が普段の彼女の声ではなく、ほとんど男性的な声だというのは重要な特徴である。被術者の口から出るのは、その人物の本来の声ではなく、まるで悪魔の声のようなのである。

このように、現実のエクソシズムは非常に激しいものである。

しかも、一度のエクソシズムで問題が解決するわけではない。人によっては、何年間にもわたって、繰り返し行う必要があるのである。

最終的にエクソシズムによって被術者から悪魔が追放されたとしても、その悪魔が今度はエクソシストに取りついてしまい、エクソシストの方が死にいたることもあるといわれている。

ここで紹介したようなエクソシズムの現実は、それと似たような場面がエクソシズムを扱った有名な小説『尼僧ヨアンナ』（イヴァシュキェヴィッチ著）や『エクソシスト』（ウィリアム・ピーター・ブラッティ著）でも描かれており、非常に一般的なものだということがわかる。

エクソシズムというのは困難なだけでなく、とても危険なものでもあるのだ。

☪★ エクソシズムを否定する人々の意見

イタリアではエクソシズムが非常に盛んなわけだが、当然のように、そんなものは過去の遺風だとして否定する人々も多いということは知っておいた方がいいだろう。医師や知識人の多くはそういう意見だといっていい。

『バチカン・エクソシスト』にはこの種のエクソシズム否定論者の意見も紹介されている。

それによると、エクソシズム否定論者の多くは、エクソシズムの儀式の間に起こる様々な現実は、一種の催眠術によってもたらされると考えているという。つまり、エクソシストによって被術者は催眠術にかけられているのと同じ状態になってしまい、自分が悪魔に取りつかれているという役割を演じてしまうというのである。

エクソシズムを受けたいと望む人々は「注目されたい」という欲求を持っているのだと警告する人もいる。エクソシズムによって、自分が家族から注目されるという満足を得るために、悪魔に憑かれていることを演じてしまうというわけだ。

このようにエクソシズムを否定する説明はいろいろあるが、中でも重要と思えるのは、それによって重度の精神病が見過ごされてしまう危険があるということだろう。というのは、専門の医師にかかれば治るはずの病気であっても、自分は悪魔に憑かれていると信じ、エクソシズムに頼り続ければ、病状は進んでしまい、ついに手遅れになってしまうこともあるからだ。
　とすれば、エクソシズムによって癒しが得られたと感じる人々がいかに多かったとしても、それにだけに頼るというのは相当に危険なことといっていいかもしれない。

心霊治療
スピリチュアル・ヒーリング
霊の存在を前提とした神秘の癒し

☾★ 常識的な人々からは疑われやすい奇跡的治療法

心霊治療(スピリチュアル・ヒーリング)は、1950年ころから世に知られるようになった神秘的な病気治療の方法である。

一般的な心霊治療の方法を何か他の治療方法でたとえるなら、それはエドガー・ケイシー（P.90参照）とかサイババ（P.99参照）の治療法に近いものである。あるいは、イエス・キリストの治療法（P.8参照）に近いものである。つまり、外見的には完全な奇跡が起こっているように見える治療法である。どういうことかというと、患者の体に手のひらを当てたり、何百kmも遠く離れた所にいる患者に心霊治療家が想念を送るだけで、患者の病気が治ってしまうということが起こるのである。もちろん、そのような方法で病気が治ったという客観的で科学的なデータがたくさんあるわけではない。心霊治療を行っている心霊治療家たちがそう主張しているということである。

このような治療法なので、常識的な人々からは、心霊治療はきわめて疑わしい治療法と考えられているといっていいだろう。サイババやエドガー・ケイシーが疑わしいと考えられるのと同じことだ。

だが、ある前提を受け入れることで、心霊治療は奇跡的でも疑わしいものでもなく、むしろ科学的といっていいものになる——というのが心霊治療家たちの主張なのである。

☾★ 心霊治療(スピリチュアル・ヒーリング)が前提とする心霊主義(スピリチュアリズム)の思想

では、心霊治療家たちが主張するある前提とは何だろうか。

それは、霊が存在するという心霊主義の思想である。というのも、心霊治療は実は心霊主義の一部だからである。

心霊主義は19世紀半ばころからアメリカやヨーロッパで盛んになった思想運動で、およそ次のような考え方を前提にしている。

・霊的世界が存在し、人間の霊は肉体の死後も生き続ける。
・人間は生まれ変わるもので、輪廻転生は存在する。
・霊は完成するまで向上し続け、霊界には高級～下級の様々な霊がいる。

- 高級な霊たちは生きている人間とは比較にならないほどの特別な知識と情熱を持っている。
- 現世と霊界は霊界通信のような形で通信可能で、相互に影響しあっている。
- 高級な霊たちは、人間を霊に目覚めさせ、霊的に成長させようとしている。

　このような考え方を受け入れることができれば、心霊治療には少しも不思議なところはなくなるのである。
　なぜなら、心霊治療とは霊界に住む高級な霊の力で、患者の病気を治そうというものだからである。
　そのメカニズムは簡単にいうと次のようなものである。
　心霊治療家は患者の病気を治すために、霊界に住む霊に想念によって訴えかける。このとき訴えかける霊は人間の身体や霊のことについて、生きている人間とは比べられないほど優れた知識を持っている高級な霊人で、多くの場合は生前に医師として優れた業績を残した霊医というべき存在である。すると、訴えを受け取った霊医は心霊治療家を媒体として患者の身体にある種のエネルギー、あるいは波動（バイブレーション）といったパワーを送り込み、患者自身が持っている病気を癒す力を操作する。その結果として患者の病気が治るのである。
　心霊治療とはこのような治療法だから、心霊治療家は何か特別な治癒能力を持っているわけではない。また、特別に現実的な医学技術が必要なわけではない。ただ、霊界にいる霊医と病気を治したい患者の霊の双方と同調し、霊医の力が患者に伝えられる媒体となる能力が必要とされるのである。

☪★ 心霊治療（スピリチュアル・ヒーリング）の背後にある神の計画

　それにしても、霊界に住む霊たちはなぜ、心霊治療家の訴えを聞いてわざわざ生きている患者の病気を治したりするのだろうか。
　心霊治療家や心霊主義（スピリチュアリズム）の主張によれば、そのような霊たちの行動の背後には秩序だった神の計画があるのだという。
　それはこういうことである。
　人類は本質的に物質的満足だけでなく霊的満足を望むものだが、それはもともと神の創造の背後に人類の霊的進歩という目的があったからである。かつてイエス・キリストが到来したのも、人類の危機的時代にあって、神が人類に霊的指針を示すためであり、そのためにイエスは病気を癒すことで神霊の力を示したのだという。初期の教会も同様に真理の伝道とともに病気癒しをすることで成長した。だが、成長した結果、教会は富と権力を望むようになり、病気治療の力も衰えてしまった。

そして科学時代となった今日、物理的な関心のために霊的思想がないがしろにされ、人類に新たな危機が訪れた。この危機にあたって、かつてイエスが到来したときと同じように、人類に霊的指針を示すために、人間に心霊治療の能力が与えられたというのだ。だから、心霊治療の背後には人間の霊性を高めるという神の大目的があるのであって、そのために霊界の霊人たちが活動を開始したというのである。

☪★ 心霊治療(スピリチュアル・ヒーリング)の最高峰ハリー・エドワーズの活躍

　ここで、心霊治療についてより一層具体的なイメージを持ってもらえるように、現実に存在した心霊治療家を紹介することにしよう。
　その人物は心霊治療の最高峰といわれるハリー・エドワーズ（1893～1976）である。
　先に、心霊治療は1950年頃から世に知られるようになったといったが、それはこのハリー・エドワーズが活躍したからだった。

　エドワーズはもとはイギリスのロンドンで印刷業および文具商を営んでおり、心霊主義(スピリチュアリズム)どころか宗教にさえ興味のない合理主義者だった。そんな彼が心霊治療に興味を持ったのは次のようなわけだった。1935年、1人の友人に誘われて彼は心霊主義者の教会へ出かけた。その交霊会で、彼は霊媒を通じて心霊治療の能力があるという霊からの通信を受け取り、治療能力の開発グループに参加するようになった。それによって彼の能力が一気に目覚めたのだ。
　それから彼は自分の住居を治療所として心霊治療を行うようになったが、その名声は日に日に高まった。1946年にはサリー州のシェアという地に治療院を創設し、一層目覚ましい活動を開始した。そこで彼は10人以上の心霊治療家やアシスタントを配し、患者と対面して行う直接治療だけでなく、遠方の患者を治療する遠隔治療を行い、世界を相手に活躍するようになった。1954年には彼はロンドンの7千人収容のホールを満席にして公開治療実験も行った。そして心霊治療の効果を人々の目の前で現わして見せた。
　そんなエドワーズの心霊治療は、たとえどんなに絶大な効果があっても、外見上は実にあっけないものである。たとえば、ひざが悪くて自分の足で立ち上がれなかったある女性の場合、その治療風景は次のようなものだった。
　歩けないので、女性は車椅子でエドワーズの前までやってきた。彼は助手と協力して彼女を患者用の椅子に腰掛けさせた。そして、どんな感じですか、ひざが悪いんですね、などと優しい言葉で語りかけながら、女性の悪い方のひざに手を置く。彼がやっていることはほとんどそれだけである。それだけで、まったく1分かそこ

らの短時間で、女性のひざが治ってしまうのだ。しばらくして、「どうですか、立てますか？」とエドワーズが問うと、女性は「はい」と応え、本当に自分の足で立ち上がって、車椅子を残して診察室から出て行ったのである。

　こんなふうに、自分では歩けないために、杖や車椅子を利用してやってきた患者が、帰るときには自分の足で歩いていってしまうので、彼の治療院には治療前の患者が利用していた杖や車椅子がたくさん残されたとさえいわれている。

　こうやって、エドワーズは死ぬまで、病んだ人々のために心霊治療を続けた。彼の行う心霊治療を懐疑的な人たちは疑ったが、彼は少しも気にしなかったのである。

☪ 磁気治療・直接治療・遠隔治療

　その活躍からわかるように、ハリー・エドワーズこそ名実ともに最高の心霊治療家であり、心霊治療（スピリチュアル・ヒーリング）を代表するヒーラーである。心霊治療家たちは、イエス・キリストもまた心霊治療家のような存在で、心霊治療の歴史はそれほど古いということがあるが、それはいうなれば彼ら自身の伝説である。歴史的に見るならば、現在行われている心霊治療を作り上げたのはエドワーズである。これまでに述べてきた治療の原理なども基本的にエドワーズが作ったものであり、それが現在でも繰り返し語られているのである。

　エドワーズが作った心霊治療の基本原理などは『霊的治療の解明』（ハリー・エドワーズ著／梅原隆雅訳／国書刊行会）という本で語られているのだが、ここにはさらに詳しい心霊治療の説明がある。

　それによると、心霊治療には①磁気治療、②直接治療、③遠隔治療の3タイプがあるとされている。それぞれ次のようなものである。

①磁気治療

　ここでいう磁気治療とは、フランツ・アントン・メスマー（P.94参照）が「動物磁気」というときの磁気のようである。また、それは中国医学（P.171参照）でいうところの気と同じもののようである。その磁気治療についてエドワーズは霊の治療力ではないけれども、心霊治療と明確な境目のないものだといっている。その考えによれば、磁気力は極性を帯びた物理力で、磁気治療は宇宙力治療と呼ぶべきものである。つまり、宇宙力・宇宙エネルギーはいたるところにあるもので、それが磁気治療家から患者へ転移されることで治療が起こるのである。磁気治療で治癒する病気は限定的だが、磁気治療能力はしばしば心霊治療能力の出発点になるという。

②直接治療

　ごく一般的な心霊治療で、霊医と心霊治療家、心霊治療家と患者の間で同調作用が起こることによって、霊医→心霊治療家→患者という方向で霊の治療力が移転することで治療が行われるものである。重要なことは、心霊治療家はただ霊の治療力の通路の役割をするだけということだ。人間は霊と肉体を持つ存在であり、霊的な心と肉体的な心を持っている。心霊治療家が病気を治したいという使命感および患者への同情心を持つとき、親和力が生まれ、霊的な心と肉体的な心が一つになる。そのときに、心霊治療家は霊の治療力を患者に伝える通路となることができ、治療が行われることになるのである。

直接治療の概念

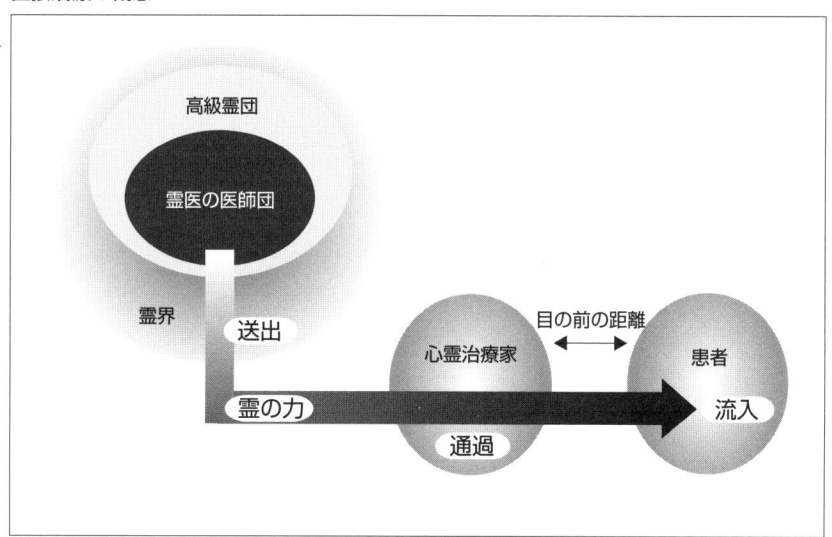

③遠隔治療

　心霊治療家がどこか遠くにいる、会ったこともない患者の病気を想念だけで治してしまうという治療法である。心霊治療家は患者がどこにいるのか正確に知っているわけではないし、患者の方でも、赤ん坊だったり、完全に衰弱しているなどの理由で、自分が心霊治療を受けようとしていることを知らない場合が多い。

　この治療の手順はだいたい次のようなものである。

　まず、患者から心霊治療家へ治療依頼がなされる。遠隔治療を望む患者は動けないことが多いので、治療の依頼は仲介者によってなされたり、手紙によってなされることもある。

依頼された心霊治療家は早朝、深夜のような静かな時間に1人または協力者と一緒に霊医に同調し、治療仲介祈念を行う。そして、患者の病状を伝え、その回復を依頼する。このとき起こった心霊治療家と霊医の同調は治療が終わるまで続く。

　それから心霊治療家は患者と同調するが、ここで心霊治療家は霊体旅行のような体験をする。たとえ患者がどんなに離れた場所にいても、心霊治療家の霊的心は一瞬にして空間を飛び越え、患者の姿や部屋の状態までがはっきりと心霊治療家の心に浮かんでくるのである。このとき、心霊治療家は患者と同調し、完全に一緒にいると感じる。一方、患者の方は自分が治療を受けていることを知らないことが多い。こうして、霊医の力が心霊治療家を通路にして患者に通じ、治療が行われるのである。

　どのような分析を行ったかわからないが、エドワーズがいうには、彼が関係した遠隔治療の結果報告では、80％の患者において不快な訴えが減少し、そのうち30％は全快報告だったという。

遠隔治療の概念

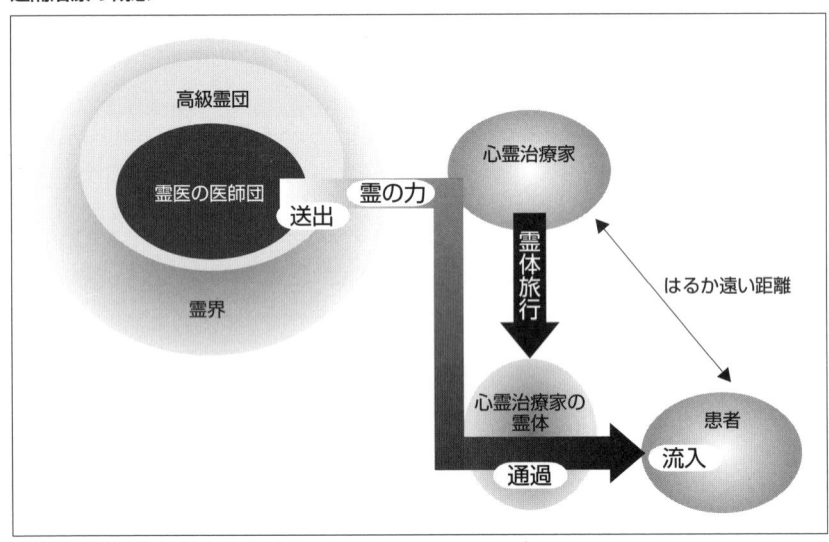

どうやって心霊治療能力を開発するか

　ハリー・エドワーズは心霊治療能力の開発方法についても語っている。それを見ると、心霊治療（スピリチュアル・ヒーリング）とは何かよりはっきりと理解できる。

　ここで大事なのは、治療能力はあくまでも心霊治療家と霊医との間に親和力と同

調が成立するかどうかにかかっているということである。心霊治療家自身が所有している治療能力とか、特別な技法や儀式などは存在しないのである。ある人に治療能力があるという場合があるが、それはその人が霊医と同調し、霊医の力の通路となることができるという意味なのだ。

そんなわけなので、ある人が自分の治療能力に気づくのは霊能者が行う交霊会であることが多い。そこで、人は霊能者によってトランス状態に導かれ、霊医が自分の身体と心を使用するとはどういうことなのかを知るのである。

ただ、トランス状態は霊医の存在をはっきりと知るためのきっかけにすぎず、治療のためにぜひとも必要というものではない。霊医の存在をはっきりと感じられるようになった心霊治療家はやがてトランス状態にならなくても霊医が働いてくれることを知るようになるのである。

霊医と同調する理想の状態は実はトランス状態ではなく、霊との接触を求める穏やかな瞑想状態なのである。その状態で霊的な心が上昇し、霊医との同調が可能になるのである。

ただし、この段階で心霊治療家は特定の霊医との同調を求めるべきではないという。それより、霊界と波長を合わせた方がよい。そうすることで、患者の状態に最もふさわしい霊医との同調が可能になるのである。

瞑想によって霊医と同調可能な状態になったら、病気を治してやりたい患者のこと、その人の性格や病気の種類に思いをとどめる。これにより、霊界にいる、患者にふさわしい霊医がその思いを受け止めることになるのである。これが遠隔治療の基本部分である。

直接治療では目の前に患者がいるので、少しばかりやり方が異なってくる。

この場合は、瞑想によって霊的な心を上昇させた心霊治療家は次に目の前の患者との同調・一体化へ向かう。心霊治療家は患者をリラックスさせるために自由に話し、病気の経過なども質問する。また、患者の額や頭部などに手をやる。そうすることで、心霊治療家と患者の霊の一体化が促進され、患者の状態が霊医に送られる。そして、心霊治療家と患者の一体化が進行すると、霊医との同調も起こり、治療が行われることになるのだ。

★ ブラジルの心霊主義(スピリチュアリズム)と心霊手術

さて、ここまでに紹介したのは、ハリー・エドワーズに始まる心霊治療(スピリチュアル・ヒーリング)であり、それはその分野で最もオーソドックスな方法といえるものである。

だが、心霊治療の分野には、もっと風変わりで、はるかに信じがたいものも存在している。

それは心霊手術である。

エドワーズの心霊治療では、心霊治療家は霊医によって心や体を占拠されるわけではない。つまり、憑依されるわけではない。心霊治療家はあくまでも自分自身を保っており、ただ霊医の力が患者へと流れ込むための通路となるだけである。

ところが心霊手術の場合、心霊治療家は完全に自分を失ってしまう。霊界の霊医が心霊治療家の体に憑依し、完全に支配し、そして患者に対して外科的な手術を行ってしまうのである。

このような心霊手術の典型的な例がブラジルにある。

心霊治療の前提となる心霊主義は19世紀中ごろに欧米で流行し始めるが、その基本理論を確立したのはフランスの哲学者アラン・カルデックだった。このカルデックの思想が19世紀後半にブラジルに持ち込まれ、上流階級の人々に歓迎された。その後、ブラジルの心霊主義はカトリック教会や権力者からの攻撃にさらされることもあった。だが、それは確実に生き続けただけでなく、超心理学などの新しい傾向も取り入れてより洗練され、大都市圏などで市民権を得ることになったのである。

また、ブラジルには心霊主義以前からアフリカの黒人奴隷たちによって持ち込まれたアフリカ的な宗教があり、霊の憑依をごく自然に受け入れる文化もあった。それで、心霊治療においても、霊医が心霊治療家に完全に憑依してしまう心霊手術が発達したのかもしれない。

★ 伝説の心霊手術師ゼ・アリゴー

では、心霊手術とは具体的にどのようなものなのか。かつて数々の心霊手術を行い、いまや伝説的な存在となっているゼ・アリゴー（1921〜1971）の場合を見てみることにしよう。

アリゴーはリオ・デ・ジャネイロ北方約400kmの地、ミナス・ジェライス州のコンゴンハス・ド・カンポという小さな町で活躍した心霊手術師である。

生まれたのも同じ町で、小学校に数年しか行かなかったので、ほぼ読み書きはできず、レストランの従業員、鉱山労働者などを経て、1942年に結婚後は小さなホテルの経営者となった。

子供のころから、彼がいるところでは何もしないのに物が移動したり不思議なことがよくあったが、1950年頃から心霊手術もできるようになった。

最初の患者は大統領候補ルシオ・ビッテンコートで、肺に腫瘍があった。しかし、アリゴーは霊医に憑依されたトランス状態だったので、患者に対して何をしたのかまったく覚えていないのである。

その後もアリゴーは当地において死ぬまで治療や手術を行い、200万人の患者が

彼のもとを訪れたといわれている。

　手術中の彼は完全なトランス状態のことが多かったが、半覚醒状態のときもあった。手術道具はただのキッチンナイフや爪切りばさみなどが用いられ、麻酔は行わず、しかも出血は少なく、そのスピードは熟練した外科医よりも早かった。それで、ナイフを患者の目につきたてたり、腕の腫瘤や胃の腫瘍を取ったりしたのである。手術しないときでも患者の診断は行い、自動書記によって薬の処方を行ったという。

　一般の心霊治療(スピリチュアル・ヒーリング)の場合と同じく、アリゴーの心霊手術の場合も霊界の医師が力を発揮したといわれている。医師は1人ではなく、複数で、いうなれば霊界医師団というべきものだった。そのリーダーはドイツ人医師フリッツの霊で、多くの外科手術を担当した。それ以外の場合、内科はフランス人医師ピエルの霊、小児科婦人科は日本人医師タカハシの霊が治療したのである。

　これがゼ・アリゴーの心霊手術だった。もし本当なら、心霊手術とはまったくすばらしいものだといっていいだろう。

　ただ、アリゴーのこのような活躍は結局はマスコミなどによって流布されたものだということは知っておかなければならないだろう。アリー・レックスというブラジル人外科医は心霊主義者でもあり、実際にアリゴーの手術を観察したが、彼はたとえ手術したとしても体の表面にできたものを取り除くくらいだったし、その手術や治療で病気が治癒したかどうかは保証の限りではないといっている。

あとがき

　「あとがき」にするのも変かもしれないが、この本を書いている間に著者は人生初の入院・手術という経験をしたので、その時感じたことを記念に書いておきたい。
　その病気はそんなに大層なものではなかったのだが、一応全身麻酔で手術を受けた。これがすごい。点滴を始めて数秒で意識は完全になくなってしまう。聞いたところでは、全身麻酔だと自力では呼吸もできなくなるので、酸素は機械で肺に送ったようだ。そして、自分の体を切っているはずなのに痛くもかゆくもない。というか記憶がない。気がつくとベッドの上で、手術は完全に終わっている。まあ、その段階ではベッドの上で動けない状態だったので、一応手術したんだということはわかるけれど、とにかく手術室に入ったあたりからあとの記憶がまったくなく、ベッドの上で新しい生命として誕生したような感じさえする。
　で、何を感じたかというと、「他力本願」ということである。
　実は、全身麻酔で手術が必要だと知ったとき、臆病な著者は少々怖かったのでした。なにしろ、全身麻酔をしたら、自分では何もできないわけで、完全に人任せになってしまう。つまり「他力本願」になるわけだが、それが何となく怖かったわけだ。
　とはいえ、この場面では「他力本願」にならざるを得ないし、そうなることであとはみんながどうにかしてくれるのである。
　「他力本願」などというとなんとなく情けないことのように思っていたが、決してそんなことはなく、ある場面ではとても大事な考え方だと理解したのである。

　さて、ここでちょっと「あとがき」っぽくなるが、本書の執筆にあたって、新紀元社の田村環さん、川口妙子さんに非常にお世話になったので、最後に心から感謝しておきたい。途中に手術ということもあって、本書の執筆には常識はずれの時間がかかってしまったが、それを辛抱強く待っていただいただけでなく、いろいろと元気づけていただき、そのおかげで完成することができたのだと思う。どうもありがとうございました。（やはり「他力」は大事なのです。）

草野　巧

索引

あ

アーサー王……131,132
アーサナ……191,192,195
アージニャー……198,199
アーユル・ヴェーダ……46,155～160,
　　　　　　　　　163～169,171,213
アヴァロン島……132
アウマクア……146～150,153,154
アヴヤクタ……158
悪魔祓い……86,213,214,216～218
アシュヴィン双神……46,48,155
アシュターンガフリダヤ・サンヒター……155
アシュラム……99
アスクレピオス……25～33,54,71,72
アスクレピオン……54
アナーハタ……198,199
アバトン……28～30
アハンカーラ……158
アピス……70,71
アポロン……32,33
天の羅摩の船……63
アメンホテプ3世……52
アリマタヤのヨセフ……132,134
アルベルトゥス・マグヌス……88
アルミズ……58
アレキサンドリア……70,71
アレクシー・カレル……42
アロマ・セラピー……156
イエス……8～16,20,25,26,32
イシス……49,50,70,72
イダー……197,198
五つの浄化法……168
因幡の白兎……61
イムホテプ……50,52,54
癒しの泉……55
インティ・ワタナ……126,128
インドラ神……46,48,155
陰陽論……171,172,187
ヴァータ……159～167,169
ヴィシュッダ……198,199
ヴィブーティ……101
ウェスト・ケネット・アヴェニュー……135
ヴォルテックス……115,118～121

ウサルーアピス……70,71
宇宙流体……94
ウニヒピリ……146～151,153,154
ウハネ……146～150,153,154
蛤貝比売……62
エアポート・メサ……119
エイヴベリー……129,134,135
エクソシスト……213～217,219～221
エクソシズム……213～222
エドガー・ケイシー……90,91,223
エピダウロス……27～32
エメラルド……88
遠隔治療……225～229
オイル・マッサージ……156
オウィアッハ……55～58
王の病……18
大国主神……61～63
オシリス……49,50,70～72
オルタナティブ……89

か

開始の踊り……205,209
カヴァディアス……32
カヴェヘヴェヘ……107,108
カオミ……152
カセドラル・ロック……120
華佗……77～80,188
カチーナ・ウーマン……120
カトリック……34
カパ……159～167,169
カフナ……106～111,144,145,150～152
カフナ・ストーン……108
カマラプクウィア……116,117
カメハメハ大王……149
カレル……41,42,44
関羽……78
カンデラブラ……122,123
漢方……138,170,172,175,186,187
漢方医学……170,187
気……136,157,160,170～174,
　　176～180,187,188,194,196,226
気血……173,183
キサ貝比売……62
器質的……35,95

索引

機能的	95
耆婆	74,76,81
耆婆扁鵲	74,81
行気	172,187,188
キラウエア火山	112〜114
キリスト教	8,32,34,35,41,111,131, 132,135,214,215,218
グウィン・アプ・ニズ	132
クカニロコ	109,110
クヒオビーチ	108
駆魔逐邪	64
グラストンベリー	129,131,132,134
グラストンベリー・トール	132,134
グラストンベリー修道院	131,132
クリネー	28
グル	66,99
クレズネ	55
クロワジーヌ	40
クンダリニー	190〜192,195〜198,200
ケアイヴァ・ヘイアウ	111
経穴	171,172,179,181〜183
ケイシー療法	92
経脈	177〜179,181〜183,186
経絡	157,171,172,177〜182
ケイロン	33
ケーチャリー・ムドラー	196
月光菩薩	67
解毒療法	156
黄帝内経	172,174,179,181,183,185
黄帝八十一難経	172,179,181
後天の気	176
五宜	175,176
五行説	171〜174,176
五禁	175,176
五禽戯	77,188
古代エジプト	49,50,52,54,70
古典ヨーガ	190
呉本	64
今昔物語集	67

ザマーディ	191,195
サンクチュアリー	135
サンヤマ	194
ジーヴァカ	74〜76,81
シヴァ	102,109,192,197,200
史記	81
磁気桶	95
磁気治療	226
尸蹶	82
シッダ座	192
シノペ	70
シャヴァ座	193
シャクティ	102,197
シャーマニズム	123,201〜203, 205,207,208〜211,
シャーマン	122〜128,201〜212
十二神将	67
浄化療法	168,169
傷寒雑病論	172,185〜187
ショーダナ	168,169
鍼灸治療	171,186
鍼灸療法	171〜173,176,177,181〜184
神聖灰	101
神農	59,60,61,172,184
神農本草経	172,184,185
シンハ座	192,193
心霊治療家	46,170,223〜230
スヴァーディスターナ	198,199
スカニヤー	48
少彦名神	61,63
スシュムナー	197,198
スシュルタ・サンヒター	155
ストーン・ヘンジ	26,134
ストーンサークル	129,134,135
心霊主義	223〜225,229〜231
心霊治療	223〜231
ゼ・アリゴー	230,231
セアンス	95,96
青嚢書	80
聖杯の泉	134
聖マイケル・マウント	129,130
聖マイケル・レイライン	129〜131,134
聖マイケル教会	129,134
聖メアリ・レイライン	130,131
セト	49,50
セドナ	115〜120
セラピス	70〜72

さ

サイババ	99〜102,223
催眠療法	94,98
サットヴァ	158
サティア・サイババ	99,102
サトヴィック	169
サハスラーラ	198〜200

索引

セラペイオン······················72
先天の気························176
曹操·························79,80
ソーマ酒························48
ソテル·······················70,71
素問··························172

た

ダートゥ·················159,164,169
ダーラナー··················191,195
太一皇人························59
代替医療····················89,138
太陽の神殿······················135
魂の飛翔·······················124
タマシック······················169
タマス·························158
タンマートラ····················158
チヤヴァナ仙··················46,48
チャクラ············191,196,198～200
チャネリング·····················90
チャラカ・サンヒター··············155
チャリス・ウェル·················134
中国医学················155～157,160,
170～173,175～180,185,187,226
長桑君························81,82
直接治療················225～227,229
月の神殿······················135
ディアン・ケト················55～58
ディヤーナ··················191,195
デトックス·····················156
テレスポロス····················72
てんかん···············9,12,14,16
天元玉冊·······················60
導引··············77,172,187,188
動物磁気··············94～98,226
動物の踊り·············205,207,209
東方浄瑠璃世界···················67
ドーシャ·················157～168
トト······················50,52,54
トリ・ドーシャ·······159～161,163,164,167,168

な

ナーサティア····················46
ナーディー··················197,198
ナスカの地上絵············122～124
日光菩薩·······················67
ヌァザ······················55,56

ネオ・シャーマニズム·······201～205,
207,209,210,212
眠れる予言者····················90

は

バース・ストーン·············109,110
ハーネマン················138～142
ハーブ療法····················156
ハイ・セルフ···················146
ハイアー・セルフ············146,147
バイシャジヤ・グル···············66
ハイポクラテス··················72
バケ························95,96
ハタ・ヨーガ···············189～197
ハタ・ヨーガ・プラディーピカー··192,195
パチャママ石···················128
ハデス······················70,71
パドマ座····················192,193
パドラ座····················192,193
バラドヴァージャ············102,155
鍼················78,79,82,84,171,183
ハリー・エドワーズ·······225,226,228,229
針と糸························125
ハワイ···············106～114,144～152
パワー・アニマル········123,205～207,209
パワー・ソング··············208,209
パンチャ・カルマ···············168
パンチャ・マハーブータ···········158
ヒイアカ······················113
ピッタ·················159～167,169
ヒプノティズム··················94
病因と治療·················86,89
ヒルデガルト················85～89
ピンガラー················197,198
ピンガラ尊者···················76
ビンビサーラ王··················74
プウホヌア················111,112
プウホヌア・オ・ホナウナウ·····111,112
プタハ·························54
仏陀····················74,75,101
祓魔師························214
フナ····················106,107,144～154
フラ・ダンス···················152
プラーナ················194,197,199
プラーナーヤーマ·········191,194,195
プラクリティ············158,161～164
プラジャパティー王···············46

索引

ブラフマー神 46,155
フランツ・アントン・メスマー 94,226
プルシャ 158
ヘイアウ 111
ペイジ・ブライアント 115,118
ベーシック・セルフ 148
ベックハンプトン・アヴェニュー 135
ベル・ロック 119
ベルナデット 37,38,41
ペレ 112〜114
扁鵲 74,80〜84
ボイントン・キャニオン 116,117,120
房中術 187
ホオロノパフ・ヘイアウ 110
保生大帝 64
ポノ 144
ホメオパシー 138〜143
ホルス 49,50

ま

マサビエル洞窟 37〜41,44
魔女狩り 215
マチュ・ピチュ 125,126
マックス・フリーダム・ロング 144
マナ 106〜109,111,112,114,148〜154
マナマナ 152
マニプーラ 198,199
マハー・ムドラー 196
マハーン 158
麻沸散 78
マユーラ座 194
マラ 157,159
マリア 36〜41,101,131,220
マリー・フェラン 42,44
真言 66,67,190
ミアッハ 55〜58
微細身 197
ミドル・セルフ 147,148
未病の医学 156,185
ムーラーダーラ 198,199
ムドラー 192,195,196
メスマー 94〜98,226
メスメリズム 94,96,98
メディスン・マン 117
メンフィス 52,54
モンテズマ・ウェル 116

や

八上比売 62
薬王菩薩 67
薬師如来 61,66〜68
薬上菩薩 67
薬師瑠璃光如来 67
八十神 61,62
ヤバパイ族 115,116,120
病の王者 18
ユッタ 85,86
ヨーガ 63,168,189〜198,200
ヨーガ・スートラ 190〜192,194,195
四大ヴォルテックス 119〜121

ら

ラー 49,50
ラージャ・ヨーガ 189〜191
らい病 10
ラインのシビュラ 85,86
絡脈 177,178,181
ラジャス 158
ラジャスティック 169
リーディング 90〜92
リグ・ヴェーダ 46
リム・カラ 107
竜穴 136
竜脈 136
類似物の法則 139
瘰癧 18,20〜22
瘰癧さわり 18
ルルドの泉 26,34〜36,38〜42,100
レイ・ハンター 129,134
霊医 224,227〜230
霊枢 172
霊的指導者 99
レイライン 117,129,130,134〜136
レメディー 140〜143
ロイヤル・タッチ 18〜22,24,25
ローマ典礼儀式書 215〜217,219
六不治の病 83,84
ロヒアウ 113

わ

ワヒアワ 109

参考文献

古代インドの苦行と癒し　　ケネス・G.ジスク 著／梶田昭 訳　時空出版
タントラ仏教入門　　S.B.ダスグプタ 著／宮坂宥勝、桑村正純 訳　人文書院
アーユルヴェーダ　インドの生命科学　　上馬場和夫、西川眞知子 著　農山漁村文化協会
入門アーユルヴェーダ　　バグワン・ダス、マンフレッド・ジュニアス 著／幡井勉ほか 訳　平河出版社
タントラ　東洋の知恵　　アジット・ムケルジー 著／松ി有慶 訳　新潮社
クンダリニーとは何か　　ジョン・W.ホワイト 編／川村悦郎 訳　めるくまーる社
アーユルヴェーダ ハンドブック　　シャンタ・ゴーダガマヤ 著／上馬場 和夫監訳／日高陵好、西川眞知子 共訳　日経BP社
中村元選集［決定版］第24巻　ヨーガとサーンキヤの思想　　中村元 著　春秋社
科学の名著　第Ⅰ期(1)　インド医学概論　　矢野道雄 編訳　朝日出版社
アーユルヴェーダの知恵　蘇るインド伝承医学　　高橋和巳 著　講談社
インド伝統医学入門　アーユルヴェーダの世界　　丸山博 監修／アーユルヴェーダ研究会 編　東方出版
アジアの伝統医学　　高橋澄子ほか 著　出帆新社
占星術師たちのインド　暦と占いの文化　　矢野道雄 著　中央公論社
夢の治療力　古代ギリシャの医学と現代の精神分析　　C.A.マイヤー 著／秋山さと子 訳　筑摩書房
医神アスクレピオス　生と死をめぐる神話の旅　　カール・ケレーニイ 著／岡田素之 訳　白水社
神の手人の手　逆heart heartの医学史　　立川昭二 著　人文書院
古代ギリシア遺跡事典　　周藤芳幸、澤田典子 著　東京堂出版
レバノンの白い山　古代地中海の神々　　山形孝夫 著　未来社
聖書の奇跡物語　治癒神イエスの誕生　　山形孝夫 著　朝日新聞社
生身のイエス　私の読む「マタイによる福音書」　　祈寬恵 著　朝日新聞社
『新約聖書』の誕生　　加藤隆 著　講談社
巡礼と民衆信仰　地中海世界史4　　歴史学会研究会 編　青木書店
悪魔祓い　　J.M.G.ル・クレジオ 著／高山鉄男 訳　新潮社
江戸の悪霊祓い師　　高田衛 著　筑摩書房
エクソシスト　　ウィリアム・ピーター・ブラッティ 著／宇野利泰 訳　新潮社
尼僧ヨアンナ　　イヴァシュキェヴィッチ 作／関口時正 訳　岩波書店
バチカン・エクソシスト　　トレイシー・ウイルキンソン 著／矢口誠 訳　文芸春秋
エクソシストとの対話　　島村菜津 著　小学館
ゾロアスター教の悪魔払い　　岡田明憲 著　平河出版社
永遠のエドガー・ケイシー　　トマス・サグルー 著／光田秀 訳　たま出版
エドガー・ケイシーのすべて　生き方発見シリーズ　　サンマーク出版編集部 編　サンマーク出版
サイババ神の降臨　驚愕の真実がここにある!　　大橋信史 著　中央アート出版社
アガスティアの葉　運命か自由意志か、そして星の科学とは何か　　青山圭秀 著　三五館
理性のゆらぎ　科学と知識のさらなる内側　　青山圭秀 著　三五館
真実のサイババ　　青山圭秀 著　三五館
シャーマニズム　上下　　ミルチア・エリアーデ 著／堀一郎 訳　筑摩書房
シャーマニズムの精神人類学　癒しと超越のテクノロジー　　ロジャー・ウォルシュ 著／安藤治、高岡よし子 訳　春秋社
天と王とシャーマン　　E.C.クラップ 著／川田憲二郎 訳　地人書館
シャーマンへの道　　マイケル・ハーナー 著／吉福伸逸 監修／高岡よし子 訳　平河出版社
シャーマンの世界「人類の知恵」双書①　　ピアーズ・ヴィテブスキー 著／中沢新一 監修／岩坂彰 訳　創元社
魂の癒し手　シャーマニック・ヒーラー　　A.ビジョルド、S.クリップナー 著／東長人 監訳／藤井礼子 訳　春秋社
超心理学　　イヴォンヌ・カステラン 著／田中義廣 訳　白水社
スピリチュアル・ヒーリング　宇宙に満ちる愛のエネルギー　　ベティ・シャイン 著／中村正明 訳　日本教文社
スピリチュアリズムと宇宙哲学　人間はいずこより来りて、いずこへ行くのか　　近藤千雄 著　現代書林
霊的治療の解明　　ハリー・エドワーズ 著／梅原隆雅 訳　国書刊行会
現代社会とスピリチュアリティ　現代人の宗教意識の社会学的探究　愛知学院大学文学会叢書1　　伊藤雅之 著　渓水社
ブラジルの心霊治療奇跡を操る人々　　東長人、パトリック・ガイスラー 著　荒地出版社
東洋医学マニュアル　鍼灸・整体［改訂新版］　　池田研二 著／宮岡朝輝 監修　朝日ソノラマ
中国名医列伝　呪術・漢方・西洋医学の十九人　　吉田荘人 著　中央公論社
漢方の歴史　中国・日本の伝統医学　あじあブックス11　　小曽戸洋 著　大修館書店
アジアの医学　インド・中国の伝統医学　　ピエール・ユアールほか 著／赤松明彦ほか 共訳　せりか書房
中国医学の思想的風土　　山田慶兒 著　潮出版社
実用中国養生全科　3　　張有寯 主編／徐海 訳／帯津良一 日本語版監修　地湧社

参考文献

養生外史　不老長寿の思想とその周辺　中国篇　　吉元昭治 著　医道の日本社
中国医学の誕生　　加納善光 著　東京大学出版会
こころとからだ　中国古代における身体の思想　　石田秀実 著　中国書店
黄帝内経と中国古代医学　その形成と思想的背景および特質　　丸山敏秋 著　東京美術
気の自然像　　山田慶兒 著　岩波書店
中国医学の起源　　山田慶兒 著　岩波書店
気の曼陀羅　道教からチベット医学まで　　池上正治 著　出帆新社
中国医学はいかにつくられたか　　山田慶兒 著　岩波書店
道教と養生思想　　坂出祥伸 著　ぺりかん社
気の中国文化　気功・養生・風水・易　　三浦國雄 著　創元社
東洋医学養生法　「気」を高め、心と体をととのえる　　竹内亨 著　日本放送出版協会
「気」と養生　道教の養生術と呪術　　坂出祥伸 著　人文書院
道教の養性術　アジア文化叢書　　アンリ・マスペロ 著／持田季未子 訳　せりか書房
道教の本　不老不死をめざす仙道呪術の世界　Books Esoterica 第4号　　学習研究社
東洋医学の本　Books Esoterica 第28号　　学習研究社
中国医学思想史　もう一つの医学　　石田秀実 著　東京大学出版会
「気」で観る人体　経絡とツボのネットワーク　　池上正治 著　講談社
気の世界　東京大学公開講座50　　有馬朗人ほか 著　東京大学出版会
東洋医学を知っていますか　　三浦於菟 著　新潮社
気と人間科学　日中シンポジウム講演集　　湯浅泰雄 編　平河出版社
気の自然像　　山田慶兒 著　岩波書店
杏林史話・伝説　神代から現代まで　　松田義信 著　東洋出版
三国志演義　5、6　　羅漢中 作／立間祥介 訳　徳間書店
史記　7 列伝3　　司馬遷 著／小竹文夫、小竹武夫 訳　筑摩書房
ハワイアン・ヒーリング　ポリネシアの癒しの智慧　　サージ・カヒリ・キング／岬健司 訳　国書刊行会
フナ古代ハワイの神秘の教え　　シャーロット・バーニー 著／丸子あゆみ 訳　ダイヤモンド社
癒す心、治る力　自発的治癒とは何か　　アンドルー・ワイル 著／上野圭一 訳　角川書店
聖地紀行　角川選書7　　松永伍一 著　角川書店
世界のパワースポット　癒しと自分回復の旅ガイド　　ヴォイス 編　VOICE
プラシーボの治癒力　心がつくる体内万能薬　　ハワード・ブローディ 著／伊藤はるみ 訳　日本教文社
代替医療　オルタナティブ・メディスンの可能性　　上野圭一 著　角川書店
医学の歴史　　梶田昭 著　講談社
世界伝統医学大全　　WHO、R.バンナーマン、J.バートン、陳文傑 編著／津谷喜一郎 訳　平凡社
医療と神々　医療人類学のすすめ　　宗田一 監修／池田光穂 著　平凡社
癒しのメッセージ　現代のヒーラーたちが語るやすらぎと治癒の秘訣　　R.カールソン、B.シールド 編／上野圭一 監訳　春秋社
伝統医学のすすめ　　池上正治 著　エンタプライズ
世界医療史　魔法医学から科学的医学へ　　エルウィン・H.アッカークネヒト 著／井上清恒、田中満智子 共訳　内田老鶴圃
エジプト神話　　ヴェロニカ・イオンズ 著／酒井傳六 訳　青土社
いまなぜ「代替医療」なのか　「癒し」のルネッサンス : 治癒系を活かすヒーリング・アート　　帯津良一 監修／上野圭一、CAMUNet 著　徳間書店
聖なる場所　地球の呼び声　　ジェイムズ・スワン 著／葛西賢太 訳　春秋社
ビンゲンのヒルデガルトの世界　　種村季弘 著　青土社
聖ヒルデガルトの医学と自然学　　ヒルデガルト・フォン・ビンゲン 著／井村宏次 監訳／聖ヒルデガルト研究会 訳　ビイング・ネット・プレス
ドイツ「素人医師」団　人に優しい西洋民間療法　　服部伸 著　講談社
ホメオパシー大百科事典　　アンドルー・ロッキー 著／大槻真一郎 日本語版監訳　産調出版
ウィーンから来た魔術師　精神医学の先駆者メスマーの生涯　　ヴィンセント・ブラネリ 著／井村宏次、中村薫子 訳　春秋社
インテグラル・ヨーガ　パタンジャリのヨーガ・スートラ　　スワミ・サッチダーナンダ 著／伊藤久子 訳　めるくまーる社
クンダリニー・ヨーガの心理学　　C.G.ユング 著／S.シャムダサーニ 編／老松克博 訳　創元社
ヨーガの思想　心と体の調和を求めて　　番場一雄 著　日本放送出版協会
聖母マリアの謎　　石井美樹子 著　白水社
奇蹟の聖地ルルド　　田中澄江 文／菅井日人 写真　講談社
ルルドへの旅・祈り　　アレクシー・カレル 著／中村弓子 訳　春秋社
奇跡の泉ルルドへ　　竹下節子 著　NTT出版
イギリス聖地紀行　謎のストーン・サークルを訪ねて　　沢田京子 著　トラベルジャーナル
風水先生レイラインを行く　神聖地相学世界編　　荒俣宏 著　集英社
王の奇跡　　マルク・ブロック 著／井上泰男、渡邊昌美 訳　刀水書房

Truth In Fantasy 81

ヒーリング
癒しの伝説と神秘の技法

2009年8月30日 初版発行

著者	草野 巧（くさの たくみ）
カバーイラスト	菊池竜也
本文イラスト	菊池竜也　原田みどり
デザイン・DTP	スペースワイ
編集	株式会社新紀元社編集部
発行者	大貫尚雄
発行所	株式会社新紀元社
	〒101-0054 東京都千代田区神田錦町3-19
	楠本第3ビル4F
	TEL:03-3291-0961
	FAX:03-3291-0963
	http://www.shinkigensha.co.jp/
	郵便振替 00110-4-27618
印刷・製本	東京書籍印刷株式会社

ISBN978-4-7753-0652-9
定価はカバーに表示してあります。
Printed in Japan